# 云制造原理与应用

李春泉　尚玉玲　张明　著

西安电子科技大学出版社

## 内 容 简 介

本书系统、深入地介绍了云制造的基本原理、技术、系统与应用，主要内容涉及三个方面：云制造的基础理论及架构技术、云制造运行管理技术以及云制造应用技术。书中以云制造的概念、体系结构、虚拟化技术以及云端化技术为核心，论述了基础理论及底层构建，从云制造服务解析、云制造服务匹配、区分粒度的资源调度、多粒度弹性调度、多粒度访问控制等方面论述了云制造运行管理技术，从云打印应用、云制造平台框架与设计等方面论述了云制造应用技术。

本书适合于先进制造技术、制造业信息化技术方向的学术研究人员、科技人员及企业事业单位管理人员参考，也可用作高等院校计算机、机械制造、自动化、企业管理等专业的研究生和高年级本科生的教材。

**图书在版编目(CIP)数据**

**云制造原理与应用**/李春泉，尚玉玲，张明著. —西安：西安电子科技大学出版社，2016.8(2018.7 重印)

ISBN 978-7-5606-4084-6

Ⅰ. ① 云… Ⅱ. ① 李… ② 尚… ③张… Ⅲ. ① 计算机网络—应用—制造工业—研究 Ⅳ. ① F407.4-39

**中国版本图书馆 CIP 数据核字(2016)第 075087 号**

策　　划　陈　婷
责任编辑　陈　婷　刘志玲
出版发行　西安电子科技大学出版社(西安市太白南路 2 号)
电　　话　(029)88242885　88201467　　邮　　编　710071
网　　址　http://www.xduph.com　　电子邮箱　xdupfxb001@163.com
经　　销　新华书店
印刷单位　陕西华沐印刷科技有限责任公司
版　　次　2016 年 8 月第 1 版　2018 年 7 月第 3 次印刷
开　　本　787 毫米×1092 毫米　1/16　印张 13.5
字　　数　313 千字
印　　数　1501～3500 册
定　　价　35.00 元
ISBN 978-7-5606-4084-6/F

**XDUP 4376001-3**

# 前　言

网络技术的飞速发展和广泛应用，深刻地改变了人类社会的生产和生活方式。当前，“互联网＋”已上升至我国的国家战略，云制造作为“互联网＋制造业”的先进制造模式和手段，极大地改变了制造企业的制造、运作与管理模式，云制造是云时代在制造领域的体现和发展，是先进的信息技术、制造技术以及新兴物联网技术等的交叉融合，能够实现制造资源共享、协同工作、降低制造成本、提高资源利用率之目的，进而有效推动制造业信息化水平的快速发展。

云制造作为一种先进的制造理念和制造模式，覆盖了企业生产经营的所有活动和产品全生命周期的各个环节，以“按需服务”为核心，以资源虚拟化及多粒度、多尺度的访问控制为手段。云制造以资源共享及任务协同为目标，聚合分布、异构、多自治域的资源，通过网络为媒介，以透明、简捷、灵活的方式构建开放、动态的协同工作支持环境，提供通用、标准和规范的制造服务。云制造技术新、发展快，许多关键技术问题还处于探索阶段，目前尚未见到有全面系统讨论云制造的相关书籍，为此，本书作者在长期研究的基础上，结合研究中取得的成果，力图对云制造原理与应用进行较为全面的论述。

本书全面论述了云制造原理及其应用方面的相关技术与方法，共分为10章。第1章讨论了云制造的背景、国内外研究现状以及研究、应用的主要方面和意义。其余章节作为技术内容可以分为三大部分：第一部分(第2～4章)，以云制造的基础理论、架构、底层构建技术为主，以云制造的概念、体系结构、虚拟化技术以及云端化技术为核心进行了研究与论述；第二部分(第5～7章)，以云制造运行管理技术为主，对云制造服务解析、云制造服务匹配、区分粒度的资源调度、多粒度弹性调度、无约束及容量约束下的多粒度访问控制进行了研究与论述；第三部分(第8～9章)，以云制造的应用为主，对云打印应用以及云制造平台框架与设计进行了研究与论述，为云制造的应用提供了实例及技术借鉴。

本书的主要技术内容汇集了桂林电子科技大学李春泉教授2008年以来指导的硕士生(王彦伟、胡春杨、朱攀峰、何汉钊、唐海波、张能等)的学位论文的部分成果，以及与江苏大学博士后导师杨平教授合作研究的成果。本书由李春泉主持撰写，尚玉玲参与了第2～5章内容的撰写与整理，张明参与了第6～9章内容的撰写和整理。部分在读研究生常钰河、刘丹、赵帅锋、王弘杨等参与书籍的排版、校对等工作。

本书汇集的部分科研成果是在国家自然科学基金“云制造环境下多粒度访问控制方法研究”(51165004)、广西制造系统与先进制造重点实验室主任基金“区分粒度的云制造服务自适应访问控制方法研究”(桂科能10－046－07_004)等资助下完成的。在研究过程中得到了美国北卡罗来纳州立大学Yuanshin Lee教授、江苏大学杨平教授、桂林电子科技大学周德俭教授、上海大学刘丽兰教授、桂林理工大学刘电霆教授等同行的支持和帮助，在此表示衷心的感谢。

由于作者水平和经验有限，书中难免存在疏漏之处，恳请读者批评指正。

作　者

2016 年 1 月

# 目　录

# 第 1 章

# 绪　论

## 1.1　云制造产生背景

### 1.1.1　网络化制造与制造网格

制造业是国民经济的重要支柱，《国家中长期科学和技术发展规划纲要(2006—2020)》中明确提出了重点突破“系统集成和协同技术”的发展战略。依据战略部署，在“信息化带动工业化”政策的驱动下，以信息技术，特别是网络技术为依托，以系统集成和协同技术为核心，以满足市场需求的不断变化为目标，制造业进行了大规模的技术改进及产业变革，涌现出了许多新的技术和方法。在以网络为基础的协同制造模式中，网络化制造模式成为了当前的主流模式。

李伯虎院士将网络化制造定义为：将先进的网络技术、信息技术与制造技术相结合，构建面向企业特定需求的基于网络的制造系统，并在系统的支持下，突破空间地域对企业生产经营范围和方式的约束，开展覆盖产品全生命周期全部或部分环节的企业业务活动(如产品设计、制造、销售、采购、管理等)，实现企业间的协同和各种社会资源的共享与集成，高效、高质量、低成本地为市场提供所需的产品和服务。重庆大学刘飞教授将网络化制造定义为：网络化制造是基于网络的制造企业的各种制造活动及其所涉及的制造技术和制造系统的总称。其中，网络包括 Internet、Intranet 和 Extranet 等各种网络；制造企业包括单个企业、企业集团以及面向某一市场机遇而组建的虚拟企业等各种制造企业及企业联盟；制造活动包括市场运作、产品设计与开发、物料资源组织、生产加工过程、产品运输与销售和售后服务等企业所涉及的一切相关活动和工作。在网络化制造模式的驱动下，制造业的发展呈现如下趋势：

(1) 制造的个性化。随着技术变革的发展，客户对产品的需求已经从单一型向多样型改变，制造产品及制造过程的个性化越来越突出。

(2) 制造的全球化。随着制造产品个性化、复杂化的快速发展，制造业的资源配置已经不能局限于单一的企业或区域，制造业产业链正向更深、更广、更宽的全球化方向发展。

(3) 制造的服务化。在网络化制造模式下，制造的内涵已经由产业链下游的单纯制造过程转变为覆盖产品全生命周期的一整套解决方案。

(4) 制造的集群化。面对制造过程的大批量、高复杂度、高技术需求等特征，单一制造资源根本无法适应，因此通过网络技术，构建大规模集群制造资源池，实现同质资源的制造能力叠加、异质资源的制造能力互补，以满足现代制造业的特殊需求。

目前，网络化制造在资源服务化建模、资源服务化封装、资源配置与调度、协同设计、工作流管理等领域取得了一定成果。但在进一步扩大并深化应用时，网络化制造存在一些发展瓶颈问题，如缺乏通用的体系结构，缺乏统一的标准和规范，缺乏动态的分布式资源配置管理，缺乏必要的柔性和开放性，以信息共享为主，缺乏制造资源的共享等。这些问题极大地制约了网络化制造的发展，形成了以各种网络化制造系统为单元的新的信息孤岛。因此，寻求一种基于国际通用标准的体系结构作为网络化制造的技术支撑，建立一种通用的、统一的标准规范基础上，具有良好的开放性和柔性的网络化制造新模式，成为了迫切需求。在此基础上，制造网格应运而生。

**1. 网格技术**

网格技术(Grid Technology，GT)是20世纪末提出的面向互联网的新兴技术，被誉为“第三代互联网”。网格的先驱Ian Foster在《The Anatomy of the Grid》中给网格的定义是：网格计算是动态多机构虚拟组织中的一个协调的共享资源和解决问题的过程。他在2002年7月的《What is the Grid? A Three Point Checklist》一文中对网格的定义进行了界定，认为可以从以下三个方面判断一个系统是否为网格系统：

- 协调非集中控制的资源。
- 使用标准的、开放的、通用的协议和接口。
- 获得非平凡的服务质量。

网格概念的核心是“资源(包括服务)”以及对“资源的使用”。网格资源具有以下几个特点：

(1) 分布性。网格系统由分布在不同地点、不同类型的网格服务等构成。分布性是网格最根本、最典型和最重要的特征。

(2) 异构性。异构资源映射成统一管理的逻辑资源，实现资源的动态搜集、处理与调度。

(3) 共享性。通过协作、聚合满足用户需求，支持多种规模、多种粒度、多种需求的资源共享问题。

(4) 协同性。以资源互连为基础，包括资源在时间、空间、权限、聚合形式等多方面、多层次、多角度的协同。

(5) 自治性。网格节点有自愿加入和退出的权利，具有局部资源能力的自治性。

(6) 动态性。网格的规模、资源、服务都在不断的变化之中，网格是动态变化的系统。

(7) 协议和接口。协议和接口是异构、异地资源间的协商协作的基础，网格提供了标准的、开放的、通用的网格协议和接口。

**2. 制造网络**

在信息技术迅猛发展的时代，如何应对市场与产品的客户化、多样化、复杂化、快速化趋势，如何保持企业T(时间)、Q(质量)、C(成本)、S(服务)优势，如何赢得制造企业快速变革，如何更好地扩大市场占有率等，是现代制造企业的重要课题。近年来，网络化制造在我国取得了快速发展，但是在网络化制造推行应用的过程中，其不足之处也慢慢显现出来，如表1.1所示。

**表 1.1　网络化制造的不足**

| | |
|---|---|
| 伙伴流动性 | 伙伴流动性大，不利于技术积累和技术保密 |
| 伙伴分散性 | 伙伴分散性大，不利于资源全面优化和项目监督控制 |
| 核心能力 | 容易泄漏核心能力 |
| 网络安全 | 易受黑客攻击，存在安全问题 |
| 资源建模 | 没有统一的建模方法，不能适应多种资源 |
| 合作伙伴选择 | 有限的伙伴选择，不能够达到最佳的伙伴选择 |
| 工作流控制 | 缺乏有效、统一的工作流模型 |
| 网络化制造中间件 | 缺乏统一的开发标准，中间件不具备通用性 |
| 网络化制造平台 | 不具备统一的体系与标准，网络化制造平台间互联互通性差，造成新的信息孤岛 |
| 信息服务 | 网络化制造过程中，缺乏机制保证，没有及时的信息反馈 |
| 信息技术 | 只能进行信息共享，不能进行资源共享 |

以网格技术为支持，将制造业特征与网格技术相结合，诞生了制造网格。上海大学俞涛教授对制造网格给出了如下定义：制造网格是在网格化制造的技术和方法的基础上，充分利用网格技术所提供的开放的体系框架，通用的标准和规范，统一的开发平台和工具建立的一种通用的、标准的和规范的网络化制造模式，该模式的实现不仅能够达到资源共享、协同工作、降低制造成本、提高资源利用率、加快产品上市时间的目的，同时又具有极大的柔性和开放性，可以扩展到世界的每一个角落，覆盖所有的现代制造资源和制造系统，并最终形成全球制造网格。制造网格与网络化制造的异同点如表 1.2 所示。

**表 1.2　制造网格与网络化制造的比较**

<table>
<tr><th colspan="2">项目</th><th>网络化制造</th><th>制造网格</th></tr>
<tr><td rowspan="6">相同点</td><td>基础环境</td><td colspan="2">Internet/Intranet/Extranet</td></tr>
<tr><td>组织模式</td><td colspan="2">扁平式</td></tr>
<tr><td>制造地域</td><td colspan="2">分布、异地</td></tr>
<tr><td>竞争关系</td><td colspan="2">合作制造、共同赢取市场</td></tr>
<tr><td>风险</td><td colspan="2">分散</td></tr>
<tr><td>作业流程</td><td colspan="2">并行</td></tr>
<tr><td rowspan="6">不同点</td><td>制造单元</td><td>企业</td><td>制造资源</td></tr>
<tr><td>系统平台</td><td>没有统一平台</td><td>统一的网格平台(Globus Toolkit)</td></tr>
<tr><td>实现技术</td><td>没有统一技术</td><td>Web Service 技术</td></tr>
<tr><td>标准规范</td><td>没有统一的标准和规范</td><td>OGSA、WSRF 规范</td></tr>
<tr><td>合作时间</td><td>暂时或长期</td><td>暂时</td></tr>
<tr><td>开放性</td><td>大量的定制开发</td><td>标准的资源封装</td></tr>
</table>

制造网格资源具有分布性、异构性、共享性、协同性、自治性、动态性等特点，基于标准的和开放的网格协议。制造网格近年来得到了广泛关注，在服务化、任务管理、服务质量等方面取得了较丰富的成果。然而，制造网格由于其自身理论基础(网格技术)的局限，一些制约问题也逐渐显现出来，具体有以下几点：

(1) 制造网格的不稳定性。由于制造网格的节点具有强自治性，节点可以自由加入或退出制造网格，在极端情况下，当该节点的资源为稀缺资源时，完全自治的自由退出会造成制造网格的失稳甚至瘫痪。

(2) 制造网格的信誉缺失。当节点资源出现异常时，制造任务需要经历复杂的调度与协商过程，才能迁移至新的节点，造成时间、成本方面的严重损耗和制造网格的信誉缺失。

(3) 制造网格的有限服务质量。由于网格强调节点的自治性，资源节点仅提供服务的单一粒度访问控制能力，缺乏多粒度、多尺度的访问控制，导致了制造网格仅有“有限”的服务质量。

由于网格技术的局限，其应用领域主要集中在学校与科研机构，行业应用中尚无成功案例。正如网格之父 Ian Foster 指出：“尚缺乏成功的商业应用网格出现”。

因此，基于制造网格理论与技术，克服制造网格的制约瓶颈，形成一种新的网络化制造模式，以推进制造业信息化的持续、深入研究、应用与发展，就成为了制造业模式研究中迫切需要解决的问题。

### 1.1.2 云计算到云制造

云计算(Cloud Computing, CC)是近年来正在进行广泛研究的新兴技术，是分布式处理、并行处理和网格计算的发展及实现，它将信息技术带入了基于网络的“云”时代，并得到了 IBM、Google、亚马逊等大型跨国公司的大力推广。云计算在 IBM 技术白皮书“Cloud Computing”中的定义为：“用来同时描述一个系统平台或者一种类型的应用程序。一个云计算的平台按需进行动态的部署、配置、重新配置以及取消服务等。在云计算平台中的服务器可以是物理的服务器或者虚拟的服务器”。

云计算是虚拟化、效用计算、网格计算的发展，是以基础设施即服务(Infrastructure as a Service, IaaS)、平台即服务(Platform as a Service, PaaS)、软件即服务(Software as a Service, SaaS)为主要形式的新一代服务计算技术。云计算具有以下特点：

(1) 超大规模。通过构建超大规模云计算资源池，云计算提供高性能、高效率、低成本的超强计算服务，Google 云计算已经拥有超过 100 万台服务器。

(2) 虚拟化。虚拟化是云计算中资源的抽象方法，通过虚拟化，可以实现异质、异构资源的无缝访问。

(3) 高可靠性。由于存在超大规模的云计算资源池，因此在云资源发生异常时，可以通过数据迁移、容错管理等手段，进行同质同构资源的互换，从而保障了服务的高可靠性。

(4) 按需服务。以满足个性化需求为目标，通过资源弹性配置、服务质量管理等方法，形成按需服务能力。

(5) 低成本。云计算减少甚至免除了资源的购置、维护、管理等成本投入，并且通过超大规模资源池，实现大批量计算服务，极大地降低了计算成本。

(6) 标准化与弹性扩展。虽然目前云计算框架尚缺乏广泛接受的标准，但是在资源的云端化接入与描述中，OVF虚拟化技术、SOA体系、Web Service描述已经具有了广泛共识。同时，云计算在资源的弹性扩展等方面具有较为明显的特点。

云计算凭借其按需服务、资源虚拟化等特点及为用户提供多粒度多尺度的服务能力得到了广泛关注与快速发展，先后出现了云安全、云存储、云仿真等多种行业应用。将云计算与制造业相结合，提供面向制造过程的资源共享与协同，形成了一种新的网络化制造模式——云制造(Cloud Manufacturing，CM)，成为了制造业信息化发展中的一个重要方向。

云制造是在"制造即服务"的理念的基础上，引入云计算技术和思想而来的一个新概念。中国工程院李伯虎院士率先提出了"云制造"的概念，并指出："云制造"是一种面向服务的、高效低耗和基于知识的网络化智能制造新模式，是云计算理念在制造领域的体现和发展。"863计划"先进制造技术领域也于2010年11月发布了"云制造服务平台关键技术"的主题项目。云制造克服了制造网格的局限性，成为了一种网络化制造新模式，将网络化制造带入了一个崭新的阶段。

云制造是在制造网格的基础上发展而来的，在吸收了制造网格基本标准的前提下，克服了制造网格中的瓶颈问题，具体有以下几点：

(1) 采用"资源租赁"的方式，减弱资源节点的"自治"权限，从技术上克服了网格中完全自治所导致的失稳，也克服了信誉缺失问题。

(2) 提供了需求者对资源节点的多粒度、多尺度的控制能力，提供了更好的服务性、访问性和可操作性。

(3) 云制造强调商业应用，克服了网格技术大多局限于学术研究，难于进行推广应用的问题。

但是，云制造作为一种新兴的网络化制造模式，其基础理论问题的研究相对缺乏。因此，本书深入开展了如下方面的研究与应用：

(1) 云制造概念及体系结构，讨论了云制造的演化路径、动因及方程，分析了云制造的概念及体系，研究了云制造的核心特征、关键技术及组织模式等问题，建立了云制造的运行流程等基础理论问题。

(2) 云制造资源虚拟化技术，建立了云制造资源虚拟化模型，讨论了云制造资源模板及其描述技术，研究了基于模板技术的云制造资源服务化封装方法、发布及部署，分析了云制造虚拟化的实现技术。

(3) 云制造的资源云端化技术，在讨论了云制造资源的主要云端接入方法和现有物联网络体系结构的基础上，研究了基于ZigBee的云端资源接入框架及接入技术，提出了改进AODVjr算法，并建立了云端接入案例。

(4) 云制造服务解析及服务匹配技术，研究了云制造资源本体技术，开展了基于Jean推理机的客户需求分析解析，研究了云制造中单资源、聚合资源的服务匹配技术。

(5) 云制造资源调度技术，讨论了基于等级划分的云制造动态资源调度技术，研究了区分粒度以及弹性需求下的资源调度技术。

(6) 针对访问控制这一保证云制造系统安全性、有效性、可用性的关键问题，分别从无约束、容量约束两个角度着重开展了云制造环境下多粒度服务访问控制策略与方法。

(7) 针对云制造的应用推广问题，以云打印为对象，讨论了云打印的特征、基于QoS的云打印服务调度以及设计，并开发了云打印平台及服务器。

(8) 云制造平台框架与设计，建立了云制造平台框架，开发了主要功能模块及平台设计。

本书的研究对促进云制造理论的完善、推动云制造的快速发展奠定了较好的理论基础。

## 1.2 云制造的国内外研究现状

### 1.2.1 云计算技术

云计算借用了量子物理中的"电子云"(Electron Cloud)的概念，最早由Google公司在2006年提出，从提出至今，云计算已经在全球产生了巨大的影响力。Google、Amazon、IBM和微软等公司的大力推动及学术各界的参与研究表明，"云计算"已经获得了业界的高度认同，在多种技术成熟发展的基础上，云计算把握着IT行业未来发展的大方向。其特有的虚拟化特性和商务特性使其成为企业和学者的研究热点。

在云计算的概念方面，学术界和商业界众说纷纭，还未形成统一的定义。比较有影响的有：Markus Klems认为云计算是一个囊括了开发、负载平衡、商业模式以及架构的体系，是以Internet为中心的软件。Reuven Cohen认为云计算是一种让用户脱离技术与部署上的复杂性而获得应用的Web服务。Gartner认为云计算是通过因特网技术，对极大规模外部客户需求提供服务的一种计算方式。Ian Foster认为云计算是基于Internet，通过抽象、虚拟化及动态调整，从经济角度来管理计算、存储、平台和服务，以满足外部客户需求的大规模分布运算。

在云计算的开发计划方面，IT行业巨头起到了主要的推动作用，主要的公司有Google、IBM、Amazon、微软等。最早推出基于云计算理念的项目是亚马逊的弹性计算云(Elastic Compute Cloud，EC2)服务。亚马逊云计算网络服务主要由4部分组成：S3(Simple Storage Service，简单存储服务)、EC2、SQS(Simple Queuing Service，简单信息队列服务)以及Simple DB。Google是云计算的领导者及主力军，先后开发了面向云计算的Google Apps和面向云设备的Google Android操作系统，取得了良好的经济效益和社会反应。Midori是微软继Windows 7之后将要发布的新操作系统的代码，是一个真正的"云计算"操作系统，其使用与硬件无关的"可控制代码(managed code)"。2007年11月，IBM推出蓝云(Blue Cloud)计划，为客户提供"即可使用(Ready - to - Use)"的云计算服务，它基于由IBM软件、系统技术和服务支持的开放标准和开源软件，包括一系列的云计算产品。

在云计算的基础框架方面，Rajkumar Buyya等提出了面向市场的4层云计算框架；Francesco Maria Aymerich、Shantenu Jha提出了基于网格的云计算结构；Mladen A. Vouk研究了云计算的结构、虚拟化、工作流及实现等关键问题；Burt Kaliski提出了多租户云计算结构；David Young提出了"云计算机的规范"的概念，指出了云计算的九大结构，即虚拟层网络稳定性、API、应用层的互操作性、状态层的互操作性、应用服务、自治的伸缩性、硬件级的负载均衡、存储即服务和超级用户权限，同时指出了云计算应该采取的三个主要构件，即门户化的网页、自治的虚拟云和虚拟应用服务器。B. Rochwerger等提出了 RESERVOIR 云基础模型；Daniel Nurmi 等提出了 Eucalyptus 开源云计算系统框架；Paul Watson 等提出了 CARMEN 体系结构；Wikipedia 定义了云计算 4 层结构，分别为云基础设施层、云平台层、云应用层和云客户端层，分别从应用、终端、基础设施、平台、服务、存储等方面阐述了相关规范和标准，这是目前普遍接受的基础框架结构。此外还有数据敏感 GridBatch、数据密集云计算等。

比较知名的云计算商业应用方面主要有亚马逊的 Dynamo、微软的 Windows Azure 及 Google 的 GFS 等。在云计算的基础理论研究方面，主要开展了资源虚拟化、云计算仿真、任务调度、工作流、计费模型、科学云等。

构建于大量基础设施服务器集群上的云计算，将多种技术融合，以其独特的特性向个人用户和企业级用户提供计算资源、存储资源及其他更可靠的服务。在网络化制造的基础上将制造业与云计算相结合，以按需制造为目的，以资源协同与共享为手段，向用户提供多粒度、多尺度的制造服务，形成一种新型网络化制造模式——云制造（ManuCloud，MC），成为制造业信息化发展中的一个重要方向。

### 1.2.2 云制造概念与框架

云制造首先是由李伯虎院士提出并定义的，即云制造是一种利用网络和云制造服务平台，按用户需求组织网上制造资源（制造云），为用户提供各类按需制造服务的一种网络化制造新模式。在此基础上，国内相关学者纷纷就云制造的概念及其体系结构展开了广泛的讨论，杨海成教授认为云制造是面向区域、行业或企业，借助先进的信息技术，实现对产品开发、生产、销售、使用等全生命周期的相关资源的整合，提供标准、规范、可共享的制造服务的制造模式。“863”先进制造专家组组长王田苗教授、浙江大学顾新建教授都从不同角度定义了云制造的概念。云制造作为新兴的制造模式，其相关的研究工作刚起步不久，相关学者对其概念、体系结构等基础理论方面做了部分研究。李伯虎院士分析了云制造与现有制造模式的区别，提出了云制造的体系结构，讨论了云制造的关键技术，并形成了基于云仿真的原型平台。顾新建教授针对云制造中的资源成组技术，讨论了成组技术的特点、标准、技术路线等。清华大学肖田元教授给出了一种基于联邦模式的云制造集成体系架构，即在各种云制造平台基础上安装云制造联邦运行支撑环境，按照一定的协议和规则描述各平台提供的服务，使得各平台之间自主地形成虚拟组织——联邦，通过云制造联邦执行支撑环境接口实现服务的松耦合集成。华中科技大学黄刚等人给出了一类涉及服务需求方、制造服务提供方、制造应用提供方、服务平台运营方四种角色的云制造服务模式，该模式实现了数据云与应用云的分离。北京航空航天大学任磊等人对云制造中的资源虚拟化这一关键技术进行了研究，给出了云制造资源虚拟化的理论框架，指出该框架共分为制造资源虚拟层、物理资源池、物联网基础设施层、虚拟资源云池以及虚拟资源管理五个层次，并且论述了云制造资源的虚拟化、智能感知与控制、动态构建和调度服务等相关关键技术。山东大学的孟祥旭教授对云制造资源和能力的云端化、资源聚集与服务、服务运营与交易等支撑技术进行了详细的分析。李伟平等对云制造中的关键技术进行了分析。本书的团队也对云制造的体系结构、云制造环境下的服务访问控制方法以及制造资源的虚拟化方法等多个方面进行了研究。

国内外针对云制造的框架以及应用方面已经开展了一些相关的研究工作，并且取得了一定的成果。2010 年 10 月我国“863 计划”适时地提出了“云制造服务平台关键技术研究”的重大研究项目，意在研发云制造服务支撑引擎和管理工具集，构建广域范围内制造软硬资源虚拟化，并且支持多主体按需使用的云制造服务平台。欧盟第七框架于 2010 年 8 月启动了云制造项目(ManuCloud：The next - generation Manufacturing as a service environment)，总投资 510 多万欧元，目的是在软件即服务(software - as - a - service)应用的支持下，为用户提供可配置制造能力服务。日本富士通集团提出面向产品并行协同设计的工程云，通过知识共享全面共享产品设计过程，极大地加快了产品的设计周期。宁波市科技信息研究院将为宁波模具行业中的中小企业产业集群建立云制造服务平台，上线企业约 1000 家左右，成为模具、数控行业服务聚集的网络化社区。

在云服务平台方面，国内外企业及高校已先行进行了一些实验研究：在产品设计所涉及的模拟实验仿真问题中，中国航天科工集团第二研究院基于云计算仿真过程构建了仿真设计；针对集团型企业制造及管理应用等问题，中国北车股份有限公司设计了具有高敏捷、高效运行的云制造系统；对于产品协同设计、分布式制造和集体创新提供服务等问题，美国乔治亚理工学院的 D.Wu 等提出了一种基于云的设计及制造平台 CBDM (Cloud - Based Design and Manufacturing)；面向复杂产品定制问题，德国的 U. Raus checker 等提出了一种基于云服务柔性可配置的网络化制造系统；根据云计算应用的特点，新西兰奥克兰大学的 X. Xu 提出了基于云计算的智能制造和云制造两种基本模式。

### 1.2.3 云端化技术

在资源描述方面，尹超在分析服务制造类型的基础上，根据 OWL - S 的云制造服务语义匹配方法将云制造服务匹配模型分为参数匹配、属性匹配和综合匹配三个阶段，并建立了一种基于 Web 服务的本体语言描述方法。吴雪娇通过分析云制造中云资源的分类及特点，提出基于本体的云制造领域知识建模方法和采用 Web 的 OWL - S 描述语言描述云制造的基本体类和扩展体类，从而将传统的提供产品模式转变为提供服务模式。

在资源封装方面，王葳对中小企业的零部件资源封装进行了探索，提出了便于零部件资源网络化和结构化组织管理的五层树状结构分类体系以及相应的编码体系，建立了三维零部件资源的参数化建模等操作规范以及零部件资源的云端化封装模型。孔令军给出了服务模板的概念，提出了一种基于服务模板封装的方法，该方法把封装模板划分为多个层次，并通过 STEP 标准对模板程序进程进行重复利用，以加快制造资源封装的工作。李楠分析了不同类型制造资源的服务化方式和 SOOA(Service Object - Oriented Architectures)服务运行机制，给出了计算能力、虚拟化、强控制和弱控制四种封装模式。

在资源接入方面，李伯虎院士通过讨论云制造的内涵，提出了云制造的典型技术特征，并指出作为关键技术之一的云端化技术，主要研究云制造服务提供端的各类制作资源的嵌入式云终端封装、接入与调用，表明为实现制造资源物联，以及各类软、硬件资源的全面接入，需要着重攻克资源的感知与接入问题。孟祥旭教授提出在制造资源的云端接入方面，应用物联网技术、CPS 技术等，实现资源与平台之间的解耦，可以更好地适应不断变化和可扩展的云制造环境。李瑞芳从制造装备资源感知、物联以及面向云制造服务平台的适配接入三个方面进行阐述，指出制造装备资源的感知与接入是云制造物理资源虚拟化的关键。

清华大学自动化系国家CIMS工程研究中心研究了Cloud FIA架构和模型驱动的联邦接入技术，并优化了POM组件，从而提高了云制造平台联邦式协同制造的效率。重庆大学的康玲、王时龙教授等在前期研究的基础上，于2010年开展了“底层加工装备云端化方法研究”的国家自然科学基金研究项目。

### 1.2.4 云制造的语义解析

客户服务需求解析是指客户用自己的语言表达需求，服务提供商根据客户需求提供相应的服务，是云制造“按需服务”的重要体现。在科学技术尤其是信息技术高度发达的今天，需要以客户的需求为着手点，通过满足客户的个性化需求来提高客户对产品的满意度。因此，客户需求能否被准确、全面地获取将关系到云制造的成功与否。

传统对客户需求的获取方法主要是市场调查法。该方法主要是调查人员采用问卷调查、客户访谈、邮寄调查和电话调查等方式与客户进行直接或者间接的接触，来获取客户对产品的需求。由于该方法简单易行，所以至今仍在很多企业中得到了比较好的应用。但是，采用该方法来获取客户需求信息存在很多弊端：首先企业必须花费大量人力、物力、财力和时间来做充分的准备，要认真选择和对待将被调查的客户，并收集其有关业务资料和有关的背景资料；而在了解客户需求信息时，企业基本上都要事先准备好一些专题，在这些专题中甚至给出了供客户选择的备选答案，让客户进行选择。所以采用该方法来获取客户的需求时，客户是以一种被动的方式参与的，并不能真正体现客户的真实需求。

目前，国内外有很多学者基于网络技术对客户服务需求解析技术进行了研究。Hofer. A.P等人在已有产品数据库的基础上，以“产品族”的形式为客户提供服务需求。首先根据客户需求差异，对产品信息进行简单和局部的修改或变异，经过整理、归类后形成了“产品族”，将客户需求信息嵌入“产品族”中，提高了产品服务的多样化。Cariaga.I等人在建立用户需求索引的基础上，通过数据封装分析(Data Envelopment Analysis，DEA)技术获取用户的个性化需求，提高了系统对客户需求信息的灵敏度。Peppers D.等人基于交互式和数据库技术的关系营销(或称一对一营销)的概念，以及与客户建立学习型关系的策略，通过基于Web与客户对话(交互)的方式来获取客户的需求信息，有效提升了获取客户需求信息的方便程度。Wind J.等人提出和阐述了客户定制化的概念，寻找一种借助网络尤其是万维网及其相关技术，通过构建客户需求数据库更好地识别和定制客户需求，进而给客户提供最适合的产品或服务，但是这种产品或服务具有大批量定制特性，是按订单建造的(build-to-order)，不具备满足客户个性化需求的性能；同时给出了客户定制化存在的企业与客户难以交换信息和知识、识别难以清晰表达的客户需求、限定选项复杂等挑战，但是并未提出解决这些挑战的对策和方法。刘飞等人采用协同定制的思想，通过企业设计人员与客户Web交互来获取客户的需求。Dell公司为用户提供了基于Internet的产品配置模块，可以方便地通过Internet选择产品模块以及相关技术参数选项来定制自己的产品，从而降低制造成本并提高效益。王蓉等人研究了以客户需求为主线的大批量产品定制过程，采用基于Web的客户化定制系统进行功能需求分析，构建功能模型，设定需求模型参数，阐述实现客户化定制的单元技术，并在此基础上开发了一种基于Web的客户化定制支持系统。李涛等人提出构建基于产品结构单元库和产品特征分离的BOM结构，映射产品结构单元配置和客户需求特征之间的关系，给出需求特征匹配算法以实现对设计过程的重组，通过产品配置器快速响应客户配置需求，同时给出了基于Web的定单配置系统的三层应用框架结构。郑华林等人采用映射现有产品的历史数据来建立产品需求的拓扑结构，通过结合领域知识对产品需求结构进行修改和完善，然后采用Web方式，以规范的需求拓扑结构模板收集客户需求。刘夫云等人提出采用语义Web的方式构建客户需求框架，给出质量屋评价体系，然后基于推理机技术，通过推理分析的方法获取客户个性化需求。但斌等人采用映射的方法对模糊的客户需求进行了研究，首先构造产品族实例本体和模糊客户需求本体，然后设计了本体映射的方法，通过相似度算法，将模糊的客户需求转化为准确的、可用的客户需求信息。延鹏等人提出一种将客户需求参数映射到产品模块属性参数，从而得到满足客户需求的产品配置的客户需求映射方法。

### 1.2.5 虚拟化技术

云计算离不开虚拟化。虚拟化技术的研究主要侧重在系统级和网络级两个层面。系统级的虚拟化侧重于计算机体系结构和底层系统软件，可划分为：指令集架构级（如Bochs、VLIW）、硬件级（如VMware、Virtual PC）、操作系统级、编程语言级（如Java虚拟机、Microsoft.NET CLI）和数据库级虚拟化（如Wine）。华中科技大学的金海教授承担了国家"973项目"、"计算系统虚拟化基础理论与方法研究"，取得了丰富的研究成果。网络级的虚拟化以网络服务为代表，主要集中在SOA及网络计算方面。王敏等基于SOA，提出了一种虚拟化资源管理服务模型。怀进鹏等研究了基于虚拟机的虚拟计算环境，为用户提供独立、隔离的计算环境，为管理人员提供硬件资源和软件资源的集中管理功能，屏蔽底层硬件资源的动态性、分布性和异构性。唐蕾等针对网格基础平台与多集群的互操作问题，提出了网格环境下多集群资源虚拟化方法。武蕾等通过制造网格中资源虚拟化方法研究，将虚拟化技术的内涵从计算资源的虚拟使用开展到具有更广泛的环境及更高级的抽象（如任务负载虚拟化和信息虚拟化）。蔡红霞等认为制造网格资源的虚拟化是以某种形式将一个客观实体的内部结构和功能实现方法隐藏包装起来，而将其外在的功能表现形式映射到虚拟空间，使其成为在虚拟空间是可视的、可操作的、可管理的、可移动的方法。VMware针对云计算推出了vCloud技术，vCloud提供一个API工具来进行开发，用户在迁移入或迁移出云环境时具有简化的定价模式。

在云制造中，云端化主要指云资源的描述、封装、发布等技术。重庆大学的康玲、王时龙教授等在前期研究的基础上，于2010年获得国家自然科学基金资助，开展了底层加工装备云端化方法研究（批准号：51005260）；Wu Lei等在制造网格资源封装的基础上，讨论了云制造中的资源虚拟化技术以及资源共享技术；Guo H等研究了云制造中的资源聚合及其优化算法问题；张霖等对资源管理及制造云构建问题进行了深入讨论。

### 1.2.6 访问控制技术

对于访问控制的研究，始于自主访问控制（Discretionary Access Control，DAC）和强制访问控制（Mandatory Access Control，MAC）。20世纪90年代以来随着网络的迅速发展扩大尤其是Internet的兴起，出现了一种基于角色的访问控制技术（Role Based Access Control，RBAC），Ferraiolo和Ravi Sandhu等研究人员对此作了许多深入的研究。

RBAC克服了DAC和MAC的不足，通过基于角色的访问控制避开了直接对每个用户配置访问权限，增强了灵活性和可操作性，得到了广泛应用。在此基础上，相继出现了RBAC管理(Administrative RBAC，ARBAC)模型、一般时态约束模型(Generalized Temporal Role-Based Access Control Model，GTRBACM)等。考虑面向任务的动态授权，出现了基于任务—角色的访问控制模型(Task-Role Based Access Control Model，TRBACM)及其扩展模型，可以较好地访问控制的动态授权需求。

由于传统的访问控制模型不适用于异构、动态和多域的网格环境，众多研究者在分布式访问控制方面做了大量研究。在网格授权机制中，网格安全基础设施(Grid Security Infrastructure，GSI)要求每一个访问信息资源的全局用户都要在本地资源服务器上拥有一个自己的账号。为了解决全局与本地的授权管理，地球系统网格(Earth System Grid，ESG)组织提出社区授权服务(Community Authorization Service，CAS)来实现网格访问控制。蔡红霞等提出了建立在CAS的访问控制框架基础上的制造网格访问控制(Manufacturing Grid Access Control，MGAC)系统。中南大学的杨长兴等提出了社区授权服务的拉式模型，以弥补CAS模型中存在的一些安全问题。在网络化制造中，徐云等提出了一种基于角色映射的跨平台授权方式，解决了各独立自治的管理域之间的授权问题。王路炯等对RBAC模型进行了时间约束扩展，在传统的静态主体和客体保护之上加入时间约束，使其更加适合动态多变的协同环境。

随着XACML(Extensible Access Control Markup Language)和SAML(Security Assertion Markup Languag)技术的出现，基于属性的访问控制(Attribute-Based Access Control，ABAC)成为目前分布式环境中广泛应用的一种新兴的访问控制手段。ABAC对请求者、被请求资源、约束等均通过属性来描述，属性是动态多变的，基于属性的策略可以将属性分析与访问授权相分离，根据属性的变化动态地调整授权决策，尤其适合于开放和分布式系统中的授权和访问控制，在网络化制造系统中得到了广泛关注与应用。针对网络化制造的动态授权特征，熊峰等提出了一种制造网格访问控制授权迁移模型(Manufacturing Grid Access Control Authorization Transition，MGAC-AT)。姜洋等提出了协同制造环境下的混合访问控制模型，该模型将基于任务的访问控制与基于角色的访问控制相结合，把协同制造环境中对共享资源的操作限制在具体的子项目任务中，以此保证协同环境的机密性和完整性。在多粒度访问控制方面，徐京京等提出了基于社区的细粒度授权与访问控制机制，并在主体、资源、操作空间中建立跨管理域的授权模型；孙翕等基于RBAC，提出并实现了一种区分Web服务资源不同层次访问控制粒度的轻量级的通用访问控制框架；赵遐等在扩展XACML规范的基础上，提出一种基于XML的粗细粒度结合的多粒度访问控制系统。Shucheng Y等提出了一种细粒度的访问控制模型。

### 1.2.7 多粒度及弹性调度技术

云制造资源是由物理制造资源及其聚合后形成的具有复杂制造能力的制造服务单元，是由多个云制造资源组合构成的制造服务子集，具有相应多任务、多类型服务需求的服务能力。云制造资源调度是一种依赖制造服务子集动态属性，即制造资源逻辑队列的状态和不同类型任务的服务速率来满足用户制造任务的QoS需求的有序制造活动的调度策略。

在云制造中，由于服务资源的共享范畴、程度及授权角色不同，因此对服务资源会存在粗粒度、细粒度等多粒度的资源调度，即多粒度弹性调度。中国工程院李德毅院士指出多粒度和多尺度是云计算的四个特征之一，而美国国家标准与技术研究院 NIST 也将多粒度的按需服务列入云计算的五大特征之中。多粒度与很多问题相关，如多粒度资源调度、多粒度工作流管理等。由于资源调度是云制造基础架构的核心，它直接决定着对云制造服务的有效、实时、高效，会影响到系统的资源管理、任务管理、安全等多个环节，进而会影响到系统的有效性、可用性。

云制造环境弹性调度在资源调度的基础上满足客户需求变更条件下的调度技术，弹性地满足客户需求以及系统的状态变化下的调度技术。弹性调度是一类典型的 NP 调度问题，在资源调度方面，国内外已经取得了较为丰富的成果，根据调度以及优化目标的不同先后提出了各种不同类型的静态和动态的调度方法。Nelson 等研究了动态调度频率问题，认为拥有一个较好策略的再调度方法比分派规则和不作任何调整而沿用预先调度的再调度方法更有效。Leon 研究了如何找一个好的初始调度，使算法在受到干扰的情况下，仍然能保持预定的性能指标。王世进等提出重调度算法，将最优化算法与其他方法相结合，先采用分支定界法产生一个调度，当遇到干扰时，再用调度规则来分配任务。北京理工大学李京生等研究了云制造中基于动态资源能力服务的分布式协同调度技术，基于云制造技术中面向服务的思想，针对现有异地分布多车间协同生产计划的关联协调问题，提出并建立了一种以云制造思想为指导的基于动态制造资源能力服务化的分布式协同生产调度技术。

### 1.2.8 云打印技术

随着云计算、物联网、嵌入式等技术的日趋成熟，打印设备也逐渐步入云打印模式。云打印是云服务的典型应用，已经成为近年来学术界和工业界的热门技术研究。对现有的网络、传媒和企业平台上的客户需求进行的分析研究表明，客户的个性需求是高度可变并且不是最经济实惠的。近年来，已经有部分学者、企业对云服务提供商模式和执行进行比较研究，同时对打印的网络化、便捷化进行多种设计与实现，Garfinkel 和 Walker 致力于亚马逊网络服务的性能分析。蔡理金设计并实现了基于嵌入式 Linux、价格低廉、体积小巧的网络打印服务器，能让打印机连接到局域网，所有 PC 用户可以通过访问嵌入式网络打印服务器完成打印任务。2010 年 4 月，谷歌提出云打印概念，通过其 Chrome OS 操作系统的 API 编程接口来实现云打印。谷歌公司开发的网络打印技术通过谷歌浏览器或者谷歌手机应用，可以打印浏览的网页、邮件等，或者通过共享文件到该应用，从而打印文件并返回打印状态，提供了随时随地打印文档的功能，解决了传统打印机必须通过驱动才能与电脑相连的限制，使得电脑桌面系统成为打印机的通用入口。2010 年 11 月，惠普发布云打印技术(HP ePrint)，通过终端设备向具有云打印功能的云打印机唯一的 E - mail 地址发送邮件，即可实现云打印功能，一方面用户可以在任何地方通过附加电子邮件到打印机的邮箱地址打印任何文件，另一方面，用户可以登录到惠普打印中心查看打印机的状态，配置设置和管理印刷史。谷歌和惠普都不支持点对点通信技术。Yuqing Zhu 提出一种提供多空间服务和多属性决策的办公室智能云打印系统，该系统可以保护设备在办公通信的异质性，让授权用户在不需要作任何修改的基础上随意连接所有打印机终端。惠普实验室的 Jun Zeng 等人提出了一种基于网络化的面向服务架构(Service - Oriented Architecture，SOA)。SOA 是按需进行数字化印刷的新型印刷模式。惠普实验室的 Nina Bhatti 研究了基于云的移动设备打印，建立了一个工作系统，该系统能够从上传到惠普 Cloudprint

服务的网页中提取打印内容，并具有查找打印机和发送打印工作的能力，克服了从移动设备无法连接并传输到打印机和打印网页通常有格式较差等难题。北京博瑞凯德公司提出了司印云打印管理平台，提供了如刷卡打印(刷卡后才将打印队列中的文档打印)、漫游打印(可在任意打印机刷卡取纸)、云端提取、定向输出等打印服务。该公司开发的云打印技术支持任意品牌和型号的打印机，具有多种文档格式输出以及完整的打印审核功能，实现了私有的、安全的云打印。北京合创芯彩公司开发的 ICPrint 打印管理软件，其目的是管理监控单位内工作人员的打印行为。ICPrint 打印服务器接入单位局域网，打印机通过 USB 连接到打印刷卡器，打印刷卡器再连接到局域网。局域网内的用户在进行打印操作时，实际上是通过打印服务器将文档传输到网络打印器，由网络打印服务器将任务分配到打印刷卡器，再通过驱动打印机打印文件的。当然必须使用打印者的员工 IC 卡到刷卡器上刷卡确认身份，才会执行打印操作。该打印管理系统虽然达到了打印监控管理的目的，但不便于操作，员工需要手动刷卡确认。2014 年 4 月，佳能和百度联合推出了基于网络的整合打印设备的云打印服务，用户需要登录已经注册和绑定的百度账号，可以在任意地方通过网络打印文档。

## 1.3 开展云制造研究与应用的意义

开展云制造模式及相关理论的研究，进行云制造系统的开发与应用，开展云制造中关键技术的研究与实现对于云制造系统的形成、发展和推广具有极其重要的理论意义、应用价值和产业化前景。云计算理论及其模式已经大量应用在多种行业中，并已经广为社会所理解和接受，比如云存储技术、云打印技术及云安全技术等。由此，云制造作为当前国民经济的重要行业，云制造技术的开展是极其必要的，理论上可以丰富和发展网络化制造模式的相关理论和方法，将物联网、互联网等当代先进技术及管理模式与制造业进行有效融合，促进所涉及的机械制造、计算机、网络、信息化、自动化等相关科学的发展。从实践而言，云制造具有迫切需求及重大经济、社会效益驱动，一方面为网络化制造的实施提供可操作的、有效的工具，促进云制造及智能制造的开展及深入；另一方面，促进和带动相关行业和产业的协同发展，形成以互联网为核心，以智能制造为目标的云制造产业模式。

### 1.3.1 云制造研究与应用的主要方面

**1. 云制造概念及体系结构问题**

云制造系统作为一种新型制造模式，深入理解并分析云制造概念及体系结构是云制造的研究前提，是十分必要的。针对云制造的概念，需要分析云制造产生的理论基础，讨论从制造网格模式向云制造模式演化所依托的系统学基础理论，讨论演化的路径以及演化的涨落、干扰、分叉和选择动因，分析其演化方程，进而形成云制造的概念；通过对其与现有制造模式进行比较，研究云制造的内涵，结合云制造的核心特征及关键技术，构建云制造体系结构，并开展云制造的组织模式以及运行过程相关的运行机理、运行机制及运行流程。

**2. 云制造中的云端化及虚拟化问题**

在云制造环境中，设备资源云端化主要包括对云资源的感知、描述、封装和接入等技术，是实现底层资源共享的基础。通过云端化，可以把分布在不同地理位置的制造资源的不同功能组件连接起来，进行统一管理，并把资源以服务的形式对外提供接口，制造资源从而转为逻辑上可以管理的资源。物理制造装备作为云端化的主要对象，需要重点研究其服务接入技术。云端化是实现物理制造资源虚拟化的基础技术之一。

随着基于服务架构(SOA)思想的提出，云制造资源共享与应用的过程应是基于服务而形成制造任务业务链的过程，从而映射成为虚拟制造企业的组织。它的解决方案是可以动态生成的，即先有制造业务的流程，而后有虚拟制造企业的聚合组织。当前人们对网络化制造模式的研究集中于如何发布制造资源(资源的汇聚)及怎样搜索制造资源等方面。但是，如何实现制造资源与任务需求在接口、功能、流程、服务质量等方面的匹配、寻租及动态组合则缺少较为有效的解决手段。当然，当前所发布与封装的云制造资源现在主要是以软资源(制造数据等信息计算资源及软件应用)居多，而对于那些需要实现网络化制造的终端物理制造设备资源则只能采取嵌入式接入、封装以及调用等方法。目前的制造模式在解决制造资源的动态共享以及智能化分配，底层物理终端设备资源的嵌入式接入等问题方面还存在一定不足，使得它的推广和应用发展均受到了一定的限制。云制造模式能够克服当前网络化制造模式的诸多缺点，基于云计算的思想，在资源虚拟化的基础上为用户按需提供可靠的服务。

资源虚拟化技术是云制造模式实现的必要条件。虚拟化技术是以某种特定的形式将一实体的相关功能实现的方法与内部复杂结构隐藏，而将它的外在的形式映射于虚拟空间，对外呈现出其相关的功能表现。云制造资源虚拟化方法是把物理制造资源转化成为逻辑上能够管理的虚拟资源，从而打破其物理结构之间的紧密联系，使得所有的制造资源都可以运行于各种物理平台之上，通过虚拟环境来实现制造资源的配置。利用虚拟化技术将制造资源虚拟化为服务，形成云端服务，用户可以按需使用资源。

**3. 云制造中的服务解析问题**

近年来，随着先进制造技术的迅猛发展、网络技术和信息技术的日新月异，客户需求在制造服务中占有的地位也越来越重要。主要表现为客户对产品的需求越来越趋向于个性化和多样化。满足客户个性化需求、提供多样化需求的产品和服务是当前制造模式的主旋律，而其前提是客户服务需求的准确、无差错解析，这是云制造成功与否的关键技术之一。

云制造服务需求解析要求系统、全面、多粒度、多尺度地获取客户需求信息并对其进行分析，把客户需求映射为云平台进行生产调度过程中可直接利用的产品工程技术特征信息数据，有效解决资源调度过程中出现的资源队列较长、负载均衡较差等问题。需要在客户服务需求解析技术的基础上，结合云制造多粒度、多尺度等特点，对云制造服务需求多粒度解析及资源调度的模式进行了探讨，研究云制造服务需求多粒度解析及资源调度的方法，构建资源本体库，通过语义 Web 和推理机技术来获取客户多粒度需求，同时对资源本体进行等级划分，采用动态资源调度算法解决资源调度过程中出现的资源队列较长、负载不均衡等问题。这些研究对促进云制造理论的完善以及云制造的快速发展，对实现云制造在实际生产中的应用起到了良好的推动作用。

**4. 云制造中的资源调度问题**

云制造以“按需服务”为核心，以“制造即服务”的理念为客户提供个性化的制造服务。多粒度资源是云制造调度的基础。聚合资源作为一种集成资源，具有多粒度属性，其服务能力由构成它的资源单元的属性而决定。复杂资源聚合下的多粒度属性集成问题中，存在着聚合资源属性与资源单元属性间有线性叠加、非线性叠加、最优选择、动态集成等复杂关系，而对于客户服务需求来说同样具有多粒度需求特征，在资源调度过程中充分考虑到客户需求、提高服务质量是云制造多粒度调度的重要指标。因此，需要对资源多粒度划分策略进行研究。

同时，弹性调度是云制造系统的重要特性，其贯穿整个制造过程，是云制造服务的出发点和始终须考虑的问题。由于客户需求多样化，云制造资源具有弹性、复杂等特点，因此云制造服务需变更弹性调度要求系统、全面、多粒度、多尺度地获取客户需求信息并对其进行分析，对客户需求变更进行需求变更与服务变更判定和调度评价，有效地避免资源调度过程中出现的频繁调度和无用调度等问题。在云制造模式下，系统整合了自治资源和租赁资源，形成了多资源、大规模以及强制造能力的共享资源池，根据客户的服务需求，对资源进行聚合、优化和配置，定制以需求为驱动的服务模式。而在此过程中由于云制造资源工作的环境复杂多变，各种干扰因素将会对资源节点的状态产生影响，导致资源节点不可用；同时客户的服务需求也将随着实际需求的变化而变化。这都将导致初始方案不能继续持续下去，对于以上问题，需要对初始方案进行调整。而对于云制造系统的动态可伸缩性，则需要开展云制造环境下弹性调度模型研究。

**5. 云制造中的多粒度访问控制问题**

多粒度访问控制是云制造中的关键问题与核心特征之一。多粒度是指以松散耦合的服务及其组合满足按需服务要求。中国工程院李德毅院士指出多粒度和多尺度是云计算的四个特征之一，而美国国家标准与技术研究院 NIST 也将多粒度的按需服务列入云计算的五大特征之中。多粒度与很多问题相关，如多粒度资源调度、多粒度工作流管理等。访问控制是云制造基础架构的核心，直接决定着对云制造服务的有效、安全访问，影响到系统的资源管理、任务管理、安全等多个环节，进而影响到系统的有效性、可用性。同时，在云制造环境下，访问控制还面临着以下新的问题：① 粗细粒度服务问题；② 服务及服务聚合问题；③ 动态、弹性制造服务问题；④ 多用户问题；⑤ 资源跨管理域问题；⑥ 大规模问题；⑦ 任务迁移问题等。上述问题对访问控制的动态性、完整性、机密性、时效性等方面提出了更高的要求。

云制造访问控制是以多粒度资源属性为目标的动态授权问题，是一个寻求多目标最优授权路径的复杂问题，核心是寻找用户—角色组合—权限组合—多粒度资源属性的最优多目标授权迁移路径，角色—角色、权限—权限之间存在着继承关系，用户—角色，角色—权限，权限—资源属性之间存在着分配关系，多粒度资源属性之间存在着粗/细粒度分层关系，云制造中资源以粗细不同粒度满足用户的按需服务，用户对资源的访问控制其实质就是对资源多粒度属性的访问控制，粒度之间具有独立性、包容性、重叠性等特点，同时，访问控制还存在着容量约束问题，是指在授权迁移过程中，相对于多目标数目而言，角色、权限、资源属性等存在着最大允许授权容量。云制造中一般同时选择多个不同粒度的资源属性作为需求目标。因此，云制造访问控制是一个多目标问题，寻求满足多目标多粒度资源属性的最简授权策略，其核心是多目标优化问题。在多粒度访问控制模型中存在着时间、空间、容量、状态、系统性能等复杂约束条件，存在着角色继承、权限继承等复杂关系，同时，还存在着面向多粒度服务需求的角色组合和权限组合等，多粒度访问控制模型是一个复杂的、多目标、多约束问题。

**6. 云制造的应用问题**

云制造最终要形成制造能力，走向行业应用，促进企业的核心竞争力的提高，促进行业水平的提高。本书选择了以打印设备为对象的云打印应用技术，在网络化打印的基础上将打印业与云计算相结合，以为云打印服务使用者提供按需打印为核心目标，同时统筹、共享、标准化、虚拟化物理资源，满足云打印使用者多样化、即时性的打印服务，形成一种新型网络化打印模式——云打印(Cloud Print，CP)，作为云制造应用及推广的案例。

### 1.3.2 云制造研究与应用的意义

我国目前还是一个制造大国，正向着制造强国迈进，随着国家互联网战略的逐步实施，智能制造成为了该战略在制造业中的主要方向之一，而云制造正是智能制造的关键支柱与关键基础。当前，我国制造企业技术基础相对发达国家比较薄弱，区域分布不平衡，利用不充分，严重制约了制造业的发展。因此，迫切需要通过信息化建设，通过分布、异构、异地制造资源共享，形成基于网络的协同制造，提升我国制造业的整体水平。在云制造的支持下，可突破企业界限和现有资源的限制，透明地获得丰富的资源，尤其是对中、小企业可以获得自身不可能具有的资源；能更有效地提高产品设计质量，缩短设计开发周期，有利于企业从小而全向小而专、由封闭向开放、由简单重复向高水平优化组合转变，提升制造行业水平。

云制造研究与应用具有较好的社会、经济和学术意义，主要体现在以下几点：

(1) 提高企业制造能力。在云制造系统中，通过封装技术，实现制造资源的云端化及虚拟化，形成新的制造资源协同制造模式，达到设备、技术、人才和知识的大范围充分资源共享，为产品设计、制造异构环境中多领域协同问题提供了附加制造能力，提高企业的产品设计、开发和制造能力，加快对市场和用户需求的反应速度。

(2) 提高企业资源共享性能。云制造中云资源的多样性、复杂性和动态性从资源维度和深度方面为制造过程增大了选择空间，便于企业获取优势资源。同时，资源获取更加高效可靠，提高了资源共享的性能，提升了服务质量水平。

(3) 提高制造企业的协同工作能力。云制造通过高效的、标准的信息传递和交流，充分发挥共享资源所有者的自治性，将异地、异构资源有效组织起来，提高了制造企业的协同制造能力。

(4) 增强制造的信息互联能力。基于网络服务的标准信息互联方式，云制造在信息互联的内容、效率、描述、交互等方面都向着无缝、无歧义方向发展，增强了制造的信息互联能力。

(5) 提高制造企业的管理能力。云制造依赖其平台统一性、技术标准性的特点，在资源多样性、信息流动性、过程反馈性方面都有了较大的提高，提高了制造企业的管理能力。

(6) 提供云制造理论研究的新方向。云制造的研究与应用，为云制造理论的研究提供了新的方向，丰富了云制造的理论研究成果，为网络化制造提供了新的理论、思路和方法，加强了制造科学与信息科学、系统科学等基础科学的交叉融合，促进了网络化制造理论向着更深、更广、更细、更新的方向发展。

# 第 2 章

# 云制造概念及体系结构

## 2.1 云制造产生的理论基础

### 2.1.1 云制造系统的演化路径

云制造系统是在现有网络化制造成果的基础上，结合云计算思想形成的一种网络化制造新模式，是对现有制造模式的信息化方向的新发展。制造模式向云制造方向演化路径如图 2.1 所示。制造模式的演化主体路径是随着信息技术的不断发展而进行的，向着系统复杂化、技术标准化、柔性化、开发化的方向发展，从集中式资源管理向着分布式资源管理发展，从设备层的信息孤岛向着系统层、平台层的协同制造发展，从非统一标准向着统一标准方向发展，从有限服务质量向按需服务发展。

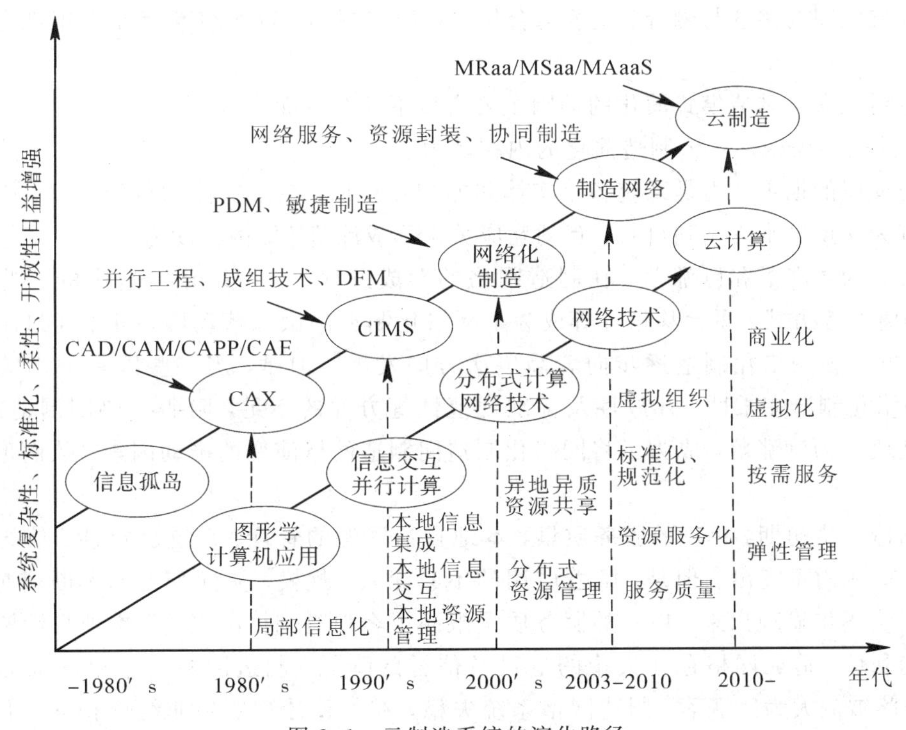


图 2.1 云制造系统的演化路径

CAX 阶段是随着计算机图形学、计算机应用技术而出现的，克服了设备资源的信息孤岛问题，是制造业信息的起点，主要形式有 CAD/CAM/CAPP/CAE 等，主要特点是局部信息化；CIMS阶段是在CAX基础上发展而来的，其强调的是本地信息的集成、交互和资源管理技术，主要的形式有并行工程、成组技术、DFM技术等；网络化制造相比CIMS而言，是伴随着网络技术和分布式计算技术而出现的，更加注重异地、异质的共享与协同，是制造网格和云制造的基石，主要形式有PDM、敏捷制造等；制造网格克服了网络化制造缺乏统一标准与规范的不足，在网格技术的基础上，采用OGSA标准，侧重于基于WSRF的服务描述与封装，集中/自治相结合的制造服务管理、服务质量等；云制造是制造网格演化的新阶段，在吸收了制造网格的服务化、标准化与规范化、虚拟组织等特征的基础上，结合云计算思想，主要面向商业应用，突出了服务的虚拟化、按需服务、弹性管理等，主要形式有制造资源即服务(Manufacturing Resource as a Service，MRaaS)、制造场景即服务(Manufacturing Scene as a Service，MSaaS)、制造应用即服务(Manufacturing Application as a Service，MAaaS)。

### 2.1.2 云制造系统的演化动因及方程

**1. 演化动因**

系统的存在与演化，需要满足两个基本条件：一是“要存在差异条件的事物，彼此吸引、排斥、交往、互动，这样才能出现整合过程。”二是“需要外部的约束或叫环境的压力，在既定的环境压力下，差异物只有整合为一个系统，产生整体突现性，才能在环境中生存下去”。制造系统的分布式组织结构、制造资源的差异性、制造协同的非零和博弈，吸引了制造资源彼此间的渗透与融合、竞争与合作、互动与制约，以非线性相互作用耦合成一个系统。

制造系统向云制造模式演化的动因主要有以下几个方面：

(1) 涨落与失稳——云制造演化的内在动力。

系统发展的根本动力是系统各个实体间的相互作用，系统实体的行为变化，引起其它实体的行为又反过来影响到自身，互动互应关系形成涨落，即内在动力。

涨落分为微涨落和巨涨落，在制造网格的形成过程中，网络化制造中的一些内部因素，如信息交互方式、平台移植性等成为了网络化制造的微涨落动因，可以通过不断微调而克服，并促使网络化制造逐步向着高层次方向发展。但是，当一些因素的影响逐渐凸显，如网络化制造在柔性、开放性及标准规范性等方面的不足，阻碍了协同制造的发展，微涨落被放大为巨涨落，成为了将网络化制造向制造网格演变的推动因素，从而形成了制造网格。

在制造网格初期，单一的服务质量，本地自治资源的管理、系统稳定性、信誉等问题对系统的影响尚不突出。但是，随着应用的不断深入，规模、协同程度的不断增加，上述因素的影响逐步显现出来，单一的服务质量限制了客户对网格的兴趣，本地自治资源的随意性和趋利性，造成网格存在失稳的危机及信誉的降低，制造网格与客户需求的不相适应，微涨落被放大为巨涨落，制造网格系统失稳，在与云计算发生非线性相互作用时，演变出了云制造新模式，实现系统由低层次有序向高层次有序跃迁。

(2) 干扰——云制造演化的外在动力。

系统与环境是共生的。环境变化对系统产生扰动，打破系统内部的相互作用，推动系统新模式的出现，成为系统发展的外在动力。

制造网格向云制造演变的主要干扰有：差异性服务质量需求、商业能力需求和云计算的出现。制造活动在响应客户需求时，有限的统一的服务质量已经不能很好地满足客户的需求，差异性服务质量需求出现并促使制造网格的转变，为了满足差异性服务质量需求，提供按需服务的服务质量，就成为了演变的一个干扰因素。同时，制造网格普遍的科学研究型应用场景，较弱的商业性计费等能力，制约了制造网格的盈利能力，具有较为完善的商业能力需求成为了演变的另一个干扰因素，更主要的是，云计算的出现对制造网格的基础——网格技术进行了发展，撼动了制造网格的根基，成为了演变的主要干扰因素。

(3) 分叉与选择——云制造演化的机遇。

系统中的非线性作用可以形成多种可能的途径，但究竟哪一种途径成为现实是由随机涨落选择的。系统演化的结果便会产生多种可能性，即分叉。系统会通过不断调整，趋向最利于自身发展的途径，在分叉方向上做出判断，即选择。

制造网格向着云制造方向演化，一方面可以充分利用现有制造网格基础和成果，在资源共享方式，资源描述与封装、资源管理等方面不需要做大量重复的工作，具有最小的演化成本；另一方面，可以充分满足制造网格中存在的多种内在演化动因和外在干扰动因，能够较完整的实现模式的跃迁。因此，制造网格向着云制造方向演化是系统选择的必然结果。

**2. 演化方程**

可以在普利高津的耗散系统演化方程的基础上，建立制造网格向云制造系统的演化方程，即：

$$\frac{\mathrm{d}X}{\mathrm{d}t}=f(t, \lambda, g(X), \partial) \tag{2.1}$$

式中 $\mathrm{d}X/\mathrm{d}t$ 是系统状态的演化，表征系统对时间的响应，即制造系统涨落趋势；$t$ 是状态变化依赖的时间；$\boldsymbol{X}$ 为描述制造系统的状态参量($n$ 维向量)，如 QoS 能力，信誉，稳定性指标等；$g(\boldsymbol{X})$为在 $t$ 时刻，制造网格系统在状态参量 $\boldsymbol{X}$ 与客户需求、制造业环境的适应程度函数；$\lambda$ 为外因干扰参数；$\partial$为选择算子，表征系统在分叉方向上做出判断的算子。式(2.1)反映出制造系统演化依赖于外部环境 $\lambda$、$\partial$选择算子、系统状态 $\boldsymbol{X}$ 及适应程度函数$g(\boldsymbol{X})$。

## 2.2　云制造的概念与内涵

### 2.2.1　云制造的概念

云制造是在“制造即服务”理念的基础上，借鉴了云计算思想发展起来的制造新模式。云制造是先进的信息技术、制造技术以及新兴物联网技术等交叉融合的产物，对促进网络化制造环境下提升制造服务水平，具有积极的作用。

李伯虎院士定义云制造是一种面向服务的高效、低耗，基于知识的网络化的新制造模式，融合现在信息化制造技术、云技术、物联网等技术，把各类制造之间和制造能力集虚拟化、服务化并且进行统一的集中的智能化管理，从而通过网络和一个云制造平台中间件，将制造全生命周期的前期、中期、后期提供给用户，提供随时获取按需使用的优质廉价的服务。中国航天科技集团公司总工程师杨海成认为“云制造是先进的信息技术，制造技术以及新兴物联网技术等交叉融合的产品，是制造即服务理念的体现”。国家“863 计划”先进制造技术领域专家组组长王田苗认为，云制造可以分为由低到高两个层次实现：低层次是提供相对功能明确、价格低廉的产品、设备的制造平台；高层次是根据顾客的设计或加工需求，整合制造资源，帮助客户完成相关产品的设计、加工、制造和配送，提供一整套加工制造的服务平台。中国科学院李伟平等认为云制造是一种以规范化和通用化的行业标准为基础，以互联网和物联网为支撑环境，以满足顾客个性化产品需求和提高加盟制造商利润为目标，具有智能化、绿色化、低消耗、高可靠性、高可伸缩性的现代制造模式。

上述定义主要体现了云制造的服务化、虚拟化、网络化等特点，在深入研究云制造特征及内涵的基础上，我们提出了云制造的概念如下：

**定义 2.1** 云制造是一种面向服务的，基于网络的制造新模式。云制造依托云计算理论及框架，在网络化制造技术和方法的基础上，以“按需服务”为核心，以资源虚拟化及多粒度、多尺度的访问控制为手段，以资源共享及任务协同为目标，以分布、异构、多自治域的资源或资源聚合为云节点，以网络为媒介，以透明、简捷、灵活的方式构建开放、动态的协同工作支持环境，提供通用、标准和规范的制造服务。云制造是云计算理念在制造领域的体现和发展，是先进的信息技术，制造技术以及新兴物联网技术等技术的交叉融合，能够实现制造资源共享、协同工作、降低制造成本、提高资源利用率之目的，进而有效推动制造业信息化水平的快速发展。

### 2.2.2 云制造的内涵

云制造具有丰富的内涵，体现了分散与集中的统一、自治与协同的统一、混沌与有序的统一、竞争与合作的统一。

**1. 分散与集中的统一**

云制造是利用网格技术，将地理位置上分散的各种资源集成在一起，形成一个逻辑上集中、物理上分散的虚拟组织，通过该虚拟组织的运作，实现对市场需求的快速响应，提高资源的利用率。另外，云制造中的每个资源，都有其特定的定位、目标和技术能力，因此是分散的和局部的。但是，在针对一个特定的市场需求时，这些资源通过云制造平台连接在一起，具有一个共同的目标，通过发挥自身的能力来共同完成该目标。因此，云制造在资源的个体目标和群体目标、资源的物理位置和虚拟组织的逻辑上，体现了分散与集中的统一。

**2. 自治与协同的统一**

参与云制造的每个资源都是一个独立的实体，每个资源都有自己独立的组织体系和决策机制，以及独立的运作方式和管理方法，在决定资源的行为和行为方式上，每个资源是高度自治的。但是，当资源通过云制造联系在一起时，可通过资源共享来协同，而且协同的程度越高，资源间合作的效率就越高，经济效益就越好。因此，云制造体现了每个资源个体自治与资源间协同的统一。

**3. 混沌与有序的统一**

由于每个资源是独立自治的，因此，每个资源的运行模式和运行状态是不同的，所有这些不同的运行状态构成的状态空间，整体上呈现一种混沌的形态。但是，当这些资源通过云制造构成一个虚拟组织时，虚拟组织的运行又呈现出有序的状态，并且云制造将朝着提高产品质量、缩短产品交货期、降低产品成本的方向进化。因此，通过云制造可以实现混沌向有序的转化，体现了混沌与有序的统一。

**4. 柔性制造与刚性制造的统一**

由于每个资源的技术能力范围是有限的，即使具有柔性制造能力，对于整个制造任务而言，也只是局部柔性而已，整体上呈现的是刚性。当这些资源通过云制造连接在一起时，就呈现了整体柔性制造能力，云制造的整体定位、目标和技术能力得到了扩展。因此，云制造体现了个体资源刚性制造与虚拟组织柔性制造的统一。

**5. 资源优势与资源弱势的统一**

参与云制造的每个资源在技术能力上都有其自身的优势和弱势，面对不同的市场需求，就会体现出资源的能力过剩和能力不足。当能力过剩时，资源利用率不足，造成资源浪费；当能力不足时，就无法满足产品的 T、Q、C、S 需求。参与云制造后，形成资源联盟的虚拟组织，对于过剩资源能力，可以对外提供共享与协同，提高资源利用率并获得经济效益；对于资源能力不足，则利用外部资源的互补与共享，实现产品的协同制造，满足市场需求。因此，云制造体现了资源优势与资源弱势的统一。

**6. 竞争与合作的统一**

个体资源生产经营的主要目的是尽可能获得最大的经济效益，面对市场需求，资源间的关系体现着明显的竞争关系，对于同质企业尤其突出。但是，随着经济的发展，竞争只能是共损。共赢才是必由之路，这已经成为了共识。云制造通过将同质资源或上下游资源联系起来共同组成虚拟组织，与个体资源利益相关，云制造为资源合作与共赢提供了技术实现途径。因此，云制造体现了资源竞争与资源合作的统一。

### 2.2.3　云制造与现有模式的比较

在云制造系统中，引入了云服务提供商(Cloud Service Provider，CSP)，CSP 提供的共享资源由两种类型构成，一类是自有资源，另一类是对云资源提供者(Cloud Recourse Provider，CRP)所拥有的独立资源进行租赁的租赁资源，CSP 对租赁资源在约定的时间内具有完全的管理权。云服务消费者(Cloud Service Custom，CSC)面向的是 CSP 提供的云制造服务，克服了制造网格中资源节点自主的加入或退出制造网格系统所造成的不稳定性问题。同时，CSP 以企业的信誉提供资源共享及协同制造服务，在共享资源节点出现异常时，可以快速的对其所属的自治资源及租赁资源进行调度，而不需要发现、协商过程，相对制造网格的具有较高的信誉。在制造网格中，服务消费者(Service Custom，SC)对服务提供者(Service Provider，SP)的共享资源仅具有单一粒度的访问控制权限，在云制造中，SC 可以根据制造活动的需要，对共享资源进行多粒度、多尺度的按需服务配置，体现了较高的服务质量。

云制造与相关制造模式的异同比较如表 2.1 所示。

**表 2.1　云制造与现有制造模式的异同比较**

| 比较项目 | CIMS | 网络化制造 | 制造网格 | 云制造 |
| --- | --- | --- | --- | --- |
| 资源地理位置 | 集中式 | 集中式/分布式 | 分布式 | 分布式 |
| 资源类型 | 异质 | 异质 | 异质 | 异质/同质 |
| 管理域 | 单域 | 多域 | 多域 | 单域/多域 |
| 资源共享模型 | 集成 | 虚拟企业 | 虚拟组织 | 虚拟化 |
| 应用领域 | 信息孤岛集成 | 商务应用 | 科学研究 | 商务应用 |
| 资源节点 | 设备、工具等 | 自治资源 | 自治资源 | 自治资源/租赁资源 |
| 任务 | 单类型任务 | 单类型任务 | 多类型任务 | 单/多类型任务 |
| 节点间耦合 | 紧耦合 | 紧耦合 | 紧/松耦合 | 松耦合 |
| 目标 | 信息交互 | 协同制造 | 资源共享与协同 | 资源共享/协同制造 |
| 标准 | STEP，IGES 等 | 自定义 | OGSA/WSRF | 研究中 |
| 计费 | 免费 | 协商 | 免费 | 可计量 |
| 用户参与度 | 高 | 高 | 高 | 低 |
| 稳定性 | 高 | 一般 | 一般 | 高 |
| 服务提供者 | 自治资源 | 自治资源 | 自治资源 | 云服务提供商 |
| 服务质量 | 统一服务 | 统一服务 | 统一服务 | 按需服务 |
| 自治性 | 完全自治 | 完全自治 | 完全自治 | 有限自治 |
| 角色 | / | SC、SP、管理者 | SC、SP | CSP、CSC、CRP |

# 2.3　云制造体系结构

## 2.3.1　云制造体系结构

云制造体系结构共分为 5 层，分别为：物理资源层、虚拟化层、核心中间件层、应用层、用户层，如图 2.2 所示。

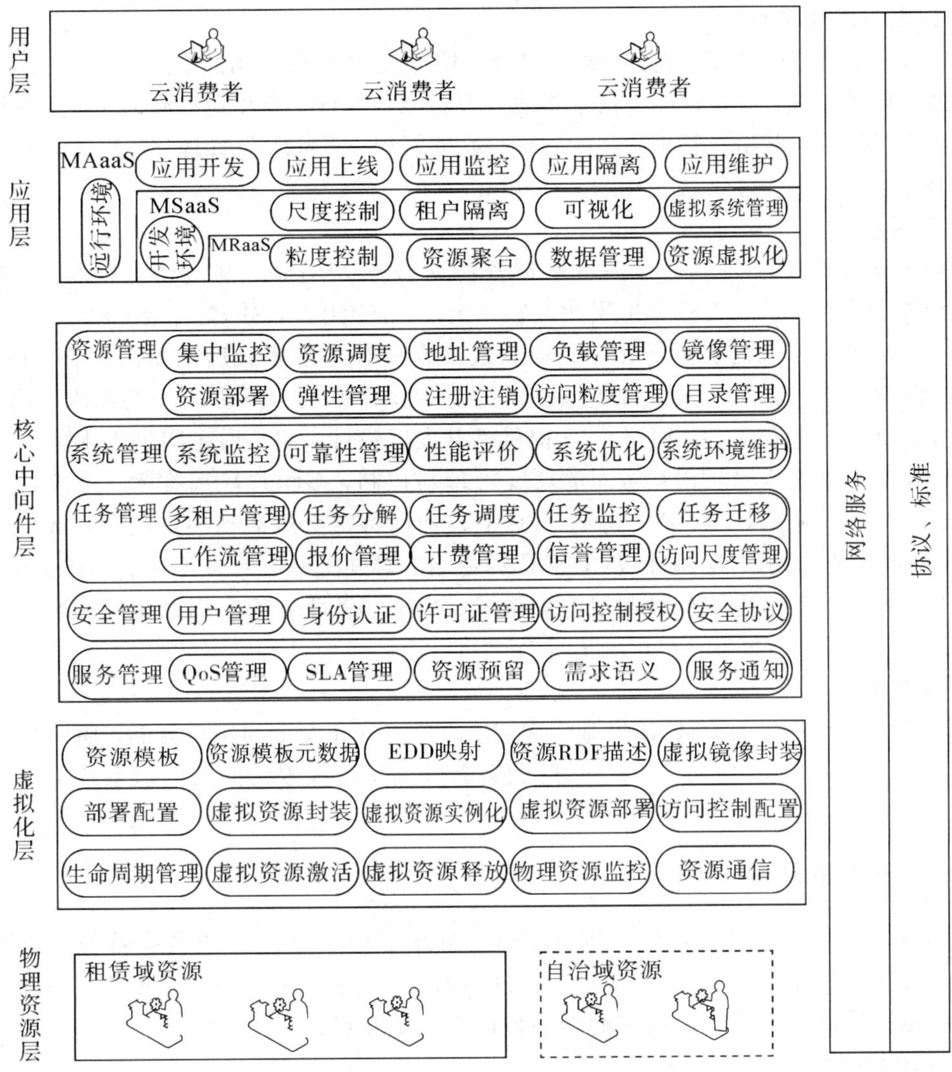


图 2.2　云制造体系结构

**1. 物理资源层**

物理资源层是云制造的最底层，用以提供面向协同制造活动的共享物理资源，如设备资源、软件资源等。物理资源层包含了完全自治的自治域资源以及通过有偿租赁获得的租赁域资源，租赁域资源用于弥补 CSP 自有资源在资源类型、制造能力等方面的不足，租赁过程由 CSP 与独立资源自治者之间协商进行，涉及租赁期、租赁类型、租赁方式等内容。

**2. 虚拟化层**

虚拟化是云制造中的关键特征，是一种对物理资源进行简化抽象，构建与物理资源的制造特征相似、访问接口通用的虚拟资源的方法。制造网格资源共享通过资源封装实现物理资源的服务化，云制造虚拟化层包括了资源描述、虚拟资源镜像封装、虚拟资源部署配置、虚拟资源封装、虚拟资源部署、访问控制配置、虚拟资源激活与释放等过程，实现面向共享的资源虚拟化。

**3. 核心中间件层**

核心中间件层为云制造的制造服务和服务协同提供基本的功能，主要包括资源管理、系统管理、任务管理、安全管理、服务管理5大功能中间件，涉及到资源部署、资源镜像管理、弹性配置管理、多租户管理、尺度管理、粒度管理、服务质量管理、计费管理、可靠性管理等环节。

**4. 应用层**

应用层面向CSC协同需求，提供制造资源即服务MRaaS、制造场景即服务MSaaS、制造应用即服务MAaaS三种应用层次。在MRaaS应用中，CSP交付给CSC的是最底层的资源，CSC通过标准的接口，对单一资源或聚合资源进行多粒度的访问。在MSaaS应用中，CSP交付给CSC的是可配置的虚拟制造环境，CSC可以根据自身的需求，选择、复用、配置可重构制造资源，并利用CSP提供的开发及设计工具，构建满足需求的虚拟制造系统，涉及到多个重构单元相互协同的尺度管理与控制，多租户隔离技术，虚拟系统设计与管理等。在MAaaS中，CSP交付给CSC的是面向特定制造活动的定制制造系统，将完成一个应用(任务)的所有应用环境(共享资源组合、时间关系、约束关系、工作流等)整合在一起提供给CSC，如电子产品制造应用系统、产品可靠性分析应用系统等，涉及到制造应用的开发、上线、监控、多租户隔离等技术。

**5. 用户层**

云制造中的用户层为CSC提供基于WEB的统一的和安全的用户界面，使用户可以在不同地点，不同客户端环境下，以一致的配置条件和访问权限访问云制造系统提供的各种服务。

### 2.3.2 云制造的核心特征

云制造是一种面向网络协同的制造模式，继承了网络化制造的共有特征，如敏捷响应、资源共享、协同设计与制造等，同时，也继承了云计算的规模化、低成本、弹性等基本特征。云制造区别于其他制造模式的核心特征有以下几点：

**1. 按需服务特征**

CSP通过对自治资源及租赁资源的整合，可以形成资源类型多、规模大、制造能力强的共享资源池，面向CSC的需求，动态的提供资源共享服务。CSC在制造过程中，能够弹性地、快速地变更所需要的资源类型及数量，获得可配置的制造能力，可以多粒度、多尺度的按需对共享资源进行访问控制，体现了云制造的按需服务特征。

**2. 服务量化与计费特征**

服务量化与计费特征使云制造制造网格具有更良好的商务应用基础，由于采用了按需服务，CSP可以根据资源共享的时间与规模、访问控制权限、服务质量级别等对服务进行量化，采用有效的云服务计费模型，对CSC进行授权及收费，CSC也可以根据服务量化及计费模型，动态调整服务需求，实现需求、服务质量、费用之间的匹配与平衡。

**3. 资源虚拟化特征**

资源虚拟化实现从物理资源到云资源的抽象和映射，基于资源模板，对物理资源的静态属性、动态属性、行为属性及部署配置信息的描述，构建具有通用访问接口的虚拟资源封装组件，提供物理资源抽象的、简化的逻辑视图。通过虚拟资源封装组件的服务化方法，形成虚拟资源网络服务。资源虚拟化特征可以使共享资源能够便捷、灵活的弹性资源聚合、满足云制造的按需服务、多粒度、多尺度访问控制等需求。

**4. 稳定性特征**

为了提高云制造系统的稳定性，CSP 一方面拥有一定规模的自治资源，另一方面，通过与第三方独立资源拥有者进行租赁协商，实现对本地资源类型的互补，大幅度增强制造能力，形成具有规模效应的共享资源池。由于 CSP 与租赁资源拥有者存在协议约束，因而在资源类型覆盖率、同类型资源最低保有量等都能提供较好的保证，对用户需求的响应仅依赖于对资源预留控制及系统性能评估等分析，使得云制造系统具有较高的稳定性特征。

**5. 多租户特征**

CSC 可以看做对 CSP 的共享资源进行租用的客户，因此，CSC 被称为租户。云制造系统使得大量的租户能够共享 CSP 所提供的共享资源，每个租户者能够按需使用资源，CSP 能够对每个租户进行定制化配置，通过租户间的数据隔离、资源弹性伸缩、性能优化等技术保证多租户服务质量。

### 2.3.3　云制造中的关键技术

**1. 云制造模式基础理论、标准及规范**

从系统的角度对云制造的理论基础、体系结构、标准和规范等技术进行研究。主要包括：① 云制造形成的充要条件、稳定条件及演化机理；② 云制造体系结构；③ 云制造的组织及运行模式；④ 云制造的相关标准、协议及规范。

**2. 虚拟化技术**

虚拟化针对底层资源共享，是云制造中的核心技术，涉及到资源虚拟化、虚拟资源云接入、聚合资源虚拟化等方法。主要包括：① 资源描述及虚拟资源封装；② 虚拟资源激活、部署及监控；③ 虚拟资源服务化技术；④ 虚拟化管理及通信技术。

**3. 访问控制技术**

多粒度多尺度的访问控制技术是云制造的核心特征之一，也是按需服务的重要支撑技术，涉及到共享资源的粒度管理、多资源的尺度管理等。主要包括：① 多粒度描述及粒度变换方法；② 多尺度描述及尺度变换方法；③ 多粒度、多尺度访问控制模型及策略；④ 面向服务质量(Quality of Service，QoS)的粒度尺度解析技术与方法。

**4. 多租户技术**

多租户技术可以保证云资源需求者获得定制化的云服务，涉及到租户认证及许可、客户化配置等。主要包括：① 租户认证与计费技术；② 租户制造数据隔离技术；③ 制造场景客户化配置及交互技术；④ 资源弹性伸缩、评估与优化技术；⑤ 多租户冲突控制技术。

**5. 云制造安全保证技术**

云制造安全保证技术是云制造系统稳定、安全、有效运行的保障，涉及到 CSP、CSC、CRP 三种角色及云制造系统的可靠性等方面。主要包括：① CSC、CRP 及 CSP 的可信评价与认证技术；② 云制造系统的服务响应性能评价及优化技术；③ 云制造系统的可靠性、稳定性分析与评价；④ 服务等级协商与保证技术；⑤ 网络安全及多租户可信隔离技术。

**6. 云制造管理技术**

云制造管理技术是云制造运行的主体，涉及到资源管理、任务管理、服务管理等方面。

主要包括：共享资源的部署、监控、调度、预留、释放等技术；制造任务的描述、分解、调度、协商、监控、评价、冲突控制、迁移、QoS解析等；服务目录、虚拟资源聚合、消息与通信管理、用户与计费管理等。

# 2.4　云制造的组织模式

## 2.4.1　云制造的角色

云制造中的角色主要包括云资源提供者CRP、云服务提供商CSP、云服务消费者CSC三种。三者的关系如图2.3所示。

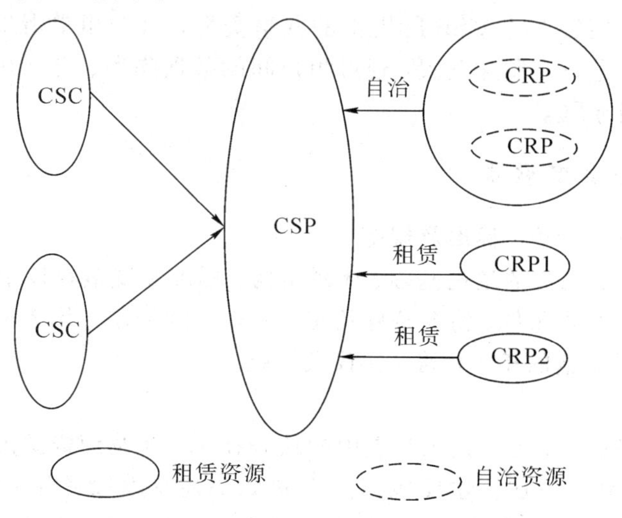


图2.3　云制造角色图

**1. 云资源提供者**

云资源提供者的自治体有两种，一种是云制造服务提供商，另一种是资源出租自治商。对于云服务提供商而言，在规模、成本、制造任务复杂性等方面都可以满足客户需求时，云服务提供商仅需购置大量自治资源，具有较好的服务质量保证能力，较好的可控性和可维护性。同时，在购置成本之外，使用成本、维护成本都较低。但是，由于客户需求的多样性、复杂性、规模性的需求越来越高，依靠自身的资源购置在成本、空间等方面都难以适应，因此，需要充分利用其他自治体所拥有的闲置资源。

对于资源出租自治商而言，也希望向云服务提供商出租自身拥有的闲置资源能力，通过资源共享，提高资源利用率，降低成本、带来期望的经济收益。因此，在云服务提供商与资源出租自治商之间建立租赁关系，与云服务提供商所拥有的自治资源共同构成超大规模资源池，极大地扩展资源池的规模、数量和复杂度，从而为实现云制造系统提供物理资源基础。

**2. 云服务提供商**

云服务提供商是云制造系统的核心角色，是实现客户需求响应、完成协同制造任务、提供共享资源、获得经济收益的主体。云服务提供商与云服务消费者和云资源提供者都存在着交互界面。

云服务提供商与云资源提供者存在着两类交互界面，一类是对自治资源，云服务提供商具有完全的权限；另一类是对资源出租自治商，云服务提供商具有约定权限，为了克服制造网格资源节点完全自治性所带来的系统失稳，云服务提供商与资源出租自治商建立了强制约束的租赁关系，从技术、法律等手段，保证对资源出租自治商资源的租赁周期、租赁类型、租赁可靠性、违约责任、经济利益等多个角度进行约束。

云服务提供商与云服务消费者之间主要实现云服务消费者的需求响应，根据资源消费者对云服务的需求不同，可以分为 MRaaS，MSaaS 和 MAaaS。对于 MRaaS 而言，云服务提供商仅提供按需配置的资源数量、资源访问、监控接口和通信方法，不承担对资源调度、任务调度等方面的服务；对于 MSaaS 而言，云服务提供商提供可配置的协同制造系统场景和接口、资源调度等，云服务消费者可以根据任务进行按需配置的资源类型、资源数量、访问控制策略、工作流管理、任务管理等，组建一个基于云服务的虚拟生产系统；对于 MAaaS 而言，云服务消费者仅需向云制造提供商协同任务的服务质量要求、基本设计文件等，而云服务提供商完成资源调度、任务管理等一系列协同任务，最后向云服务消费者提供完成结果。

**3. 云服务消费者**

云服务消费者是云制造系统的前端，也是云服务提供商信誉评价的主体，根据云制造中用户参与度最小的原则，云服务消费者根据云服务提供商提供的各类协同任务模板或接口，完成协同任务的配置、选择、监控、信誉评价等环节。

### 2.4.2　云制造的组织模型与租赁博弈

**1. 云制造的组织模型**

租赁资源和自治资源经过虚拟化后，共同组成云制造服务池。物理资源通过资源属性来表达和描述该资源的能力与特点。制造资源的属性分为动态属性、静态属性、行为属性，其中静态属性和行为属性经过虚拟化后，形成表达该资源的虚拟镜像，而动态属性用于表达该资源随着时间变化的属性参数，如即时容量，队列长度等。访问控制参数根据用户配置与物理资源进行交互，实现对物理资源的访问、控制、监控等。将虚拟镜像与访问控制参数、动态属性进行虚拟化封装，形成虚拟资源，封装过程可以采用 DMTF(Distributed Management Task Force)标准化组织制定的开放虚拟化格式(Open Virtualization Format，OVF)描述。

虚拟资源是表达了对应物理资源最核心、最基本的属性及其配置参数，将虚拟资源进行网络服务描述与封装，描述语言采用 OWL 语言，封装标准采用 Web Service 标准，形成有状态网络服务。将多个网络服务进行聚合，形成网络服务池，以适应按需服务的动态、弹性、计费需求。网络服务池与单个网络服务之间通过地址参数、数量参数、接口参数、配置参数等进行标识与通信交互。云服务提供商按照 MRaaS、MSaaS、MAaaS 的不同需求，与资源消费者及网络服务池进行交互，进行资源调度、任务调度、工作流管理、访问控制等管理。

云制造的组织模型如图 2.4 所示。

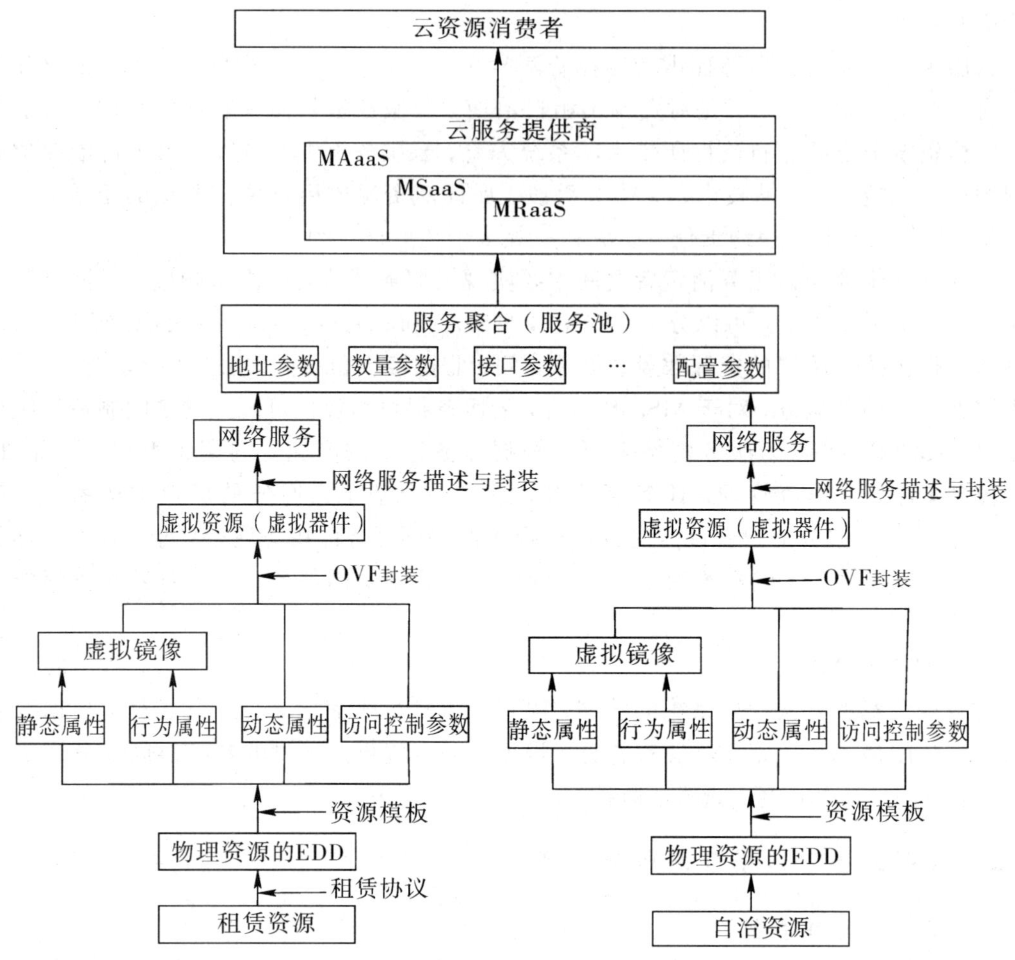


图 2.4　云制造组织模型

**2. 租赁博弈**

云制造的租赁建立在云服务提供商与云资源出租方活动之间，是一个博弈过程。云服务提供商与云资源出租者之间建立的租赁关系具有非零和合作博弈的特征，参与租赁的个体间存在着共同的利益，博弈方之间的关系即有竞争也有合作，是合作式竞争。同时，由于云制造所具备的规模经济效应，合作后产生的总收益不为零而是大于零的值。

(1) 云制造租赁合作博弈模型。

假设租赁活动云服务提供商与 $n-1$ 个与云资源出租者之间的合作博弈模型如下：

$$G_c(N,v)=\{S_1\cdots,S_n;b_1,\cdots,b_m;v_1\cdots,v_n\} \tag{2.2}$$

$$v_1=f_1(S_1,\cdots,S_n;b_1,\cdots,b_m) \tag{2.3}$$

其中：$G_c(N,v)$为一个有 $n$ 个参与方参加的合作博弈；$S_1,\cdots,S_n$ 为各个参与方的策略空间；$b_1,\cdots,b_m$，为合作所达成的协议；$v_i$ 为第 $i$ 个参与方的特征函数(即效益函数)，它是合作协议和各参与方策略的多元函数。

因此，合作博弈 $G_c(N,v)$包含一个参与方集 $N=\{1,2,\cdots,n\}$时，策略空间$\{S_1,\cdots,S_n\}$，协议集 $B=\{b_1,\cdots,b_m\}$及每一个参与方 $S\subseteq N$ 的一个特征函数 $v$，实际的 $v(S)$可以解释为租

赁活动中成员合作时所能实现的最大利益或成本节约。

（2）云制造租赁合作博弈的解。

合作博弈的解是指合作博弈的一个或多个支付向量，合作博弈 $G_c(N,v)$ 的支付向量是一个元素 $\boldsymbol{x}\in\mathbf{R}^n$，这样有：

$$\sum_{i\in N} xi = v(N) \tag{2.4}$$

根据支付向量 $\boldsymbol{x}$，参与方 $i$ 得到一个支付 $x_i$，而且所有参与方支付之和等于该任务云制造协同可获得的利益。

（3）Nash 谈判模型。

Nash 提出的这一定理指出两人对策总存在均衡对策。在双边谈判中，如果谈判双方决定合作，总存在谈判解。在合作对策中，我们把所有的效用对集合记为 $H$。若存在两个效用对 $u'=(u'_1,u'_2)\in H$ ，$u''=(u''_1,u''_2)\in H$，如果 $u'_1\geqslant u''_1$ 且 $u'_2\geqslant u''_2$，则称 $u'$ 优超 $u''$，记为 $u'\geqslant u''$ 。在对策中，若效用对 $(u'_1,u''_2)$ 没有被优超，则称之为帕累特最优。

所有的帕累特最优效用对的集合称为帕累特最优集。谈判者总是希望已方的分配值尽可能大，因此会对帕累特最优集中的效用对感兴趣。在帕累特最优集上，不可同时改进双方的分配值，一方的分配值增加，另一方的效用必然会减少，称之为有效边界。

冯诺依曼和摩根斯顿提出了谈判的概念，即合作对策的解只能在谈判集 $B$ 中达到。

$B=\{(u,v)\mid u\geqslant u_1,v\geqslant v_1,(u,v)\in R$ 且为帕累特最优$\}$其中 $u_1,v_1$ 为双方的效用冲突值，即双方不合作时各自的最低效用值—最大最小值：

$$u_1=\max(\min e_1(x,y));x\in X,y\in Y$$
$$v_1=\max(\min e_2(x,y));x\in X,y\in Y$$

其中 $(x,y)$ 为策略对，$e_i(x,y)$，$i=1,2$ 为效用值。

Nash 的谈判集可表示为：

$B=\{(u,v)\mid u\geqslant u_0,v\geqslant v_0,(u,v),(u_0,v_0)\in P;(u,v)$ 为帕累特最优，$P$ 为有界凸集$\}$

（4）基于 Nash 谈判模型的云制造租赁利益分配。

设云制造租赁合作博弈为 $G_c(N,v)$，联盟总收益为 $v(N)$，$u_i$ 为第 $i$ 企业的效用函数，谈判的起点为 $d=\{d_1,d_2,\cdots,d_n\}$，$d$ 称为现状点，表示的是谈判破裂时的冲突点，即云制造租赁中表示各制造资源所愿意接受的利益分配的下界值。

合作对策的一个分配是指对 $n$ 个局中人来说，存在一个向量 $\boldsymbol{X}=(x_1,x_2,\cdots,x_n)$ 满足式(2-5)和式(2-6)：

$$\sum x_i = v(N) \tag{2.5}$$

$$x_i \geqslant v(i) \tag{2.6}$$

其中 $v(N)$ 表示 $n$ 个局中人总的收益，$v(i)$ 表示局中人 $i$ 不与任何人结盟时的收益。

式(2-5)说明各人分配和正好是合作的总收益；式(2-6)说明博弈方参与合作的收益要大于不参与合作的收益。

设利益分配向量为 $\boldsymbol{X}=(x_1,x_2,\cdots,x_n)$，Nash 谈判的解为式(2-7)的最优解。

$$Max\prod_{i=1}(u_i(x_i)-u_i(d_i)) \tag{2.7}$$

$d$ 为利益分配的下界值，$d=\{d_1,d_2,\cdots,d_n\}$，在此设为博弈方不参与合作时的收益，即

$(d_1, d_2, \cdots, d_n) = (v_1, v_2, \cdots, v_n)$ 。

约束条件为：

$$s.t. \qquad \sum_{i=1}^{n} x_i = v(N)$$
$$x_i \geqslant d_i \tag{2.8}$$

(5) 示例。

设租赁活动共由两个制造资源参加。已知此合作总收益为 280 万元，若 3 个资源单独行动的收益为 $v(100,30,50)$。

三个成员企业的效用函数为

$$u_i(x_i) = \frac{x_i}{\text{最大值} - \text{最小值}}$$

其中 $x_i$ 表示第 $i$ 资源所得利益分配值。

可得如下非线性规划：

$$\max Z = \left(\frac{x_1 - 100}{180}\right)\left(\frac{x_2 - 30}{250}\right)\left(\frac{x_3 - 50}{230}\right)$$

$$s.t. \begin{cases} 100 \leqslant x_1 \leqslant 280 \\ 30 \leqslant x_2 \leqslant 280 \\ 50 \leqslant x_3 \leqslant 280 \\ x_1 + x_2 + x_3 = 280 \end{cases}$$

求解上式得 $X = (133, 64, 83)$。

## 2.5 云制造的运行流程

### 2.5.1 云制造的运行机理

云制造是以分布资源的共享与协同来实现产品协同制造，其运行机理包含运行基础、运行过程、运行环境和运行目标四个内容。

**1. 运行基础——资源开放及共享**

资源开放及共享是云制造形成的充分条件，也是云制造的运行基础。在云制造中，产品任务的每个制造子过程都存在许多同质和异质资源，同质资源在产品制造过程中实现相同的功能，异质资源则为不同的制造过程服务，这两类资源通过资源互连、组合、协作，实现产品制造资源的共享，服务于产品制造的各个阶段，提高资源的利用率，降低专业化分工的资产专用性风险，同时，还可以通过资源共享产生具有新附加值的新服务、数据、信息等资源，形成协同效应，满足用户的新需求。

**2. 运行过程——异构分布资源协同**

云制造资源具有异构、分布、动态等特点，是具有不同控制域的自治实体，所以在云制造的运行过程中，需要对异构分布资源的共享模式、服务形式、协同方式等分布资源场景进行协调与协同。异构分布资源协同包括资源共享的协同和问题解决的协同。资源共享的协同以资源互连为基础，既包括资源使用时不同用户在时间、空间、权限、服务质量等差异所进行的协商，也包括资源组合的协同。问题解决的协同是指云制造系统运行时的资源选择、组合、冲突及协调等方面的协同。

**3. 运行环境——统一标准和资源优化配置**

云制造的运行环境需要统一的标准和资源的优化配置。云制造本质上是一个开放的系统，通过统一的标准，实现任何异构、异地产品制造资源的共享、兼容和互操作，云制造的目标是交付最好的服务质量，这就需要在云制造运行环境中进行资源优化配置。产品的生产任务是一个动态的过程，制造对象和制造方式都会因为任务不同而变化，每个制造资源都有自身的制造能力和特点，通过资源优化配置，为完成制造任务，实现最好的服务质量，创造不断优化配置的运行环境。

**4. 运行目标——最好的服务质量**

云制造的运行目标是交付最好的服务质量，通过资源共享、协同、优化配置，充分发挥云制造资源成员的特点，满足复杂的用户需求。

### 2.5.2　云制造的运行机制

云制造运行机制是指云制造中进行决策、激励、约束和协调等内在的运行方式，本质上是云制造的内在联系、功能及运行原理。云制造的运行机制是多元化的综合的运行机制，具体体现在以下几个方面：

**1. 适应进化机制**

适应进化机制是云制造最重要的运行机制。云制造是一个由活性决策结点构成的具有非线性联结机制、动态演化的复杂系统，具有自学习性、自组织性、自匹配性和行为自协调性，是依次经过资源共享、竞争、协同、评价、进化五个基本阶段的动态循环累进过程，如图 2.5 所示。

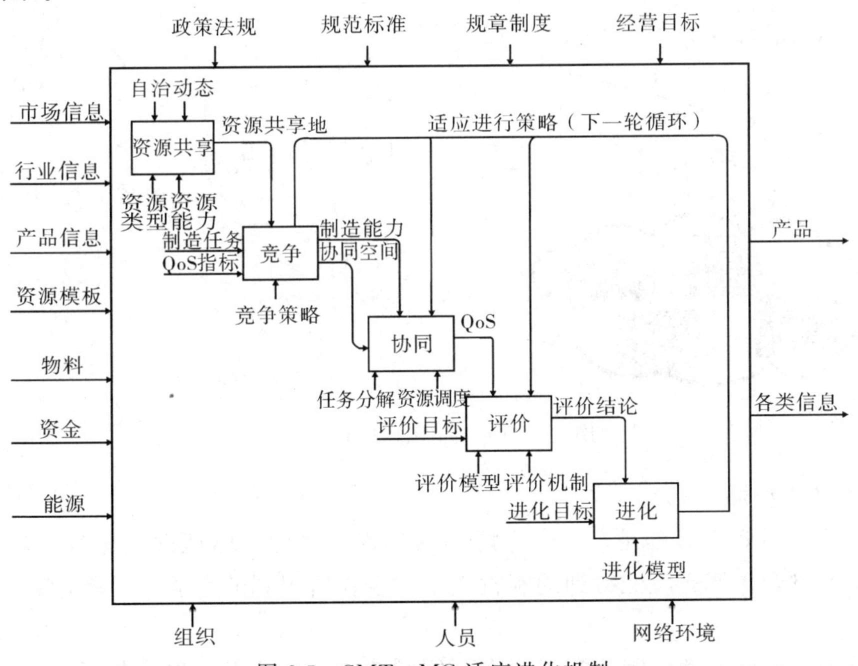


图 2.5　SMT－MG 适应进化机制

第一个阶段为共享阶段，资源根据管理的自治的动态的状态，通过云制造系统，提交资源的类型和能力；第二阶段为竞争阶段，不同的制造任务需要实施时，首先就要进行资源的选择，由于能力、信誉、类型等方面存在的差异，制造资源在面对选择时，就自然地形成了竞争关系；第三阶段为协同阶段，资源选择之后，就进入协同资源共同工作来完成制造任务的过程，协同资源之间通过多种协同方式、资源配置与整合，实现制造协同；第四阶段为评价阶段，项目完成以后，协同关系解体，各方根据评价机制和评价模型对协同目标、协同效益进行评价，得出服务质量、信誉、能力等指标，为新项目提供指导；第五阶段为进化阶段，以评价结论为基础，根据进化模型和进化目标，提出进化策略，进入下一轮新的循环。

**2. PUSH/PULL 驱动机制**

云制造运行具有 PUSH/PULL 驱动的机制，云制造的基础是大量的、共享的资源，这就要求资源拥有者将自身具有的各类制造资源，通过 PUSH 的方式，将资源“push”到云制造资源池，云制造将其映射至云制造系统服务目录。同时，云制造的目的是实现协同制造，有制造需求的云制造使用者或客户，对满足要求的云制造服务目录中的虚拟映射资源，通过 PULL 的方式，“pull”至“本地”，构成制造单元，完成制造任务，如图 2.6 所示。

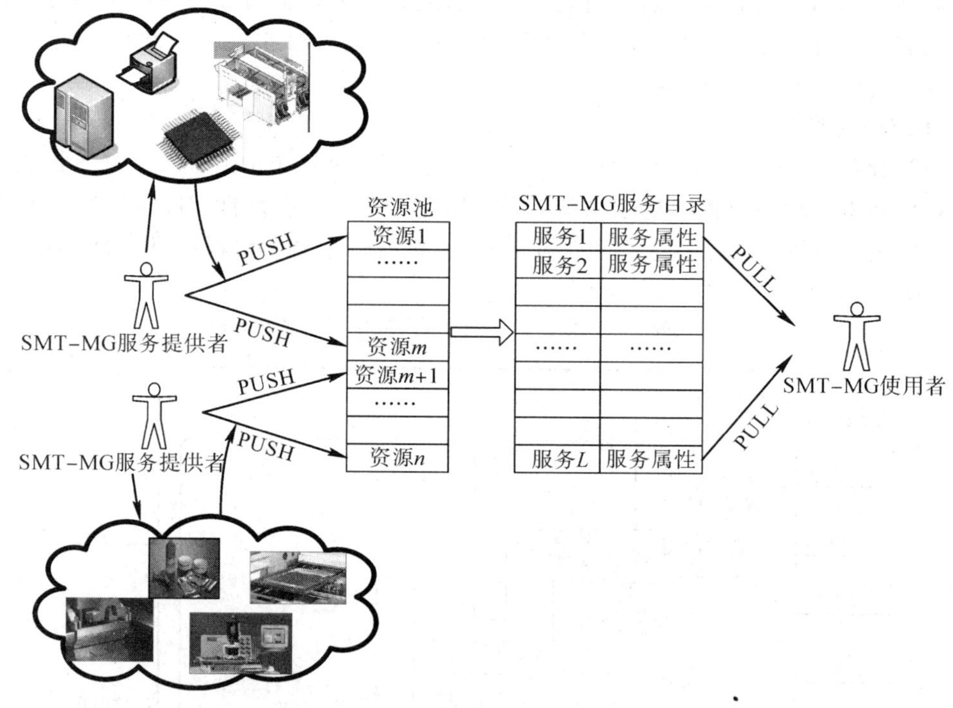


图 2.6　PUSH/PULL 驱动机制

**3. 合作博弈机制**

云制造系统的运行过程是一个合作博弈的过程。强调整体理性、效率、公正，是一种双赢策略，通过合作博弈所能得到的利益大于不合作所得到的利益。云制造合作博弈具有如下特点：

（1）行为的不确定性。制造资源即有可能相互信任，从而采取合作行为；又有可能自私，从而中断合作，采取背叛行为。

(2) 个体理性。制造资源行为的出发点是以最少的投入获得最大的利益，其博弈过程采取风险占优策略，会根据合作是否有利，来决定是合作或背叛。

(3) 非零和博弈。云制造合作博弈是一种"非零和博弈"，可以实现双赢。

(4) 重复博弈。SMT 制造资源的合作往往是多次重复的，是一种伙伴关系，双方的博弈行为不会改变其博弈的结构，彼此都可以看到对方过去的行为。

**4. 反馈与调控机制**

反馈是用系统活动的结果来调整系统活动。云制造的反馈分为内部反馈和系统反馈，内部反馈是云制造内部协同资源之间进行协同制造中的各种反馈，协同反馈是客户对云制造运行过程、运行能力等内容的反馈。调控过程是对反馈的信息通过评估机制，按照性能评估指标，在分析内部因素和外部因素的基础上，进行面向内部反馈的形成性评估和面向系统反馈的经济性评估，得出评估结论，通过进化机制，进行调控，如图 2.7 所示。

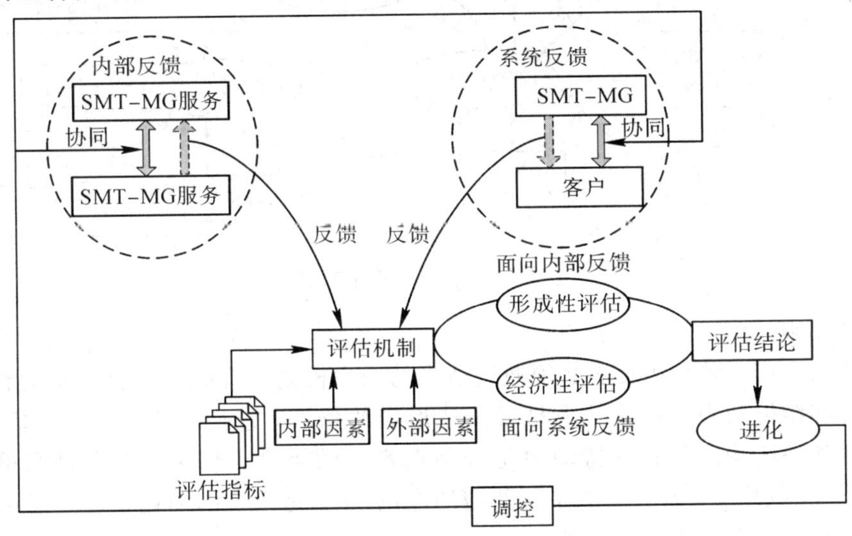


图 2.7　云制造反馈与调控机制

**5. 协调机制**

协调是一种管理具有共同目标的活动间的相互依赖关系的行为，包含协调目的、协调对象和协调方法。由于协调对象的不同，协调具有不同的作用域、目标和方法，如表 2.2 所示。

**表 2.2　协调作用域表**

| 协调作用域 | | 协调目标 | 协调对象 | 协调方法 |
|---|---|---|---|---|
| 组织结构 | | 共享与冲突 | 组织关系 | 采用层次型结构 |
| 任务/目标的分配 | | 合理分配任务/目标 | 制造任务 | 博弈方法 |
| 运行/活动 | 生产计划 | 协同制定计划、避免冲突 | 制造伙伴 | 规划、优化供应链管理 |
| | 设计方面 | 协同设计 | 设计伙伴 | |
| | 生产与设计 | 集成产品开发 | 生产与设计伙伴 | |
| | 市场/客户管理 | 协同各个伙伴间的活动 | 所有合作伙伴 | 供应链管理 |

云制造的协调包括协调/冲突检查、协调/冲突分解和协调/冲突消解三个阶段[12]，协调/冲突检查阶段，通过对云制造任务的过程监控，在协调域范围内，对协调/冲突进行检查，形成冲突队列；协调/冲突分解对冲突队列进行扫描，通过冲突字典和冲突分析器对冲突进行分解；协调/冲突消解阶段按照协调目标，进行评价、推理决策，依据消解机制和消解模型，消解冲突，进入下一轮协调/冲突检查，如图 2.8 所示。

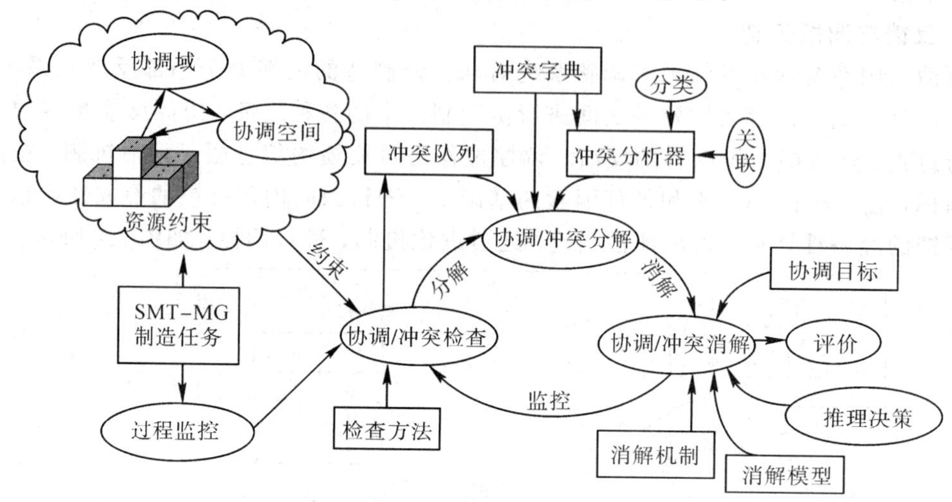


图 2.8　云制造协调机制

**6. 动力机制**

云制造的形成、运作和发展必须通过适当的动力机制来推动和维持。动力机制可以分为形成动力和维持动力。形成动力是云制造形成的条件，包括增值性、资源信息共享性、相异互补性和快速响应性；维持动力是云制造稳定的条件，包括效益驱动和网格维度均衡，如图所示，其中 $E_s$ 为云制造系统新增的能量，$E_p$ 是系统的消耗量，$E_r$ 是系统的总增加效益，$E_s=E_p+E_r$，如图 2.9 所示。

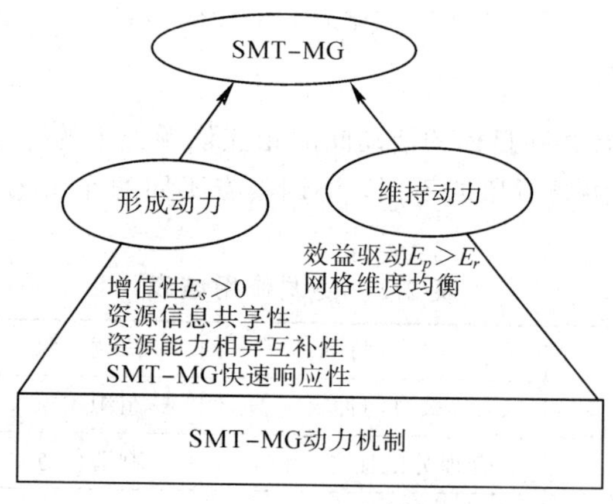


图 2.9　云制造动力机制

### 2.5.3　云制造的运行流程

云制造系统的运行流程包含了构建阶段、组织阶段、策略设计阶段、运作阶段、解体阶段 5 个阶段，如图 2.10 所示。

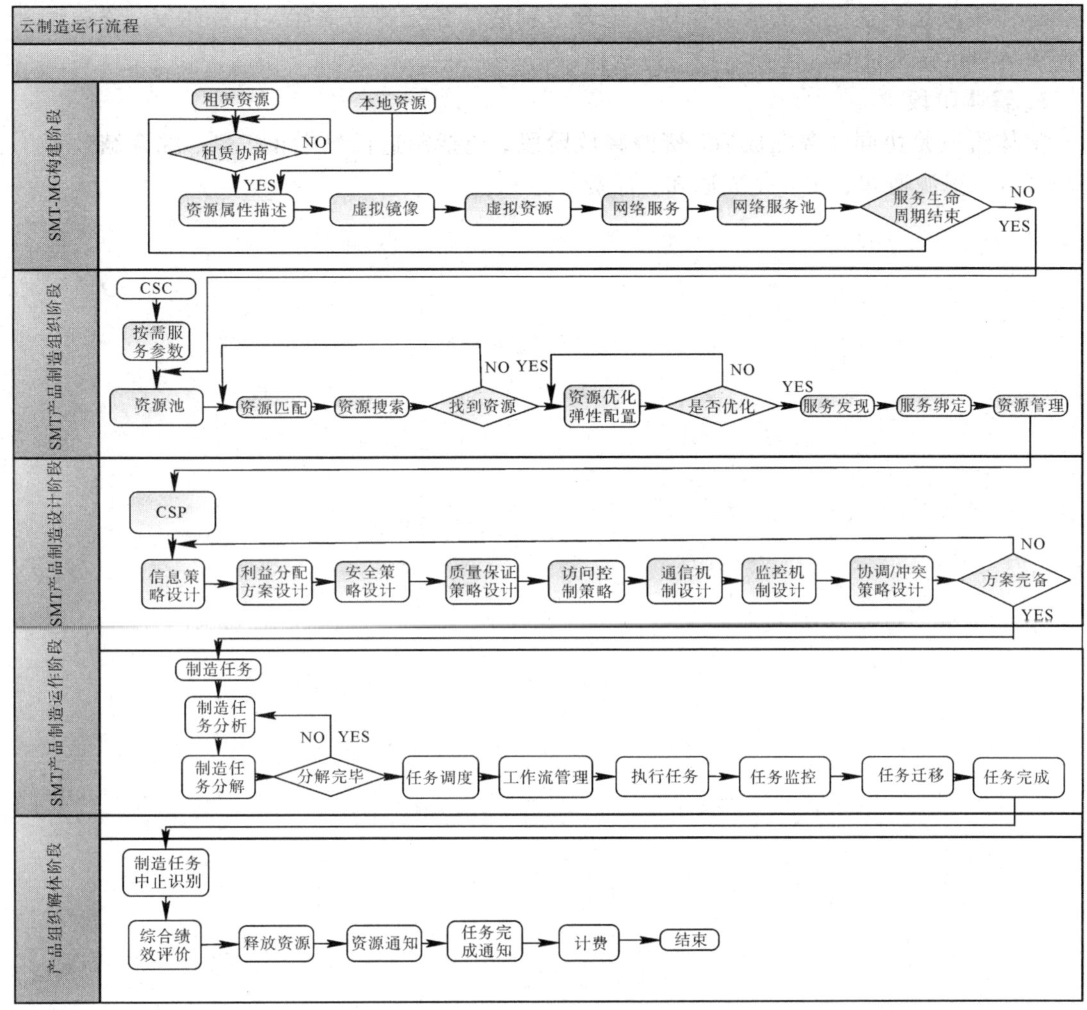


图 2.10　云制造运行流程

**1. 构建阶段**

构建阶段以实现云制造系统的网络服务化为主要功能，对于本地资源，通过属性描述、虚拟化及网络服务封装，形成网络服务，对于租赁资源，进行租赁协商，形成网络服务，共同组成云制造系统的超大规模服务池。

**2. 组织阶段**

面对按需服务的制造任务，在云制造服务池中选择可以承担协同制造任务的制造资源，通过任务描述、资源搜索与服务发现、资源优化、弹性配置、服务绑定，组成承担制造任务的资源配置。

**3. 策略设计阶段**

策略设计阶段是保证协同制造任务顺利实施的基础，包括信任策略设计、利益分配方案设计、安全策略设计、质量保证策略设计、风险策略设计、通信机制设计、监控机制设计、协调/冲突策略设计、访问控制策略等。

**4. 运作阶段**

运作阶段是制造任务的执行阶段，包含了制造任务分解与描述、任务调度、资源调度、工作流管理、任务迁移、任务监控、访问控制等。

**5. 解体阶段**

解体阶段是协同任务完成后，资源释放阶段，包括制造任务中止识别、综合绩效评价、资源释放、资源通知、任务完成通知、计费等过程。

# 第 3 章

# 云制造资源虚拟化技术

## 3.1 引　　言

资源虚拟化技术是云制造模式得以实现的必要条件。虚拟化技术是以某种特定的形式将一实体的相关功能实现的方法与内部复杂结构隐藏，而将其外在形式映射于虚拟空间，对外呈现出其相关的功能表现。本章研究的资源虚拟化方法是把物理制造资源转化成为逻辑上能够管理的虚拟资源，从而打破其物理结构之间的紧密联系，使得所有的制造资源都可以运行于各种物理平台之上，通过虚拟环境来实现制造资源的配置。利用虚拟化技术将制造资源虚拟化为服务，形成云端服务，供用户按需使用。

## 3.2 云制造资源虚拟化模型

根据云制造的特点，我们提出一个云制造资源虚拟化模型(见图 3.1)，对于云制造资源的复杂特点，采用资源虚拟化技术来表达制造资源的不同形式，以支持云制造平台对虚拟云资源提供的管理等功能。

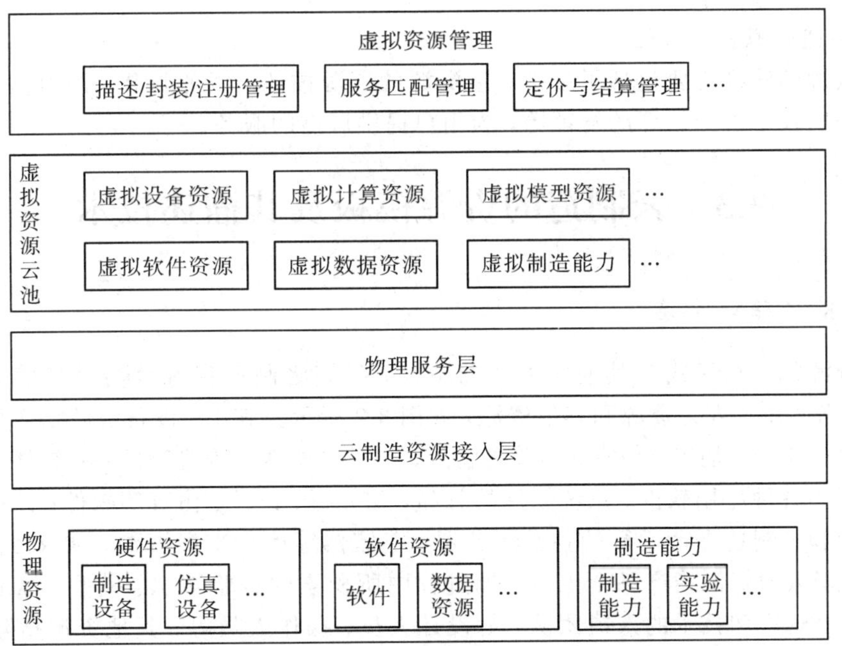


图 3.1　云制造资源虚拟化模型

**1. 物理资源层**

云制造资源虚拟化模型的最底层是由各种分布、异构的制造资源所构成的。制造资源的种类多，各类资源之间的特点都不尽相同，且同类资源间的功能实现的方法也有较大不同，这都体现了其形态的异构性和地理的分布性等特点。广义上制造资源包括硬件资源、软件资源以及制造能力资源等。硬件资源包括制造设备，即各种加工、测量设备，如数控机床等，还包括仿真设备、物料资源等。软件资源包括专用软件、数据信息资源以及各种模型资源等。制造能力包括各种实验能力、集成能力等。云制造系统需确保云制造系统中的分散制造资源具有一定的自治性，使其可以相对自主地集成共享以满足用户的个性化任务需求，支持协同制造，为此需要使用开放标准的云制造相关协议来进行描述与封装。

**2. 云制造资源的接入层**

云制造资源的接入层主要用于完成底层物理制造设备资源的云端化接入以及服务化封装等工作。云制造接入层主要是应用物联网、嵌入式等技术来实现对底层制造资源的互联以及信息的传输。

**3. 云制造物理服务层**

物理服务是将制造资源经过统一描述与封装之后所得到的服务。它是对物理制造资源以及云制造应用的服务化表现。云消费者可以通过定义的基于 WSDL 开放标准的接口与应用服务进行交互。在不同的管理域中，物理服务将会有不同的共享与管理策略，其可以被最终的用户、应用程序或者其他服务使用或者调用。

**4. 云制造虚拟资源云池**

虚拟资源云池在云制造物理服务与应用之间提供了绝缘层，消除了它们之间的紧耦合关系。云消费者可以按照任务需求选择与重组虚拟制造资源，以达到满足制造任务要求的目的。同时，按照云消费者的任务需求，虚拟制造资源能够动态绑定不同物理服务，以满足用户不同的任务需求。

**5. 云制造虚拟资源管理**

虚拟资源的管理主要包括了虚拟制造资源的资源描述、服务封装、注册信息，资源服务匹配管理以及定价与结算的管理等，为用户提供可靠的服务。

## 3.3 云制造的资源模板及其描述技术

### 3.3.1 制造资源的分类

按照资源的存在形式及其使用方式的不同，我们将制造资源分为设备资源、软件资源、计算资源、知识人力资源和其他资源，如图 3.2 所示。其中，设备资源指产品全生命周期中所需要的生产、加工、仿真、实验等物理设备，如机床、铸造等设备；软件资源指产品全生命周期中各种应用软件、系统软件的总和，如分析、设计、仿真等软件；计算资源指支持制造企业和云制造平台运行的各类服务器、存储器等运行支撑资源，如 x86、高性能计算机等；知识人力资源指产品全生命周期过程中所积累的经验知识、模型、标准等以及具有某种操作、管理和技术的人或团队，如设计人员、操作人员等；其他资源指除上述分类之外的资源的集合，如各种培训、信息咨询等。

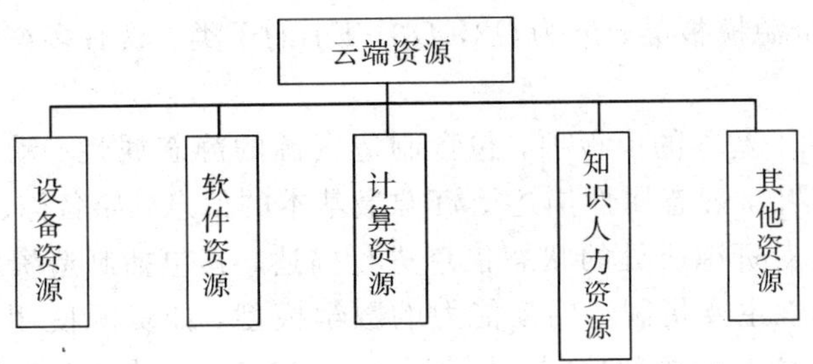


图 3.2　制造资源的分类

### 3.3.2　制造资源模板

资源模板(Templates)作为信息的容器，主要对模板所描述的对象及其属性和制造能力等相应的内容进行标准化描述，制造资源模板定义了其中所应包含的项目，但并没有包含各个项目的具体内容。根据云制造系统向用户提供资源组合的方式不同，将任务需求所要求的资源分为两类：一类是单个资源，另一类是聚合资源。因此针对不同的资源属性，需要由不同的资源模板来进行表达。

利用面向对象的设计思想，将资源模板树的概念应用到云制造系统中。抽象虚拟资源模板定义为模板树中的根模板节点，虚拟资源模板是所有资源模板的基类，定义其作为资源的抽象类，提供给派生类一个公共的交互界面，它不与具体的事物相联系，任意一个派生类的资源模板都需定义其相应版本的模板。在此基础上派生出资源型模板、虚拟资源模板、聚合资源模板，这些模板节点具有继承、多态以及重载等特点。其中资源型模板按照信息资源、人力资源、物能资源、市场资源以及技术支持等分别建立了相应子类模板；新建立的资源模板也能够从对应的基类模板进行派生、重载和继承，并且由派生资源模板的节点和根模板节点形成树形结构图，把其定义为资源模板结构树，如图 3.3 所示。

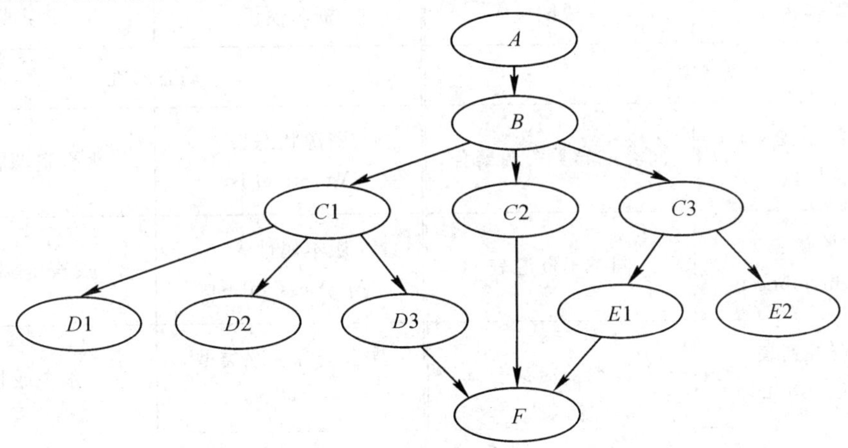


图 3.3　资源模板树结构图

从图 3.3 中可知，$A$ 为资源模板树的虚拟资源模板根节点，它是资源模板的基类，所有的资源模板都由它派生而来；$B$ 为直接从 $A$ 类派生而来的单资源模板；$C1$，$C2$，$C3$ 是资源模板树中的子节点，是 $B$ 的派生类模板；$D1$，$D2$，$D3$ 是 $C1$ 的子类；$E1$，$E2$，$E3$ 是

$C3$ 的子类，为新加资源模板类；$F$ 为 $C2$，$D3$，$E1$ 的子类，具有多继承性等特点。

**1. 单资源模板**

单资源模板提供了基本的模板项，包含制造资源的静态属性、动态属性、行为属性以及访问控制参数。其中，静态属性描述了资源最基本的信息，如名称、供应者、型号、类别等；动态属性主要是对资源所处的状态信息进行描述，其包括制造资源在运行过程中所有的状态信息；行为属性主要指制造活动能力的数学模型，如资源使用的计费模型等；访问控制参数描述了对某资源的访问控制权限等各种参数信息。表 3.1 为单资源模板。

**表 3.1　单资源模板**

| 资源模板 | 说明 | 资源模板 | 说明 |
|---|---|---|---|
| 标识 ID | 标识资源 | 实例时间 Time | 模板实例化时间 |
| 静态属性 | | 状态属性 State | 资源状态 |
| 名称 Name | 资源名称 | 成本属性 Cost | 单位容量成本 |
| 资源类型 Type | 资源类型 | 版本属性 Version | 资源版本 |
| 描述 Description | 资源描述 | 生命周期属性 Life | 生命周期 |
| 资源参数集 ParaSet | 资源技术参数描述集 | 资源能力集 CapSet | 资源能力描述 |

**2. 聚合资源模板**

云制造资源聚合模板由同类或异类的数个资源聚合形成，是单资源模板的派生类，其注重聚合资源的内资源关联关系，其目的是建立共同完成某一制造的资源聚合模板。表 3.2为聚合资源模板。

**表 3.2　聚合资源模板**

| 资源模板 | 说明 | 资源模板 | 说明 |
|---|---|---|---|
| 静态属性 | | 动态属性 | |
| 聚合类型<br>AggType | 同类或异类资源聚合 | 资源状态表<br>AggStateList | 聚合资源状态表 |
| 同类资源表<br>AggSameSubList | 同类子资源表 | 版本属性集<br>AggVersionList | 聚合资源属性 |
| 异类资源列表<br>AggDiffSubList | 异类子资源表 | 聚合资源生存类型<br>AggClass | 永久或临时 |
| 父类资源列表<br>AggFatherList | 父类资源列表 | 生命周期属性集<br>AggLifeList | 聚合资源生命周期列表 |
| 聚合资源容量<br>AggCapacitySet | 同类资源子资源容量累加类资源类型及容量列表 | 聚合资源内部活动关系<br>AggLifeList | 串行、并行或混合 |

续表

| 资源模板 | 说明 | 资源模板 | 说明 |
| --- | --- | --- | --- |
| 数量 AggQuanntity | 聚合资源数量总和 | 聚合资源内部关联 AggRelInList | 聚合资源内子资源关联关系 |
| 资源组合功能集 AggCapList | 聚合资源能力列表 | 聚合资源约束集 AggResList | 聚合资源整体约束列表 |
| 资源能力集列表 AggSubCapList | 子资源能力列表 | 子类资源约束集 AggChildResList | 子类资源约束列表 |

### 3.3.3　基于 RDF 的云制造资源描述

制造资源的描述为制造资源共享、发现等后续环节提供基础，制造资源种类繁多，这就造成了异构资源之间包含大量的信息量差别。在进行基于 RDF 资源 RDF 描述时，需要通过建立云资源的 RDF 模式，用于定义云制造中资源的类及其属性。RDF 提供了 rdfs：Resource、rdfs：Property 以及 rdfs：Class 3 个核心类，其相应功能分别是 RDF 资源类、RDF 属性类、种类的通用基类。云资源的 RDF 描述文档在模式的定义下，表达资源—属性—属性值三者之间的逻辑关系，对于云制造再流焊资源的部分属性，包括再流焊加热模式、焊接炉长度、控制精度、最大链速、型号、温区数目，其 RDF 文档如图 3.4 所示。

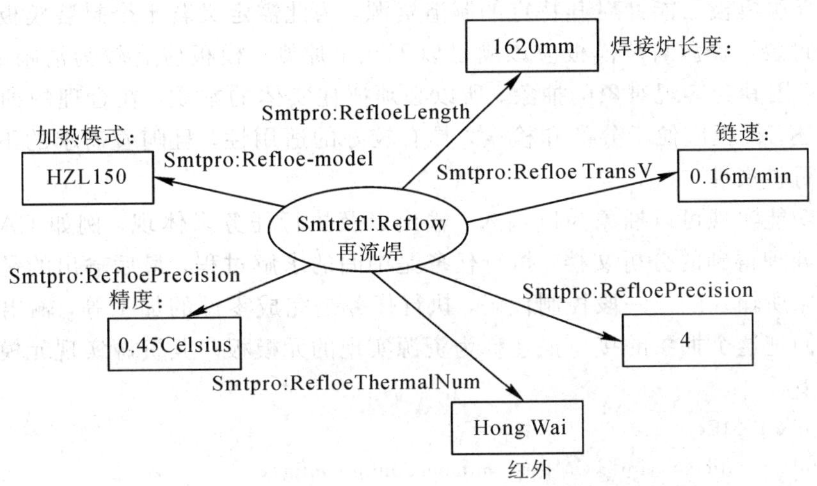


图 3.4　再流焊资源的 RDF 描述

云制造资源描述 RDF 文档及注释如下：

```
<? xml version="1.0"? >
<rdf:RDF
…
<smtclass:ReflowL rdf:about="http://www.smt-cm.org/instance/reflow#Reflow1">
…
  <smtpro:ReflowL>1620mm</smtpro:ReflowL> <!—长度是 1620mm—>
```

```
<smtpro:reflowTransV>0.16mperminute</smtpro:reflowTrans V><!—每分钟0.16mm链速—>
…
</Smtclass:Reflow>
</rdf:RDF>
```

RDF 用 XML 实现语法，对 RDF 描述的资源属性，我们设计了基于 XML 的资源属性描述模板。该模板描述了资源的基本属性、性能属性等。其中基本属性包括了资源的标识符、名称、供应商、型号、类别等；性能属性是资源性能参数的描述，不同类型的资源其性能属性也不相同。此外，还有资源的交易方式、成本属性及其一些外观的尺寸等信息。

## 3.4 基于模板的云制造资源服务化封装

### 3.4.1 资源封装模板

云制造资源服务化封装可分为资源的服务化描述与服务化实现，其封装过程通过资源封装模板实现，而资源封装模板又可以细分为资源的描述模板和资源的实现模板。前者规定了资源描述时所需要的各种信息，包括资源属性以及一些资源的基本信息等，其文件格式为 XML 文档，云资源提供者可以按照此规范来对资源进行描述。资源的实现模板则为具体实现资源功能的实现类接口以及资源的公共操作。因为制造资源的异构性和类型的多样性，一类资源模板只能针对其特定的制造资源，为此需定义若干个封装模板来支持多种类型资源的封装。资源封装模板应该满足以下几个原则：模板应有较为清晰的表达能力，以便于理解，因其为客观对象的抽象，所以必须抓住实体的本质，在合理的抽象层次上注重细节的描述；模板应便于分类和检索，具有较好的适用性，且随着需求的不断演化，应具有良好的可扩展性。

资源的功能实现可以抽象为以输入、输出以及执行任务来体现，例如 CAE 分析软件输入的是前处理得到的分析文档，执行任务是中间的求解过程，最后输出的是分析结果文件。数控机床所输入的是一段控制代码，执行任务是完成零件的加工等，输出的是加工好的零件。我们把这个抽象的接口描述称为资源实现的元模板。其资源实现元模板接口文件可以表示如下：

```
Public ICMResource
{Public static coid init (CMResContainerConfig config);
//资源的初始化,包括资源属性设置等
Public HashMap getTasklnputParameters();
//返回需执行任务输入参数的信息,客户端用户可按照要求填写相应的参数
Public HashMap execute Task();
//资源执行一次任务,不同资源的具体实现方式有所不同
Pulic String getResult();
//得出运行的结果
}
```

根据每一类型制造资源操作的特点，实现元模板接口文件，获得每类资源的资源实现

模板，然后添加到制造资源模板库中。用户封装资源的过程中，可以通过实例化资源实现模板来获得具体的资源实现类。有时也需要根据具体资源的需求对资源实现模板进行修改或者扩充。

资源封装模板可以表示为 CMResEncapTemplate=(Type，D Template，ITemplate)，根据资源的不同类型进行组织，所有的资源封装模板均是从元模板逐渐地扩展，逐步细化所得到的，如图 3.5 所示。

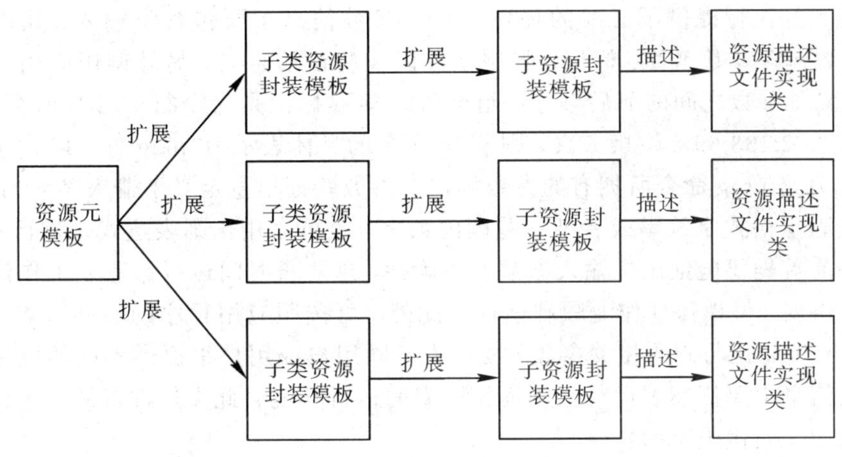


图 3.5　资源封装模板模型

管理员设计资源封装的元模板以及每大类资源封装模板，发布到资源封装模板库中，在封装资源时云资源提供者首先检索适合的云资源封装模板。如果没有合适的资源封装模板，可以基于元模板对现有的模板进行相应的修改或者扩充新的内容，并可发布于资源封装模板库中，如图 3.6 所示。

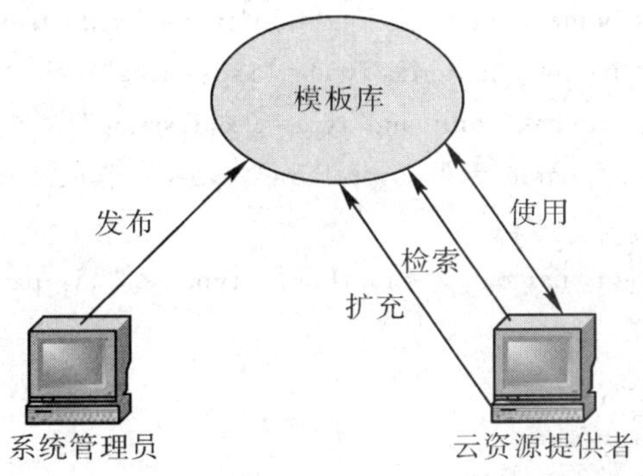


图 3.6　资源封装模板库

### 3.4.2　云制造资源封装实例分析

本书中以 CAE 分析软件 ANSYS 的封装为例来说明制造资源封装的实现过程。ANSYS 是融结构、电场、磁场以及声场等分析于一体的通用有限元分析软件，是现代制造业产品分析设计中高级 CAE 工具。

ANSYS 软件主要包括三个分析模块：前处理模块、分析计算模块以及后处理模块。

前处理模块提供了强大的实体建模以及网格划分工具，用户可方便地构造有限元模型。ANSYS前后处理模块被封装成控件而嵌入到系统平台中，提供给使用者下载安装使用，用户安装完控件之后，就可在控件所提供的交互页面上使用它，来完成ANSYS前后处理的相关任务。

软件资源的描述信息主要分为基本信息、功能描述以及性能描述等方面，其中有些软件资源拥有特有的描述方式与参考的指标，如参数信息、软件的运行环境等。这些信息为调用软件资源的执行提供了必要的环境支持。参数信息主要包含了输入、输出参数的信息，每个参数包含参数名称、标记、限制条件以及验证信息等，另外调用应用程序的命令行格式，定义了参数之间的前后顺序、组合等。参数标记是命令行中参数所存在的形式，例如要 ping 202.193.69.2 主机三次，则 ping 命令的具体表示为“ping 202.193.69.2 - c 3”，其中的“- c”就是 ping 命令所拥有的参数标记。参数验证信息定义了输入参数的特殊需求，例如必须是固定格式字符串或者某一范围内数字，也可以用正则表达式来进行描述，在运行应用程序前首先要验证用户输入参数的正确性，这对长时间运行作业或工作流程中的某个作业非常重要，可以保证作业顺利运行。此外，可按照应用程序的不同特点，规定几种不同模式，通过简化与制约相关参数方法，为不同用户或用户组提供不同的应用程序。其运行的环境信息主要描述了运行应用程序所需的运行环境。此类软件资源描述模板中的功能属性部分如下列代码所示：

```
<xsd:ComplexType name="FuncType">
  <xsd:sequence>
    <xsd:element name="softwareName"type="xsd:string"/>
    <xsd:element name="moldingProcess"type="xsd:string"/>
      <xsd:element name="software Version"type="xsd:string"/>
    <xsd:element name="material"type="xsd:string"/>
    <xsd:element name="moldingCondition"type="xsd:string"/>
    <xsd:element name="material"type="xsd:string"/>
    <xsd:element name="command"type="xsd:string"/>
    < xsd: element name = " outputPara " type = " si: ParameterType " maxOccurs = "
    unbounded"/>
    < xsd: element name = " inputPara " type = " si: parameterType " maxOccurs = "
    unbounded"/>
  </xsd:sequence>
</xsd:ComplexType>
<xsd:ComplexType name="ParametersType">
  <xsd:sequence>
    <xsd:element name="paraName"type="xsd:string"/>
    <xsd:element name="flag"type="xsd:string"/>
    <xsd:element name="DefaultValues"type="xsd:string"/>
    <xsd:element name="paraType"type="xsd:string"/>
    <xsd:element name="paraDescription"type="xsd:string"/>
    <xsd:element name="ValidationInformation"type="xsd:string"/>
    <xsd:element name="paraRequire"type="xsd:string"/>
```

```
</xsd:sequence>
</xsd:ComplexType>
```

对其入口执行程序可以被 java 的 Runtime.getRuntime().exec()方法调用运行应用程序的设计资源实现类。其资源实现类主要实现了获得输入文件、输入参数、处理结果以及调用应用程序执行等相关操作。此类软件资源实现模板中 executeTask()方法部分的实现如下所示。

```
public HashMap executeJob(String resID, String paraCommand)
{
……
String configFile=configFileDir+resID+".xml";
ApplicationType application=resourceXML Bean(configFile);
GeneralInformationType generalInformation=application.getGeneraInformation
();
//读配置文件，获取基本信息
invokingName=generalInformation.getInvokingName();
//获取调用程序名称
setupDir=generalInformation.getSetupDir();
    command=setupDir;
    command=command+paraCommand;
    //getTaskInputParameters()方法获取命令行参数的信息
    P=rn.exec(command);//调用命令执行
    ……
}
```

## 3.5　虚拟资源的发布与部署

OGSA 认为虚拟化是为一组类似资源提供一个通用的抽象接口集，从而隐藏属性和操作之间的差异，并允许通过一种通用的方式来查看并维护资源。通过对云资源的 RDF 描述，抽象了资源的基本属性、性能属性等。云制造系统为用户提供按需的制造服务，云消费者使用或操作的是经过虚拟化后的资源，即虚拟资源。通过对资源的虚拟化形成虚拟资源，建立虚拟资源池，用户提交任务后通过资源调度，达到按用户的需求使用资源的目的。

OVF 标准是在 IBM、微软和英特尔等虚拟化厂商的倡导下，由 DMTF 组织制定的开放虚拟化格式。OVF 标准定义了三类主要的格式：虚拟器件模板以及由虚拟器件所组成的解决方案模板的 OVF 描述文件；虚拟器件的发布格式 OVF 包(OVF Package)；虚拟器件的部署文件 OVF Environment。OVF 包是虚拟器件最终发布的打包格式，它是一个按照 IEEE 1003.1 USTAR POSIX 标准归档的以 .ova 为后缀的文件。OVF 包里面包含以下几种文件：一个以 .ovf 为后缀结尾的 OVF 文件、一个以 .mf 为后缀结尾的摘要清单文件、一个以 .cert 为后缀的证书文件、若干个其他资源文件和若干个虚拟器件的镜像文件，如图 3.7 所示。OVF 描述文件由如下部分组成：由 XML 名称空间 URI 定义的版本指示；引用所有外部文件的文件引用列表；用于描述网络和虚拟磁盘等内容的由 section 元素定义的工具级元数据；对工具内容的描述，可以是单个或一系列虚拟机；一个针对多个区域的消息资源包规范。在 OVF 包的部署活动中，部署平台将收集与自定义属性键相关的值，并构建 OVF 环境文档。

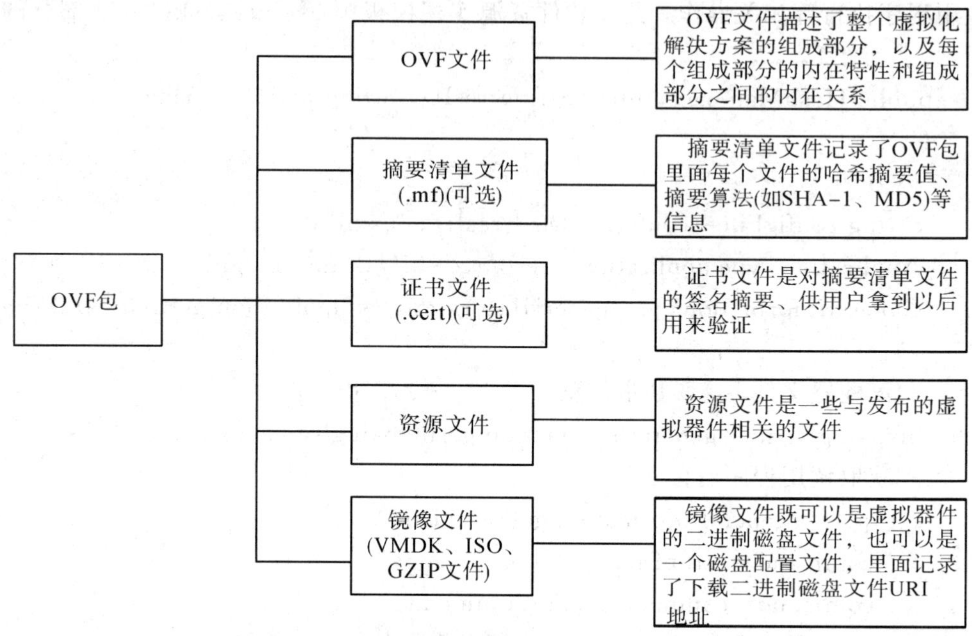


图 3.7　OVF 包的文件结构

对于制造资源应用虚拟化，OVF 虚拟软件工具的生命周期遵循以下模式：开发、封装和分发、部署、管理以及退役。经过开发阶段之后，应用服务将被封装为 OVF 格式，在部署阶段将安装 OVF 包，管理和退役阶段特定于 OVF 包的内容以及所使用的虚拟化软件。以下是一个虚拟器件应用的 OVF 文件示例。

```
<?xml version="1.0" encoding="UTF-8"?>
<Envelope
xmlns:xsi="http://www.w3.org/2001/XMLSchema-instance"
xmlns="http://schemas.dmtf.org/ovf/envelope/1"
xmlns:ovf="http://schemas.dmtf.org/ovf/envelope/1"
 xmlns:vssd="http://schemas.dmtf.org/wbem/wscim/1/cim-schema/2/CIM_VirtualSys-
 temSettingData"
xmlns:rasd="http://schemas.dmtf.org/wbem/wscim/1/cim-
schema/2/CIM_ResourceAllocationSettingData"
<!-- References to all external files -->
<References>
<File ovf:id="base" ovf:href="base.vmdk" ovf:size="180114671"/>
<File ovf:id="webdelta" ovf:href="webapp-delta.vmdk" ovf:size="123413"/>
<File ovf:id="dbdelta" ovf:href="dbapp-delta.vmdk" ovf:size="343243"/>
</References>
```

```
<! -- Describes meta - information about all virtual disks in the package.
-->
<DiskSection>
<Info>Describes the set of virtual disks</Info>
<Disk ovf:diskId="base" ovf:fileRef="base" ovf:capacity="4294967296"
ovf:populatedSize="1924967692"
ovf:format="http://www.vmware.com/specifications/vmdk.html# streamOptimized"/>
<Disk ovf:diskId="web" ovf:fileRef="webappdelta" ovf:parentRef="base"
ovf:capacity="4294967296"
ovf:format="http://www.vmware.com/specifications/vmdk.html# streamOptimized"/>
<Disk ovf:diskId="db" ovf:fileRef="dbdelta" ovf:parentRef="base"
ovf:capacity="4294967296"
ovf:format="http://www.vmware.com/specifications/vmdk.html# streamOptimized"/>
</DiskSection>
<! -- Describes all networks used in the package -->
<NetworkSection>
<Info>List of logical networks used in the package</Info>
<Network ovf:name="VM Network">
<Description ovf:msgid="network.description">The network that the service
will be available on</Description>
</Network>
</NetworkSection>
 <VirtualHardwareSection>
<Info>256 MB, 1 CPU, 1 disk, 1 nic virtual machine</Info>
<System>
<vssd:ElementName>Virtual Hardware Family</vssd:ElementName>
<vssd:InstanceID>0</vssd:InstanceID>
<vssd:VirtualSystemType>vmx - 04</vssd:VirtualSystemType>
</System>
<Item>
<rasd:AllocationUnits>byte * 2^20</rasd:AllocationUnits>
<rasd:Description>Memory Size</rasd:Description>
<rasd:ElementName>256 MB of memory</rasd:ElementName>
<rasd:InstanceID>2</rasd:InstanceID>
<rasd:ResourceType>4</rasd:ResourceType>
<rasd:VirtualQuantity>256</rasd:VirtualQuantity>
</Item>
</VirtualHardwareSection>
<! -- External I18N bundles -->
<Strings xml:lang="de - DE" ovf:fileRef="de - DE - bundle.xml"/>
<! -- EmbeddedI18N bundles -->
<Strings xml:lang="da - DA">
<Msg ovf:msgid="network.description">Netv? rket servicen skal v? re tilg? ngelig p? </
```

```
Msg>
<Msg ovf:msgid="annotation.annotation">Kontakt kundeservice i tilf? lde af
kritiske problemer</Msg> 1192
<Msg ovf:msgid="property.email.description">Email adresse for administrator</Msg>
resourcer</Msg>
</Strings>
</Envelope>
```

Open Virtualization Format Toolkit 提供了一组 Eclipse 插件，以及一个标准的 Java API，以基于标准的 Open Virtualization Format 格式创建虚拟工具包。在 Eclipse 环境下创建 OVF 虚拟化格式，以封装和部署应用制造资源，实现虚拟化过程。

## 3.6 云制造虚拟化实现技术

### 3.6.1 资源描述与服务化封装

**1. 资源服务的描述**

在云制造系统中，将制造资源映射为提供给用户的制造服务，成为一种有状态的服务。制造服务实现了资源的创建与维护，并提供一些方法和命令来操作和控制资源。对于不同的协同制造应用层次，有不同的资源控制方法，对于 MRaaS 模式，一个云服务资源满足需求者的任务要求，即单个资源提供服务的模式；对于 MAaaS 和 MSaaS 模式，需要聚合资源才能满足用户的需求，即聚合资源提供服务的模式。

电子产品的组装资源具有类型多、能力各异等特点，采用 XML 格式来表示一个资源，资源的不同属性可以用不同的 XML 标记来表示。下面是一个用 XML 来表示的制造资源：

```
<? xml version="1.0"? >
<ManufacturingResource>
    <ResourceID>00001</ResourceID>
<Name>5 号工厂 4 号线</Name>
<Type>贴片机生产线</Type>
    <MaxLength>250.00</MaxLength>
<MaxWidth>150.00</MaxWidth>
<Productivity>10000</Productivity>
...
</ManufacturingResource>
```

XML 中的每一个项目都说明了该资源的一个情况，大条目可以嵌套小条目以实现分级说明，可以通过制造资源属性描述模板来生成特定资源的描述，从而得知设备的实际工作情况。

**2. 云制造网络服务的封装**

1）服务接口的定义

服务接口的定义是编制 Web 服务的第一步，服务接口指明了 Web 服务为外界提供什么样的服务，服务接口一般也被称为 Ports Type，Web 服务描述语言(WSDL 语言)将用于描述 Web 服务提供了哪些操作。在该 WSDL 中，PortsType 元素将使用 wsrp：Resources Properties 属性来表示哪些元素为资源属性。资源属性必须在 WSDL 文件中的 types 段中声明。WSDL 是与语言无关的，在 WSDL 中，并没有指明由哪种语言来实现，C、Java 都是很好的选择。Web 服务的实现最终一定要由某种语言来完成，这种与语言无关的特性由被称为 stub 类的集合来实现。其相关代码如下：

```
<portsType name="cmcommandPortsType" wsdlp:extends="wsrpp:GetResourcesProperty"
wsrp:ResourcesProperties="tns:CommandResourcesProperties">
<operation name="command">
<input messages="tns:CommandInputMessage"/>
<output messages="tns:CommandOutputMessage"/>
</operations>
<operation name="add">
<input messages="tns:AddInputMessage"/>
<output messages="tns:AddOutputMessage"/>
</operations>
<operations name="getValueRP">
<input messages="tns:GetValueRPInputMessage"/>
<output messages="tns:GetValueRPOutputMessage"/>
</operations>
</portsType>
```

2）用 Java 来实现 Web 服务的内容

该 Web 服务的功能是实现在云服务资源节点上创建一个资源，以及在之后的使用过程中修改该服务资源的相关属性，其属性包括在线状态(资源安装完毕、故障、修复、报废等)和设备情况等。资源服务的调用过程有以下几步：

客户端程序了解了服务资源的 URI，通过 URI，客户端程序调用 CreateResources()方法来创建一个资源，并返回一个端点引用(EPR)，该引用指向刚才创建的资源并被索引。在创建资源时，通过获得 resourcesHome 来创建资源。在获得 resourcesHome 后，通过调用 resourcesHome 的 create()方法来创建一个资源，并返回一个 resourcesKey 类型的对象。ResourcesHome 将创建的服务资源加入到内部的资源列表当中。当客户端 client 调用 createResources 完毕后，client 获得了资源的 EPR，通过 EPR 客户端程序可以访问修改资源的属性和方法。在后续的服务资源的匹配调用过程中，无需创建资源，只要从资源列表索引中获得已有资源的 EPR，即可访问资源的属性和方法。

在 Web 服务的实现过程中，需要编写以下几个 Java 类：

Factory 服务：完成服务资源的创建，提供方法 createResources()；

实现服务 CMResourcesManager：完成资源的控制功能，提供了几个方法：online()、offline()、addTask()、removeTask()、changeState()。

资源类 Resources：定义资源的属性和初始化方法 initialize()。

资源集合类 ResourcesHome：定义资源的创建方法 create()，以及实例服务路径管理方法 getInstanceServicePath()、setInstanceServicePath()。

3）配置 WSDD 中的部署信息

要使客户程序能够访问到编制好的云制造服务，必须将编制的程序部署到 Web 服务的容器中，控制该步骤的文件称为描述配置文件，该文件的格式为 WSDD（Web Service Deployment DeSCriptor）。例如：

```
<? xml version="2.0"encoding="UTF-9"? >
<deployment name="defauofServerConfigs" xmlns="http://xml.appache.org/axis/wsdd/" xmlns:java="http://xml.appache.org/axis/wsdd/providers/java" xmlns:xsd="http://w3.org/2001/XMLSChema">
<service name="cmcommand"provide="Handler"use="literal"style="document">
<parameters name="className"value="cmcommand.impl.commandService"/>
<wsdlFile>share/SChema/cmcommand_service.wsdl</wsdlFile>
<parameters name="allowedMethods"value=" * "/>
<parameters name="handlerClass"value="org.globus.axis.providers.RPCProvider"/>
<parameters name="SCope"value="Application"/>
<parameters name="providers"value="GetRPProvider"/>
<parameters name="loadOnStartup"value="true"/>
</service>
</deployment>
```

其中：Service Name 指明了该服务名称；className 指明了对应的 Java 类；wsdlFile 指明了调用接口说明文件；parameters 一些参数，如 loadOnStartup 指明服务是否随容器一起启动。

### 3.6.2 云制造资源虚拟化功能及实现

我们将云制造服务平台分为云资源提供者、云服务消费者、云服务提供者三种角色，其相应的功能如下：

（1）云资源提供者模块：包括租赁协商、资源注册/注销、Portal、资源描述及描述模板、资源生命周期管理、服务等级协商（服务端）、服务预留（服务端）、安全管理等。这些软件模块经过合理部署后进行协同工作，与云服务提供者的自治资源共同成为云制造系统资源共享与协同制造的云节点。云服务提供者端的界面主要用于管理者进行用户审核、系统配置、系统监控等。

（2）云服务消费者模块：其包括用户的注册/注销、Portal、任务提交、资源浏览查询、任务进度监控、任务分解与资源调度、服务等级协商（需求端）、服务预留（服务端）、通知机制等。云资源提供者端实现资源的租赁、注册、申报、监控等功能。

（3）云服务提供者模块：包括客户端的下载安装、部署与配置、资源申请、资源虚拟化、资源封装与注册、服务部署、服务策略设计与修改、Portal 开发、访问控制机制等。云服务消费者端主要实现任务提交、服务质量协商、任务监控、资源浏览等功能。

我们依据云制造资源虚拟化的相关理论，设计了相关的平台界面，为用户提供良好的系统服务，满足客户的任务需求。其实现过程可以分为以下几个步骤：

(1) 云资源提供者在本地注册资源，资源服务将创建一个实例，并将该实例的端点引用(EPR)和相关资源状态注册进本地索引服务。在本地资源的配置中，定义了其上游(UpStream)索引，可供客户查询。每隔一段时间，如 10 分钟，本地索引将更新一次上游索引以保持信息同步。

(2) 客户登录云服务提供者 Portal 后，提交需要的任务和加工文件。加工文件是一个由云服务消费者的工业设计软件导出的具有通用交换格式的输出文件。系统提供相适应的 JavaBean 来分析该加工文件，得出一些关键参数，如工件的长、宽、高、精度、最小间距等，匹配满足要求的可用资源。

(3) 当确定了适用的资源后，开始按照生产流程进行签约、加工、汇报进度等工作。

云资源提供者通过注册资源界面和资源模板及注册界面提交资源，云资源消费者通过任务描述界面提交制造任务信息，再经过云制造资源服务匹配获得最佳的云制造资源，提供给云消费者。

# 第 4 章

# 云制造的资源云端化技术

## 4.1 引　　言

云计算中，云端化一般指虚拟化技术。虚拟化技术的研究主要侧重于系统级和网络级两个层面。系统级的虚拟化侧重于计算机体系结构和底层系统软件，网络级的虚拟化以网络服务为代表，主要集中在SOA(Service - Oriented Architecture)及网络计算方面。

在云制造环境中，设备资源云端化主要指对云资源的感知、描述、封装和接入等技术，是实现底层资源共享的基础。通过云端化，可以把广泛分布的制造资源连接在一起，进行统一管理，并提供统一的服务接口，实现制造资源的逻辑管理。

## 4.2 资源物联网络体系

制造资源的物联是把分散分布的资源进行集中式管理，这样改变了传统的繁琐人工开机和日常登记等步骤，提高了企业的管理效率，同时还有利于设备的维护，管理和资源共享。

设备资源的感知信息可以通过设备自身的监控模块获取，或者通过增加嵌入式感知模块/物联网模块来进行设备状态的采集和输出。在制造过程中，设备资源的广泛物联主要实现制造过程中各种设备资源的联接、识别和感知信息的传输。为云服务平台对设备资源状态的全面感知提供有效的基础支持。而采用不同感知方式的设备资源物联必然包含多种网络系统和通信技术，如无线 Ad Hoc 网络，WLAN 网络，WSN 网络，Mesh 网络，和工业以太网与总线技术网络等。

### 4.2.1 Ad Hoc 网络

Ad Hoc 网络又被称做自组织的无线网络，整个网络是一个多跳的、无中心的自治系统并且是由一组带有无线收发装置的移动终端构成。Ad Hoc 网络的通信是通过移动 PC 机之间的通信，它是移动通信技术和计算机网络相互结合的产物。在无线 Ad Hoc 网中，我们可以方便让每个用户以任意方式移动，同时还兼有路由器和主机两个功能。Ad Hoc 网络结构如图 4.1 所示。

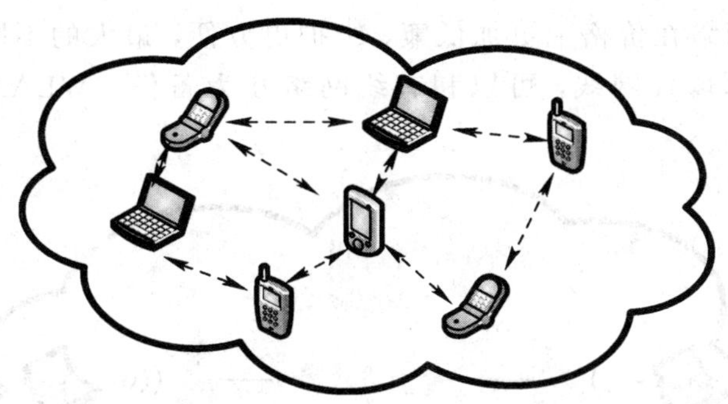

图 4.1　Ad Hoc 网络结构

Ad Hoc 网络的主要特点包括以下几点：

(1) 独立性。Ad Hoc 网络无需像基站，代理这种固定的网络基础设施，开机后网络中的各节点即可联通，节点之间通过相互转发路由分组就可以实现在网络的覆盖范围内进行通信。与其他网络相比组网所花费的时间和金钱开销较小。

(2) 无中心和自组织。在 Ad Hoc 网络中各节点的地位是平等的，每个节点都具有两方面的功能，即主机和路由器。节点调节自己的行为，根据网络的需要可以动态的进行添加和删除。与其他网络相比，抗毁性较好，当中间节点断裂时，可以启动链路修复过程快速组网，高效的进行信息传输，从而降低了节点的发射功率，延长了网络的生存时间。

(3) 动态变化的网络拓扑结构。由于 Ad Hoc 网络中的节点可以随时的添加和删除。移动主机之间的随意移动导致主机之间的关系不断发生变化。Ad Hoc 网络的网络拓扑结构会以不可预知的方式和速度发生变化，如何改进路由协议的算法是当今研究的重点之一。

(4) 多跳路由。Ad Hoc 网络中没有固定有线基础设施的支持，节点之间只有有限的发射功率，所以 Ad Hoc 网络不能覆盖较大的物理地域。节点之间通过相互转发路由分组就可以实现在网络覆盖的有限范围内进行通信。

(5) 双重功能节点。Ad Hoc 网络中节点既可以作为主机也可以作为路由器，作为主机节点之间相互转发路由分组实现有限范围内的通信，作为路由器可以根据合适的路由算法转发分组。有效地提高了网络的自适应性。

尽管 Ad Hoc 网络中存在上述优点，但也有不足之处，主要体现在以下几个方面：

(1) 有限的无线通信带宽。在 Ad Hoc 网络中，节点之间的通信是通过节点之间的相互转发实现的，而在无线网络中，竞争信道往往会产生冲突碰撞，噪声干扰等，导致信道的实际利用率小于理论值。网络提供的有效带宽及利用率就减小了。

(2) 能量限制。由于网络节点采用电池供电，电池容量在短时间内就会消耗殆尽，而现在的技术无法在短时间内对这一点进行根本性的改善。

(3) 安全问题。Ad Hoc 采用分布式控制，常用于军队，灾难救助，沙漠等危险环境。这种采用无线连接进行无中心的控制，很容易受到窃听、主动入侵等方面的攻击。

### 4.2.2　WLAN 网络

WLAN 网络即无线网络，通过无线多址信道作为传输介质实现有线局域网的功能，并在网络安装比有线网络在价格上更加低廉，维护更方便，最大的不同在于传输媒介的不同，利用无线电技术取代网线，可以和有线网络互为备份。WLAN 网络结构如图 4.2 所示。

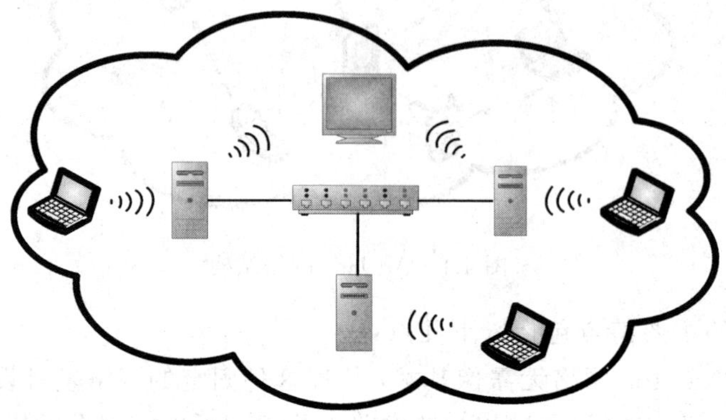

图 4.2　WLAN 网络结构

WLAN 网络的主要特点包括以下几点：

(1) 安装方便。WLAN 的安装相对比较简单，几乎可以免去或者极大限度地减少网络布线的工程施工量，使整体的安装时间较短，同时降低了综合布线的成本。

(2) 使用灵活。相对于传统有线接入的方式，WLAN 技术让网络使用更加自由与方便。WLAN 让用户摆脱了端口位置与电缆或电话线的限制，不需再为到处查找端口与网线而烦恼，轻松惬意地接入到网络。

(3) 易于扩展。WLAN 技术可选的配置模式有多种，且可以依客户需求而灵活的进行选用，因此 WLAN 网络可以满足各种规模的组网需求，并且 WLAN 网络新设备的接入操作也相对简单。

(4) 便于维护管理。对于有线网络，当出现硬件(物理)故障时，特别是线缆连接不善造成的中断网络，往往很难找到，并且检查线路往往需要大量的工作，而 WLAN 网络的障碍定位相对较易，一般只要换掉故障设备就行了。

(5) 吞吐量更高。相对于通信运营商而言，WLAN 网络使用 60 GHz 载频、最高速率近 7 Gbit/s 的 802.11 ad 标准已经完成了标准的制定，将主宰着将来的超短距离、超高速速率传输应用。WLAN 技术同同期的蜂窝网主流技术相比，WLAN 网络的接入速率普遍都高出一个级数。

WLAN 网络的不足主要包括以下几点：

(1) 覆盖范围小。WLAN 使用的频段为 2.4 GHz 和 5.8 GHz，并且 WLAN 设备功率受限，AP 发射功率较小，室外型设备最大发射功率 500 mW，室内型设备最大发射功率 100 mW，因此单 AP 室内覆盖半径 30～50 m，室外覆盖半径 50～100 m，远低于 GSM、CDMA 等蜂窝网络。

(2) 公共频道使用的缺点。工作于 WLAN 使用公用频段(非授权频段)进行无线传输，因此会受到许多设备的干扰(如：无绳电话、蓝牙设备、ZigBee 设备、微波炉等)。干扰原因对网络的稳定性能有了很大的影响，有限的频率资源也进一步限制了 WLAN 的优势发挥。公用频段必然导致在热点区域频率资源的滥用，使得 WLAN 的理论速率无法实现。

(3) 服务质量难以保障。WLAN 使用 DCF(Distributed Coordinated Function，即"分布式协调功能")协议，随机竞争信道，多个终端共享带宽，缺少 QoS 机制，高负载条件下无法保障单个用户的信道带宽和业务感知。

(4) 安全问题突出。WLAN 空中接口开放，安全等级较低，易造成用户信息泄密。

### 4.2.3　WSN 网络

WSN(Wireless Sensor Network)即无线传感器网络，是指在监测环境中布置大量微型无线传感器节点，以无线通信方式自组织成网络。无线传感器网络体系结构是一个典型的传感器网络体系，包括分布式传感器节点、汇聚节点(sink)、互联网、任务管理节点等。传感器节点部署在指定的感知区域内部或者附近，这些节点通过自组织方式构成无线网络，监测数据沿着其他节点逐跳传输，监测数据可能被多个节点处理，经过多跳后被路由到汇聚节点，最后通过互联网送达管理节点或者用户。WSN 网络结构如图 4.3 所示。

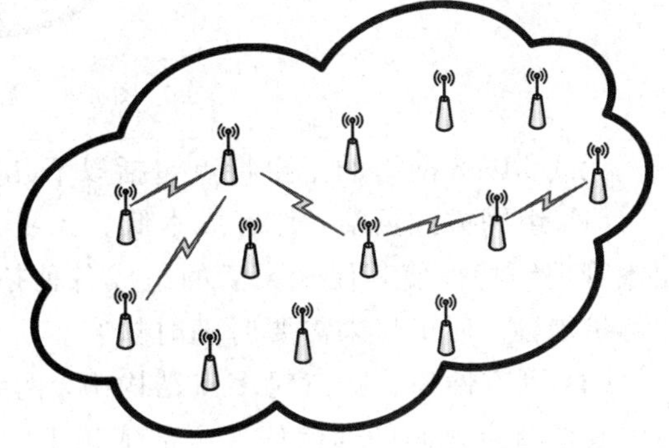

图 4.3　WSN 网络结构

WSN 网络的主要特点包括以下几点：

(1) 大规模网络。无线传感器网络的节点密集、数量巨大。为了获取更精确的信息，一个网络可能包含几百、几千万的传感器节点分布在一个很大的地理区域内进行监测。传感器网络的大规模特性使得其能够通过不同空间视角获得的信息具有更大的信噪比；通过分布式处理大量的采集信息能够提高监测的精度，降低对单个节点传感器的精度要求；大量冗余节点的存在，使得系统具有很强的容错特性；同时，大量节点能够增大覆盖的监测区域，减少监测盲区。

(2) 自组织网络。通常情况下，传感器网络节点被随机抛洒在没有基础设备的区域，如原始森林或震灾地区，节点位置不能预先精确设定，节点之间的相邻关系也无法预先知道，因此需要节点具有自组织能力，能够自动进行配置和管理，通过拓扑控制机制和网络协议自动形成转发监测数据的无线多跳自组织网络系统。

(3) 动态性网络。传感器网络的拓扑结构不像骨干网络一样保持稳定不改变的，会因为某些情况而使得拓扑结构动态改变，因此无线传感器网络是一种动态变化的网络，这就要求系统具有自组织性和可重组性。

### 4.2.4　无线 Mesh 网络

无线 Mesh 网络是由 mesh routers(路由器)和 mesh clients(客户端)组成，是一种具有自组织、多跳、多点分布特性的宽带无线网络，其是在无线网络的不断发展过程中产生的一种新型的网络形式，其不同于传统的蜂窝移动通信系统和无线局域网技术。无线 Mesh 网络(无线网状网络)也称为"多跳(multi - hop)"网络，它是一种与传统无线网络完全不同的新型无线网络技术。无线 Mesh 结构如图 4.4 所示。

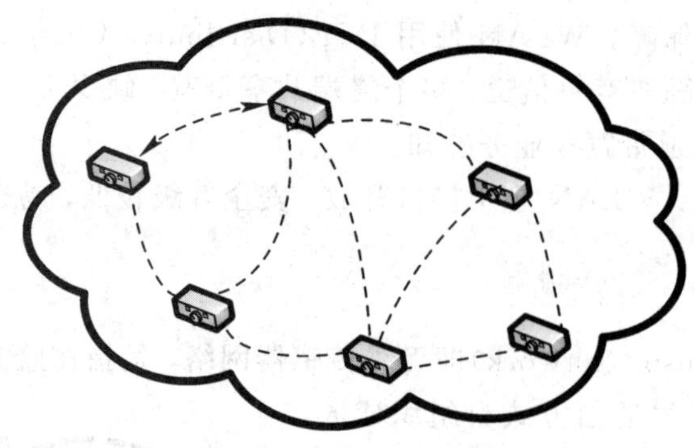

图 4.4　无线 Mesh 结构

无线 Mesh 网络的主要特点包括以下几点：

(1) 组网方式灵活，部署成本低。无线 Mesh 网络具有多种组网模式，自组织和易于配置管理等特性使其便于灵活的组成各种拓扑结构，同时使得其部署成本降低，具有良好的可扩展性、便于将来需要时随时扩容。

(2) 可靠性高。在点对多点结构中，网络中的节点采用星型结构接入到中心节点，网络中其他节点之间的通信任务全部依赖于中心节点进行转发，这时若这个最关键的中间节点出现故障，将会使整个网络瘫痪，因而这种网络的可靠性较差。而无线 Mesh 网络是一种网状组网结构，因而当网络中某个节点发生故障时，原本经由该节点进行的转发任务将在路由协议的引导下通过其他节点进行中继传输，这极大地提高了无线 Mesh 网络的可靠性，同时具有较好的容错性能。

(3) 维护简便。无线 Mesh 网络具有动态自组织和自配置能力，同时具有多跳冗余路径，使得当对局部网络进行的升级和扩容操作不会影响到网络中其他节点正在进行中的业务，方便了网络的维护或升级。

## 4.3　云制造资源的主要接入方法

云制造资源的接入主要是用于实现底层物理制造设备资源的云端化接入和服务化封装以及底层制造资源的互联等工作，主要是应用物联网技术、嵌入式技术和 PC 技术等先进技术来实现。

### 4.3.1　物联网接入

物联网是把所有物品通过无线射频识别(RFID)、条码与二维码、全球定位系统(GPS)等各种计算信息传感设备与互联网相连接，形成一个可以进行信息数据交换的巨大网络，实现智能化的定位、识别、监控以及管理等。

物联网的技术架构可以分为三层：感知层、网络层以及应用层。感知层是由各种传感器以及传感网关所组成，包括温度传感器、湿度传感器、RFID 标签和读写器、摄像头等感知终端。网络层是由有线与无线通信网络、各种私有网络以及网络管理系统和云计算平台组成，主要作用是传递与处理感知层所获得的信息；应用层是物联网与用户(包括个人、组织或其他系统)的接口，它通过与行业需求相结合实现物联网智能应用。物联网的网络包括互联网、无线局域网、无线广域网、无线局域网和无线城域网，如图 4.5 所示。

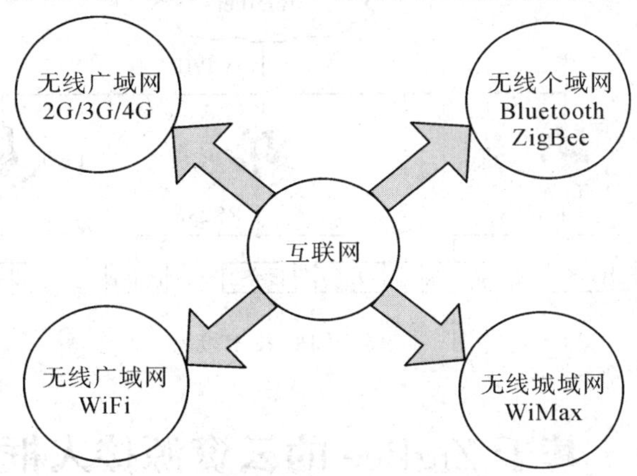


图 4.5　物联网的网络体系

### 4.3.2　嵌入式接入

网络化嵌入式接入与服务系统是嵌入式技术、网络通信技术以及微电子技术等的深度融合应用的结果。此设备能够接入 Internet，成为其中的独立节点，从而使之成为具有控制与信息发布功能的 Web 服务站点，能够对相关设备进行测量、控制以及存储并显示测量结果和控制状态等。同时，客户端可以通过 Internet 远程进行相关功能的操作，如设置参数等。接入与服务系统为用户提供网络服务及良好的用户控制界面，用户能够通过浏览器直接访问对应的设备，如图 4.6 所示。采用嵌入式资源接入技术，通过标准化接口将分布式应用的不同功能组件联系起来，实现接口与服务的动态绑定，最终实现上位机通过Internet对底层制造资源的访问控制。

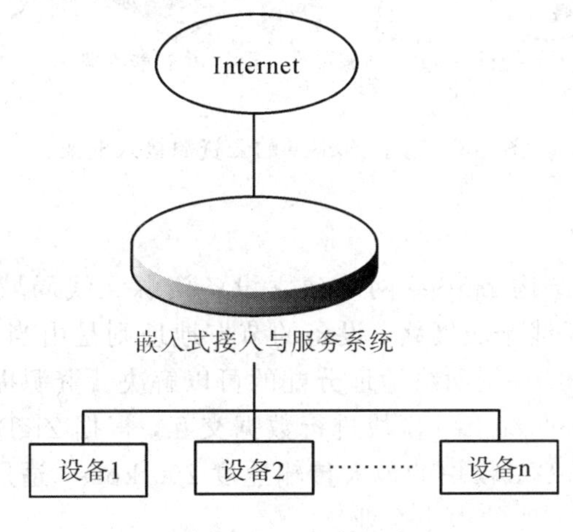


图 4.6　嵌入式资源接入

### 4.3.3　PC 技术接入

当前，基于 PC 的接入技术已经广泛应用于多个领域，图 4.7 为资源 PC 技术接入的示意图。

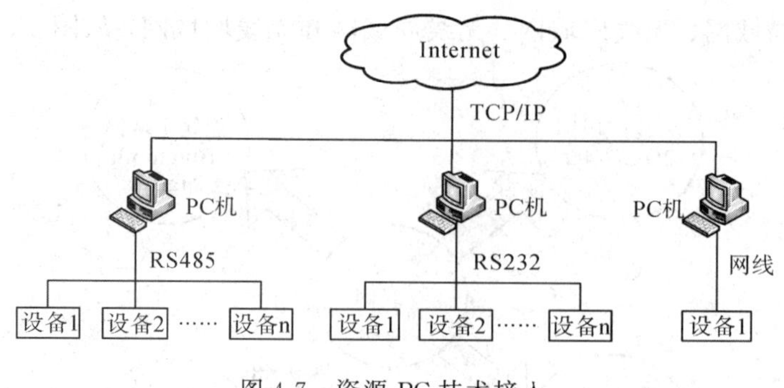


图 4.7　资源 PC 技术接入

## 4.4　基于 ZigBee 的云资源接入框架

物理制造资源是云制造最底层的资源，是由各种分布、异构的制造资源所构成的，其种类繁多，特点不一，即使同类资源的功能实现方法也有较大不同。一般将一台设备资源看做一个节点，这样节点与节点间就可以按照一定的网络体系进行组网物联，从而将这些设备资源聚合统一管理，这样可以最大化利用云制造物理资源，给云制造资源的全面感知提供有效的基础支持。所以每台设备都需要面临识别感知和物联等问题。

基于 ZigBee 的云资源接入框架如图 4.8 所示，资源接入过程主要分为三个层次：制造资源物联，资源集中监控，资源的 PC 接入。

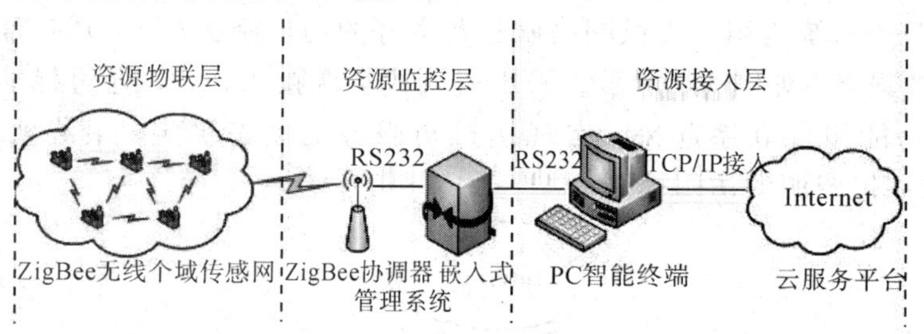


图 4.8　基于 ZigBee 的云资源接入框架

### 4.4.1　资源物联层

采用 Mesh 网络拓扑结构 ZigBee 网络建立设备资源无线局域传感网络。新加入的设备通过 ZigBee 节点加入无线个域网络，设备的节点地址则是由当前 ZigBee 节点的父节点分配的地址 ID。ZigBee 的 16 位网络地址分配的可以解决云资源提供者地址编码及身份识别问题。联网的设备则通过 ZigBee 模块进行数据交互，根据 ZigBee 模块反馈回来的数据进行相应的加工动作。ZigBee 模块的最大传输速度 250 kp/s，适用于小数据量、高实时性的无线传输，目前可满足一般的中小企业。

### 4.4.2　资源监控层

资源监控主要由 ZigBee 的协调器和嵌入式管理系统组成。负责将 Mesh 网络中的设备采集的数据进行数据汇总，并实时反馈设备的运行情况、加工情况等。而且设备的驱动加工接口按照一定的协议，通过 ZigBee 协调器与嵌入式管理系统进行绑定。嵌入式管理系统根据设备的实时运行状况和 PC 传输的加工任务对联网的设备的控制。PC 机与嵌入式的数据通信则是通过 RS232 进行的，最快通信速度可达 921 600 kp/s。

### 4.4.3　资源接入层

由上位机的云端管理软件实现设备资源封装，通过嵌入式管理系统和 ZigBee 技术将设备资源的不同功能组件联系起来，实现接口与服务的动态绑定，从而实现底层物理制造资源的互联、反馈和控制。上位机云端管理软件封装设备资源后，将其聚集在云服务平台，由云制造服务平台对这些云端提供者提供的资源进行资源融合和远程调用，同时利用数据库技术将设备加工的任务存储起来，以方便日后云端提供者对账查看。

## 4.5　基于 ZigBee 技术的云制造资源接入

### 4.5.1　基于 ZigBee 的设备资源地址分配

在一个 ZigBee 无线网络中，节点地址采用分布式地址分配机制。当一个新节点加入网络，由其父节点为其分配一个唯一的 16 位网络地址，网络地址包含“地址-位置”的对应关系。设备资源与 Zigbee 节点的网络地址一一对应，作为设备资源的 ID 地址身份识别。Zigbee 网络地址分配机制如下：定义 $C_m$ 为最大子节点数，这些子节点中最多可容纳 $R_m$ 个路由节点，$L_m$ 为网络的最大深度，$C_{\text{skip}}(d)$是网络深度为 d 的父节点与其子节点分配的地址之间的偏移量。$C_{\text{skip}}(d)$值的计算公式如式(4.1)所示，分配给第 K 个子路由节点的地址 $\mathrm{A_k}$ 的计算公式如式(4.2)所示，分配给第 n 个终端节点的地址 $A_n$ 的计算公式如式(4.3)所示，其中 $A_{\text{father}}$代表分配给终端或者路由的父节点地址。

$$C_{\text{skip}}(d)=\begin{cases}1+C_m*(L_m-d-1) & (R_m=1)\\ \dfrac{1+C_m-R_m-C_m*R_m{}^{L(m-d-1)}}{1-R_m} & (R_m\neq 1)\end{cases} \tag{4.1}$$

$$A_k=A_{\text{father}}+C_{\text{skip}}(d)*(k-1)+1\qquad 1\leqslant k\leqslant R_m \tag{4.2}$$

$$A_n=A_{\text{father}}+C_{\text{skip}}(d)*R_m+n\qquad 1\leqslant n\leqslant C_m-R_m \tag{4.3}$$

### 4.5.2　ZigBee 网络中的 AODVjr 算法

ZigBee 网络中面向网状(Mesh)拓扑结构的路由算法是 AODVjr 算法。AODVjr 算法为了减少 ZigBee 网络通信的能耗，简化了 AODV 算法的部分功能，保留了 AODV 算法主体功能，是在 AODV 基础上发展起来的。AODVjr 算法对 AODV 算法作了如下的简化：

(1) 去除 AODV 算法的节点序列号。在 AODVjr 算法中，RREQ 分组的次数不超过节点总数，并且路由无环路。每个节点只转发最先到达的 RREQ 协议包。目的节点不进行 RREQ 分组，EERP 协议包只回复首先到达 RREQ 分组的节点；而 AODV 算法，中间节点只要有目的节点的路径，都可以对 RREQ 做出回应。

(2) AODVjr 算法简化了 AODV 算法的路由表结构，不存在 AODV 算法的先驱节点表。当节点间检测到通信链路发送中断后，AODVjr 算法只对源节点进行 RERR 回复，因此先驱节点表的存在对 AODVjr 算法来说意义并不大。

(3) AODVjr 算法用 KEEP_ALIVE 信息代替 AODV 算法中的 HELLO 信息，用 KEEP_ALIVE 信息来确认路由状态。源节点与目的节点用 KEEP_ALIVE 信息来确认对方的存在。如果源节点在一定的时间内没有收到目的节点回复的 KEEP_ALIVE 信息，则源节点可以认为这条路径以及失效，可以重新对目的节点进行路由查找。

(4) AODVjr 采用本地修复来修复发送中断的链路和链路的路由表。假设没有修复成功，那么以及被 AODVjr 算法简化的 RERR 分组只能反馈一个不可达到的目的节点的地址，而 AODV 算法则可能包含多个。

### 4.5.3 AODVjr 路由协议

ZigBee 的 AODVjr 路由包含 RREQ 路由请求分组、RREP 路由应答分组和 RERR 分组。

(1) RREQ 路由请求分组。

RREQ 分组的作用是寻找目的节点，或者维护路由链路。当源节点进行路由查找时，首先进行 RREQ 广播，接收到 RREQ 分组的中间节点对 RREQ 协议包进行解析，判断自身地址是不是目的地址，如果不是目的节点则继续进行 RREQ 分组，如果是，则回复 RREP，建立反向路由。同一节点对相同的 RREQ 分组既不转播也不回复 RREP，而是直接摈弃。RREQ 控制分组的格式如表 4.1 所示

**表 4.1　REQ 控制分组格式**

| 定义 | 容量/bit | 定义解释 |
|---|---|---|
| 命令帧标识符 | 8 | 指出控制分组类型 |
| 命令选项 | 8 | 此路由请求分组是否是在路由修复过程中产生的 |
| 路由请求 ID | 8 | 发起路由请求的节点产生的标示符 |
| 目的地址 | 16 | 发起路由请求的节点希望建立的路径的目的地址 |
| 源节点地址 | 16 | 发起路由请求节点的地址 |
| 路径开销 | 8 | 从 RREQ 的发起节点到当前接受 RREQ 的节点的路径开销 |

(2) RREP 路由应答分组。

RREP 路由应答分组的作用是建立源节点与目的节点的反向路由。当目的节点接收到 RREQ 分组后，马上回复 RREP 路由应答。目的节点只对首先接收到的 RREQ 进行 RREP 回复。RREP 路由应答分组的格式如表 4.2 所示。

**表 4.2　RREP 路由应答分组格式**

| 定义 | 容量/bit | 定义解释 |
|---|---|---|
| 命令帧标识符 | 8 | 指出路由控制分组类型 |
| 命令选项 | 8 | 此路由请求分组是否是在路由修复过程中产生的 |
| 路由请求 ID | 8 | 发起路由请求的节点产生的标识符 |
| 源节点地址 | 16 | 发起路由请求的节点的网络地址 |
| 响应地址 | 8 | 该条路由的目的节点地址，即响应 RREQ 的节点的网络地址 |
| 路径开销 | 8 | 从发起 RREQ 的节点到当前接受 RREQ 的节点的路径开销 |

(3) RERR 分组。

RERR 分组的作用是通知当前通信的链路故障，应选择其他的链路进行通信。RERR 分组的格式如表 4.3 所示。

**表 4.3 RERR 分组格式**

| 定义 | 容量/bit | 定 义 解 释 |
| --- | --- | --- |
| 命令帧标识符 | 8 | 控制分组类型：<br>0x01 是 RREQ<br>0x02 是 RREP<br>0x03 是 RERR |
| 错误信息 | 8 | 指出路由错误的原因 |
| 目的开销 | 16 | 指被转发失败的数据分组的目的地址 |

### 4.5.4 改进 AODVjr 算法

图 4.9 给出一个 $C_m=4$，$R_m=4$，$L_m=3$ 的 ZigBee 网络地址分配例子，$d$ 代表网络深度的变量。图中所示的圆角矩形为一个 ZigBee 节点，节点内的十六进制数为该节点的网络地址。圆形区域中节点地址为 0x0041 的源节点，要与地址为 0x0016 的目的节点进行通信，源节点首先进行路由查找，而转播到其子节点(节点地址为 0x0043 和 0x0042 的节点)的 RREQ 分组对路由查找没有帮助，只会消耗网络的整体能量。源节点通过路由查找后，只需转播 3 次 RREQ 分组就可以找到目的节点，如图 4.9 所示，路由表为 6－3－1－4。然而 RREQ 分组转播跳数大于 3 次的路由查找还在继续，如路径为 6－3－1－5－9 等。实际上可以看出，转播跳数大于 3 次的 RREQ 分组对路由查找并没有意义。

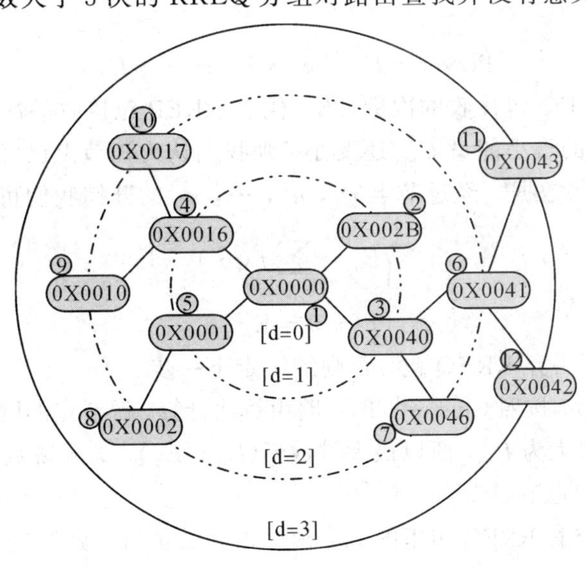


图 4.9 网络节点地址分配

针对以上 AODVjr 算法存在的问题，改进的 AODVjr 路由算法结合 Cluster－Tree 路由算法思想，并在 EERQ 协议包中添加命令传播方向位 Flag，从而控制传播的方向。对于

地址为 $A$，深度为 $d$ 的路由节点，要转发路由包到目的地址为 $D$ 的节点，如果满足式(4.4)，则目的节点是其后裔节点，则 Flag=0，否则为 1。Flag=0 表示当前节点的父节点不宜转发该 RREQ，Flag=1 表示当前节点的后裔节点不宜转发该 RREQ。如果目的节点是其后裔节点，则下一跳转播的节点地址 N 按照式(4.5)来计算出来，否则下一跳的地址为其父节点地址。传播跳数则是根据自身的网络深度 $L_d$ 加上目的地址的网络深度来限制。目的节点的网络深度未知，根据 Cluster－Tree 路由算法，节点的最大网络深度为 $L_m$，所以传播条数应该≤$(L_m+L_d)$，如果跳数大于$(L_m+L_d)$，则应丢弃 RREQ 协议包，否则继续走下去。

$$A < D < A + C_{\text{skip}}(d) * (d-1) \tag{4.4}$$

$$N = \begin{cases} D & (\text{是其子终端设备}) \\ 1 + A + \left[\dfrac{D-(A+1)}{C_{\text{ship}}(d)}\right] * C_{\text{ship}} d\,(\text{otherwise}) \end{cases} \tag{4.5}$$

改进算法流程：

源节点寻找目的节点先按照式(4.4)，确定 flag 的值，重新打包 RREQ 包后在转发。

收到 RREQ 包的路由节点，先解析数据 RREQ 包，判断是否为 RREQ 的目的节点，如果是，返回 RREQ 包，否则继续走下一步。

当前节点更新自身能量状况。

判断当前节点的能量状况，假设任意节点的初始能量为 $E_0$，节点最小能量为 $E_{\min}$，节点每次接收 RREQ 包和 RREP 包所消耗的能量的相同的，用符合 $E_J$ 代表每次通信消耗的能量，只要我们确保原算法与改进算法运行的环境参数相同，实验操作相同，我们可以忽略掉每个节点自身工作的时间 $t$ 所影响自身能量的情况，则节点的剩余能量 Power 可以用式(4.6)表示：

$$\text{Power} = E_0 - k_1 * E_J - k_2 * E_J \tag{4.6}$$

其中 $K_1$ 代表 RREQ 包接收的次数，$K_2$ 代表 RREP 包接收的次数。当节点运行的剩余能量 Power 比节点的最小能量 $E_{\min}$ 还要小，则我们认为该节点已经变为死亡节点，以后不再接收数据或者转播数据。经过节点 $n_1$，$n_2$，…，$n_k$ 的开销我们可以用式(4.7)表示。

$$\begin{cases} E_j = \sum\limits_{i=1}^{j-1} f(x_i) \\ f(x_i) = \text{E}_J \end{cases} \tag{4.7}$$

如果 Power<$E_{\min}$，则丢弃 RREQ 包，否则继续走下一步。

查看当前节点跳数，按照 Cluster－Tree 路由算法计算，源节点的网络深度为 $L_d$，未知的目的节点的网络深度最大为 $L_m$，所以最大跳数≤$(L_m+L_d)$，如果跳数大于$(L_m+L_d)$，则丢弃 RREQ 包，否则继续走下一步。

解析 RREQ 包，查看 RREQ 包里的 flag 值，如果 flag=0，则转道第(7)步，否则就转到第(8)步。

根据式(4.4)判断当前节点是否为前一节点的父节点，如果是，则丢弃 RREQ 包，否则根据式(4.4)判断当前节点是否为目的节点的父节点，如果是，则 flag 重置 1，重新打包 RREQ 协议包，然后继续转发 RREQ 包。

根据式(4.4)判断当前节点是否为前一节点的子节点，如果是，则丢弃RREQ包，否则根据式(4.4)判断当前节点是否为目的节点的父节点，如果是，则flag重置0，重新打包RREQ包，然后继续转发RREQ包。

继续走第(2)步，直至找到目的节点或者RREQ失效。

程序流程图如图4.10所示。

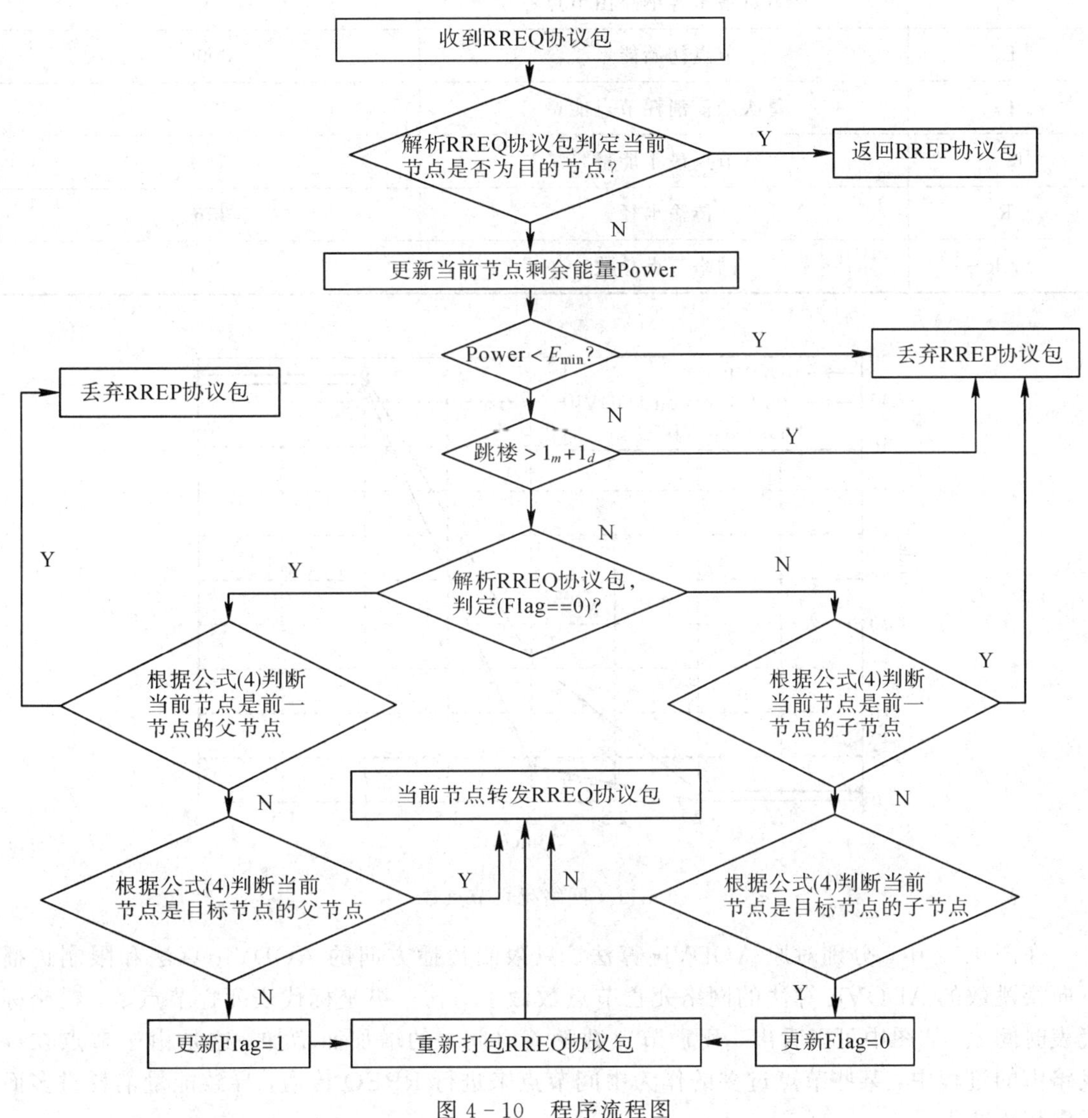


图4-10 程序流程图

### 4.5.5 仿真分析

为了评价Mesh网络中改进AODVjr算法的性能，在Matlab中，运行相同的环境参数分别对原AODVjr算法与改进后的AODVjr算法进行仿真，仿真参数如表4.4所示，仿真实验结果如图4.11～图4.13所示。仿真实验结果表明改进后的AODVjr算法在整体性能上都优于原AODVjr算法。

**表 4.4 仿真参数**

| 参数字符 | 物理意义 | 值 |
|---|---|---|
| $C_m$ | 最大子节点数 | 5 |
| $L_m$ | 网络的最大深度 | 6 |
| $R_m$ | 子节点最多容纳路由节点数 | 4 |
| $E_o$ | 节点初始能量 | 3000 |
| $E_j$ | 每次通信消耗节点能量 | 20 |
| $E_{min}$ | 节点最小能量 | 700 |
| R | 传输半径 | 25m |
| Nodes | 网络节点总数 | 200 |

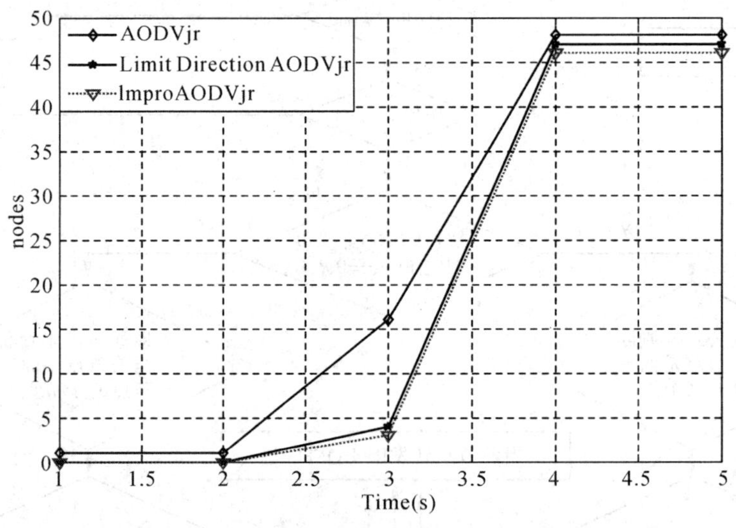


图 4.11 网络死亡节点数

在图 4.11 中，分别对原 AODVjr 算法、只限制传播方向的 AODVjr 算法和限制传播方向及跳数的 ADOVjr 算法的网络死亡节点数做了对比。纵坐标代表死亡节点数，横坐标代表时间 $t$。从图中可以看出，死亡节点数随着时间 $t$ 的增加而增加，这是由于节点在寻找路由的过程中，某些节点过多的作为中间节点来进行 RREQ 传播，导致能量消耗过多而形成死亡节点。

而在相同时间 $t$ 下，限制传播方向的 AODVjr 算法的曲线一直在原 AODVjr 算法的下面，这说明限制传播方向的 AODVjr 算法的死亡节点比原 AODVjr 少，这是由于在限制 RREQ 的传播方向后，节点根据公式来判断把 EERQ 传播到父节点还是子节点，很大程度上可以减少 EERQ 传播的次数，所经过的节点数也相应比原 AODVjr 算法少。

限制传播方向及跳数的 AODVjr 算法的曲线基本和限制传播方向的 AODVjr 算法的曲线基本一致，只是限制传播方向及跳数的 AODVjr 算法的曲线稍微比较低，这是由于在相同环境下，限制传播方向及跳数的 AODVjr 算法的传播跳数为 $L_m + L_d$，$L_d$ 可能比较接近 $L_m$，或者没有限制跳数但限制传播方向的 AODVjr 算法的跳数可能比较接近 $L_m + L_d$，并且实验仿真选取的网络并不算很大，网络总体消耗的能量不会是很多，所以两者的曲线比较相近。

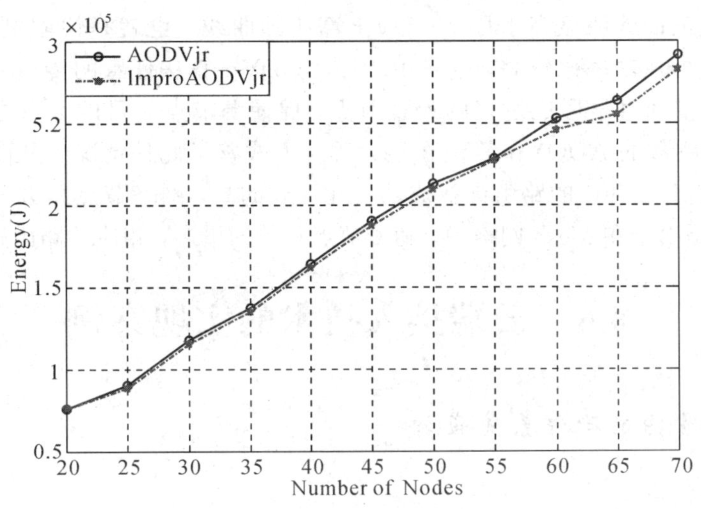


图 4.12　网络总体消耗能量

图 4.12 中对原 AODVjr 算法与限制传播方向及跳数的 ADOVjr 算法的网络总体消耗能量做对比。两个算法的实验环境参数都是相同的，都是在网络节点总数为 200，一个源节点分别对目的节点数为 20 到 70 的目的节点进行路由寻找，然后查看整个网络所消耗的整体能量。从图中的曲线可以看出，随着寻找节点的数量增加，网络消耗的能量就越大，但限制传播方向及跳数的 ADOVjr 算法的网络总体消耗能量比原 AODVjr 算法明显减少，因为限制传播方向及跳数的 ADOVjr 算法控制了 RREQ 的传播方向和限制传播的最大跳数，从而减少了 RREQ 传播的次数。

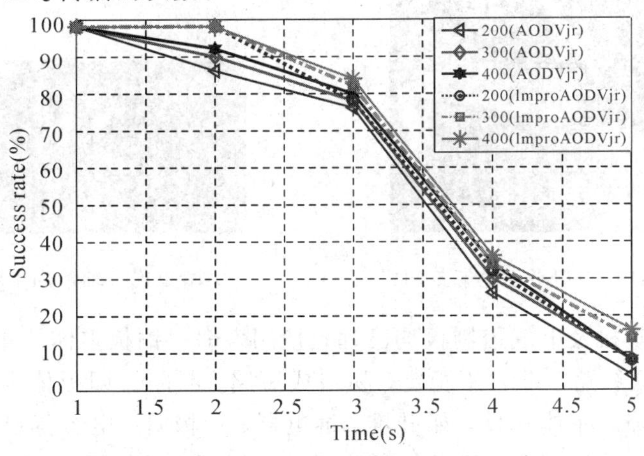


图 4.13　网络节点通信成功率

图 4.13 中对原 AODVjr 算法与限制传播方向及跳数的 ADOVjr 算法的节点通信成功率做对比。两个算法的实验环境参数都是相同的，都是在网络节点总数分别为 200、300 和

400 的环境下测试一个节点分别对 50 个目的节点进行路由查找，看其成功率。从图中所看曲线的趋势可以看出，随着横坐标时间 $t$ 的增加，纵坐标的成功率在下降，这是由于在进行节点路由查找时，某些节点过多作为中间节点消耗自身能量过多，从而形成死亡节点，这导致网络中通信路径变少，所以成功率下降。从图中也可以看出，限制传播方向及跳数的 ADOVjr 算法的曲线明显高于原 AODVjr 算法的曲线，也就是说限制传播方向及跳数的 ADOVjr 算法的成功率比较高，这是由于原 AODVjr 算法任意的传播 EERQ，使网络消耗过多的消耗能量和过早形成过多的死亡节点，促使源节点与目的节点之间无法通信，则限制传播方向及跳数的 ADOVjr 算法在很大程度上改善了此种情况。从图中的曲线也可以看出，网络节点总数为 400 的路由寻找成功率比 300 的高，网络节点总数 300 的比 200 的寻找成功率高，这是由于在 Mesh 网络中，随着节点总数的增多，相应的路由路径也会增多。

## 4.6 云端接入技术的实现案例

### 4.6.1 云制造资源的硬件系统设计

**1. 底层制造平台**

底层制造平台采用改造的桂北高温轴承厂 D3810－1 型平面电解刻印机床和自行搭建的可根据指令来完成不同图形的 *XYZ* 三轴绘画平台作为研究对象，来验证文中提出的基于 ZigBee 技术的云制造设备资源组网 PC 接入云服务平台的方法的可行性。

(1) 10－1 型平面电解刻印机床。

桂北高温轴承厂 D3810－1 型平面电解刻印机床是专门为刻印轴承标记设计的，可刻印不同圆饼形状的金属平面，也可根据用户的不同需求来刻印工件表面光洁度。桂北高温轴承厂 D3810－1 型平面电解刻印机床如图 4.14 所示，图 4.15 是电解刻印机床加工的轴承的状态。

图 4.14　D3810－1 型平面电解刻印机床

图 4.15　轴承加工状态

由于原刻印机整机及电气控制板均已远超使用寿命。铜板本体严重老化，板体经过多次维修，部分印制板线路已非常不稳定，易造成短路、断路。即板体本身以及板中印制电路随时可能出现故障。主体元件，如硅堆、继电器、三极管、电容等已多次维修更换。中间继电器触头以远超使用寿命，经过打磨处理可以使用，但使用时间不长，且触头接触电阻过大，工作发热，易造成相关电路热损坏。为了更好的对刻印机进行远程调用加工，我们重新对刻印机的电气控制系统进行升级。升级后的刻印机工作稳定性和控制效果优于原电路。升级后的 D3810－1 型平面电解刻印机床开发的控制系统如图 4.16 所示，D3810－1

型平面电解刻印机床电气控制板如图 4.17 所示。

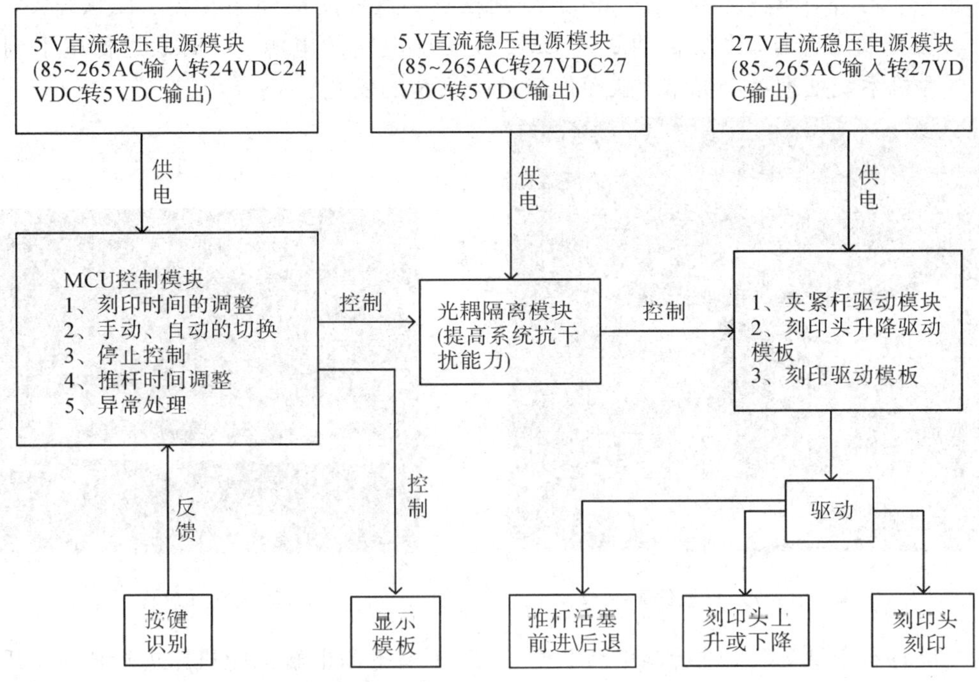


图 4.16　D3810－1 型平面电解刻印机床电气控制系统

图 4.17　D3810－1 型平面电解刻印机床电气控制板

(2) 三轴绘画平台。

自行搭建的 $XYZ$ 三轴绘画平台可以根据绘画任务的不同来进行不同类型的绘画，如画圆形或三角形，还可以根据需要来调整图形的大小，$XYZ$ 三轴绘画平台如图 4.18 所示。其中三轴绘画平台的机械部分主要采用有效行程为 26 cm 的塑料丝杆组成，如图 4.19 所示。电气控制部分是采用单片机＋LM298 驱动组成。其中单片机控制丝杆的步进电机的程序分为 8 拍(A－AB－B－BC－CD－D－DA－A)，步进电机的角度为 1.8°，根据公式：分辨率＝(步进角度/圆周)＊螺距，可知丝杆的最小精度 $X=(1.8/360)*6\ \mathrm{mm}=0.03\ \mathrm{mm}$，即单片机一个脉冲，丝杆运行 0.03 mm。分别在三条丝杆的最外端安装了接触开关，当某一个开关被触发闭合时，系统自动断掉 LM298 驱动电路的电源，同时发送低电平到单片机，让单片机系统处理这个异常，从而保证整个系统的安全。

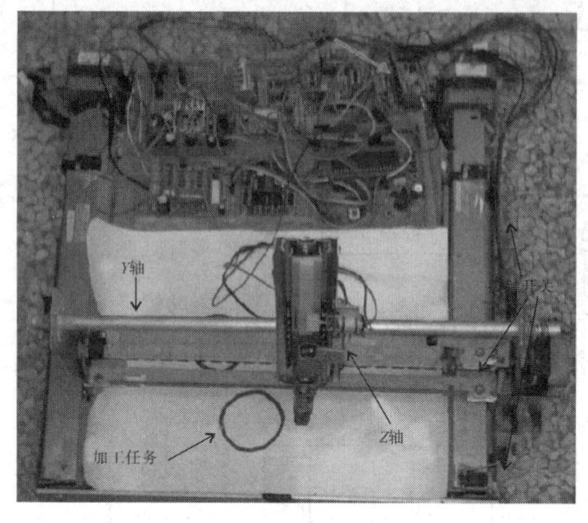

图 4.18　*XYZ* 三轴绘画平台

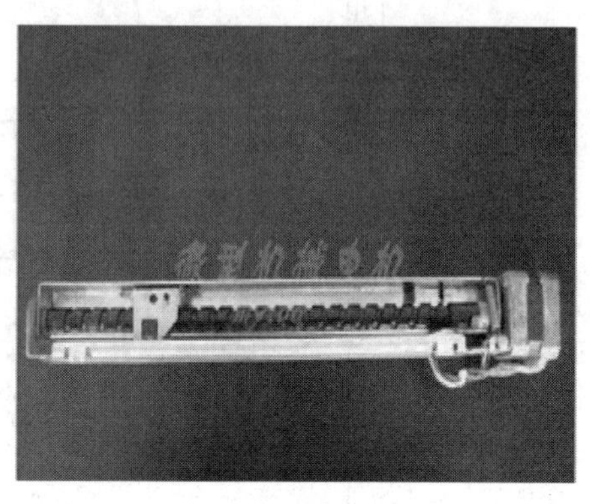
图 4.19　丝杆

为了能远程对 *XYZ* 三轴绘画平台和 D3810－1 型平面电解刻印机床进行调用，开发了嵌入式管理系统对这两底层制造平台的不同功能进行驱动接口绑定。为了克服传统有线技术布线困难、成本高，不易维护的缺点，采用 ZigBee 无线技术代替三轴绘画平台和电解刻印机床与嵌入式管理系统的有线连接，并且根据 ZigBee 的网络地址对三轴绘画平台和 D3810－1 型平面电解刻印机床进行地址编号。ZigBee 的路由器模块用 RS232 串口与三轴绘画平台和电解刻印机床进行透明数据交互，而 ZigBee 的协调器模块也是用 RS232 串口与嵌入式管理系统进行透明数据交互。嵌入式及 ZigBee 协调器端相当于无线个域网的网关，对三轴绘画平台和电解刻印机床进行数据汇总。其中 ZigBee 的组网形态和地址分配可以使用 TI 的 Serson Monitor 软件观看，如图 4.20 所示，图中红色节点为协调器，蓝色节点就是具有转发数据功能的路由器，圆圈中的 16 进制则为 ZigBee 节点的地址。

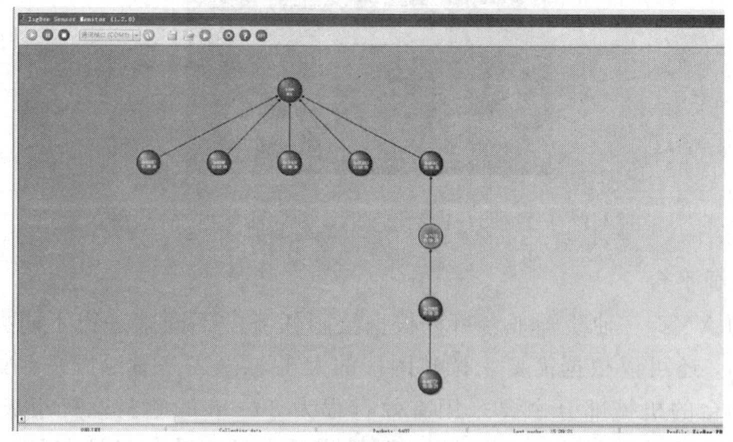
图 4.20　Serson Monitor 软件观察 ZigBee 网络状态图

**2. 接口绑定及层通信协议**

为了更有效的访问与控制底层物理设备资源，必须拥有一个良好和稳定的底层通信协议来驱动设备进行加工。底层通信协议采用 7 个域组成，分别是：帧起始域、地址域、数据长度、设备状态域、设备资源域、效验码、结束符。该通信结构如图 4.21 所示。

| 帧起始域 | 地址域 | 数据长度域 | 设备状态域 | 设备资源域 | 效验域 | 结束符 |
|---|---|---|---|---|---|---|

图 4.21　底层通信协议

（1）帧起始域：域容量为 16 bit，作为通信的开始，区别于其他网络数据的起始数据，如 fdH，08H。

（2）地址域：域容量为 32 bit，前 16 bit 作为通信的目标地址，后 16 bit 作为通信的自身地址，地址位低位在前，高位在后。

（3）数据长度域：域容量为 16 bit，作为整个无线传输数据的长度，将有利于整个数据的解码。

（4）设备状态域：域长度为 8 bit，作为设备的运行状态指示，如 00H 表示设备空闲，01H 表示设备停止运行任务，10H 表示设备继续运行停止任务，11H 则表示设备运行新任务。

（5）设备资源域：主要对资源的加工信息进行说明，如用数据长度为 56 bit 的数据对数控机床进行说明，如图 4.22 所示。

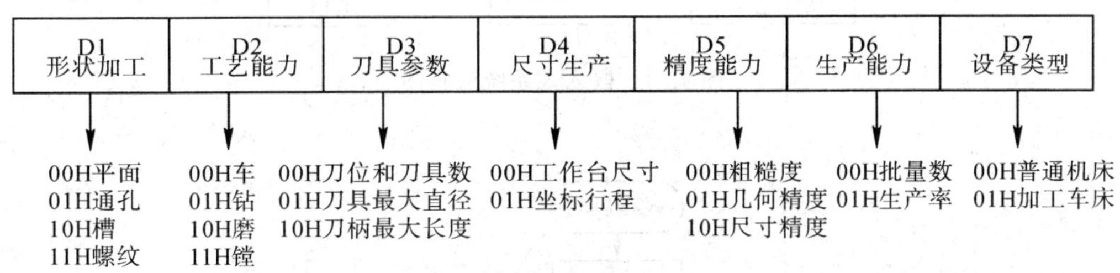


图 4.22　设备资源域

（6）效验域：域容量为 16 bit，主要对无线数据进行效验，确保数据的正确性。

（7）结束符：域容量为 16 bit，作为通信的结束标志。如 FFH，FFH 结尾。

**3. 嵌入式管理系统开发**

嵌入式管理系统是基于 Linux 操作系统的 QT4.7，把 *XYZ* 三轴绘画平台和 D3810－1 型平面电解刻印机床进行集中式监视和控制，把繁琐人工操作变为智能化处理，从而减少人工在设备上面误操作等带来的损失。嵌入式管理系统如图 4.23 所示。而且嵌入式管理系统的开发可以轻松实现设备的远程维护和管理，从而极大的提高整个系统的可靠性和稳定性。嵌入式系统采用双线程控制，一方面处理 ZigBee 协调器对 *XYZ* 三轴绘画平台和 D3810－1 型平面电解刻印机床的所有汇总的信息数据，另一方面处理来着 PC 机的数据。嵌入式系统流程如图 4.24 所示，嵌入式系统与 ZigBee 协调器通信流程如图 4.25 所示。

图 4.23　嵌入式管理系统

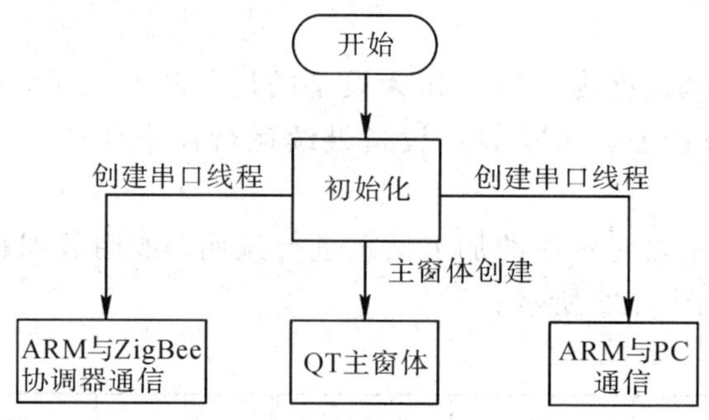


图 4.24　嵌入式系统流程图

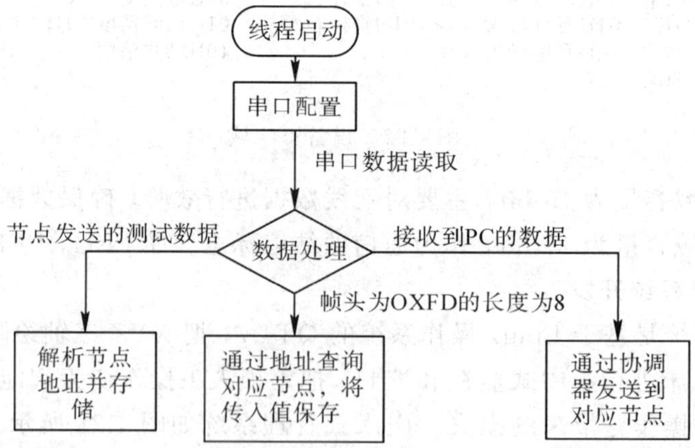


图 4.25　嵌入式系统与 ZigBee 协调器通信流程图

其中 ARM 与 ZigBee 协调器通信线程主要是处理来着 *XYZ* 三轴绘画平台和D3810－1型平面电解刻印机床的 ZigBee 数据，同时维持建立的资源节点信息表。资源节点信息表按照按前文所述的通信协议按照从上到下的顺序不间断地给所有加入的设备发送通信测试数据，最后以友好的界面实时反馈已经绑定 ZigBee 地址的设备运行情况和加工信息。云端提供者通过资源节点信息表马上知道新加入设备的 ID 号和所有已加入设备是处于空闲状态或者维修状态等。资源节点信息表实物如图 4.23 所示，资源节点信息表的相关代码如下：

```
RcvThreadProc = new SerialThread; //创建节点数更新定时
nodeNumUpperTimer = new QTimer(this);
nodeNumUpperTimer ->setInterval(5000); //绑定信号槽
connect(nodeNumUpperTimer, SIGNAL(timeout()), SLOT(nodeNumUpper()));
void disZigBeeNodeList(zigbeeNodeList * listp); //更新 ZigBee 网络列表
int searchzigBeeNode(zigbeeNodeList * nodeListp, char * nodeAddr); //查找节点
void addZiBeeNode(zigbeeNodeList * * nodeListp, int id, char * nodeAddr); // 添加 ZigBee
节点
int calculatezigBeeNodeNum(zigbeeNodeList * nodeListp); //计算节点数
void delzigbeeNodeList(zigbeeNodeList * * head); //删除节点表并释放内存
int checkzigbeeNodeID(zigbeeNodeList * nodeListp, char * nodeAddr); //查询返回节点号
char * queryZigbeeNodeAddr(zigbeeNodeList * nodeListp, int id); //获取节点地址
int saveZigbeeVal(zigbeeNodeList * nodeListp, char * nodeAddr, char * val); //节点存储
数据
```

串口线程类定义相关代码如下：

```
class SerialThread:public QThread
{
  public:
    SerialThread();
    ~SerialThread();
    //串口设置
    int serialfd ; //串口文件描述符
    int nread; //读串口数据长度
    char buff[1024]; //数据缓存
    void open_port(); //打开串口
    int set_com_config(int fd, int baud_rate, int data_bits, char parity, int stop_bits); //配置
    串口
    void SerialStart(); //启动串口
    void SerialStop(); //停止串口
  private:
    virtual void run(); //线程运行代码
    private slots:
    void sendData(char * buff, int lenth); //串口数据接收槽
    signals:
    void serialFinished(char * buff, int len); //串口数据发送信号
};
void SerialThread::SerialStart() //打开串口、启动线程
```

```
{
    open_port();
      if(set_com_config(serialfd, 38400, 8, 'N', 1) < 0)
    {
      qDebug("set_com_config");
    }
    start();
}
void SerialThread::SerialStop() //关闭串口，停止线程
{
    close(serialfd);
    terminate(); //终止线程
    wait(); //阻塞等待
}
```

**4. 嵌入式管理系统的 QT 界面设计**

QT 是一个跨平台的图形用户应用程序框架，是完全面向对象的，很容易扩展，具有 250 个以上的 C++类和丰富的 API 函数共开发者调用。QT 同 Windows 平台上的 MFC，VCL 等，支持 2D/3D 图形渲染，具有良好的封装机制，模块化程度很高，而且各个模块之间协同工作十分简单，对用户开发来说是非常方便。

面向云端提供者的嵌入式管理系统的 QT 设计，主要把设备绑定的 ID 地址、加工和感知的数据和设备的运行状态等，用图形的界面反馈给云端提供者查看，以方便云端提供者对设备的集中维护和管理。图 4.26 为 ZigBee 设备网络信息显示界面。从界面可以看出当前网络设备的节点总数，选择节点下拉菜单可以选择对应的设备号，节点地址对话框会显示已经选择设备的 ZigBee 网络地址。点击"测试"按键，嵌入式管理系统发送一串数据到节点下拉菜单对应的设备处，并解析设备反回来的数据来判断设备是否正常运行。点击节点信息按键就会显示图 4.28 界面，图 4.28 界面用来反应所有设备的运行情况，如设备处于加工中或者空闲中等。图 4.27 的界面显示主要是配置与 PC 串口通信的各个参数，串口打开则指示灯亮，否则就灭。系统上电后运行的界面实物效果如图 4.23 所示。

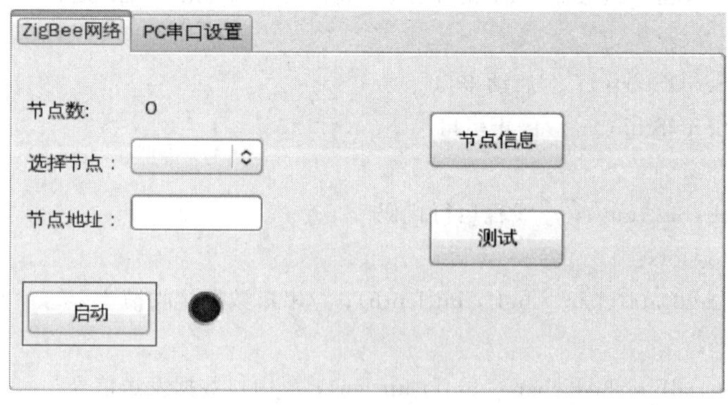


图 4.26　ZigBee 网络设备信息显示界面

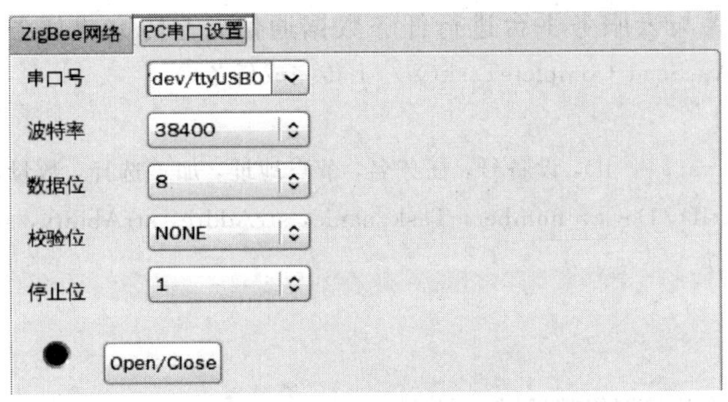


图 4.27　PC 串口通信参数配置界面

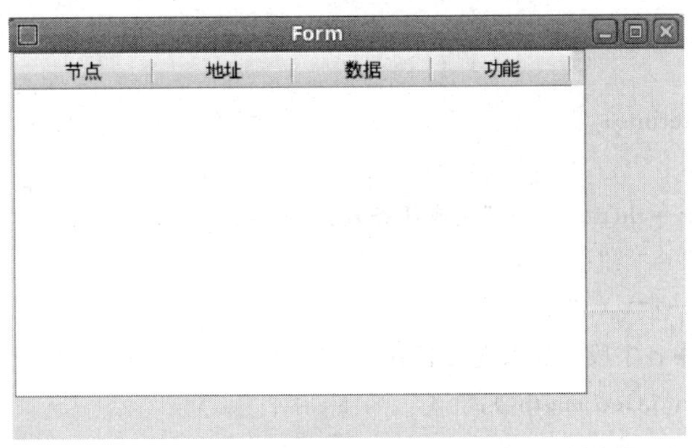


图 4.28　设备节点信息显示界面

### 4.6.2　PC 云端管理软件开发

PC 云端管理软件是采用 VC++6.0 开发的，VC++6.0 是基于 Windows 操作系统的可视化集成软件开发工具，具有强大的调试功能，能为开发者提供丰富的 MFC 函数和 API 函数。PC 云端管理软件对平台资源进行封装后统一管理，通过 TCP/IP 网络技术对外提供设备的类型、加工能力和设备加工生产周期等信息，同时提供设备的服务接口等，并根据云服务平台反馈的任务信息来调度设备进行加工。PC 云端管理软件的基本功能主要包括任务管理、资源管理、数据库设计和消息管理。图 4.29 为 PC 云端管理软件的基本功能图。

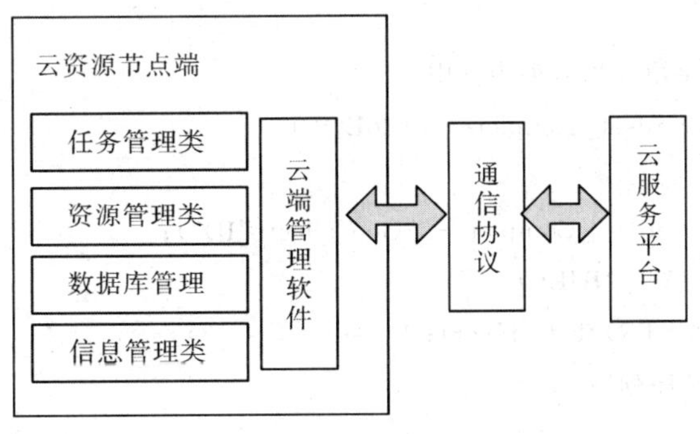


图 4.29　PC 云端管理软件的基本功能

PC 云端管理软件与云服务平台进行任务数据通信，上传完成任务表的相关代码如下：

```
void Dlg_AA::Send_CompleteTask() //上传完成任务表
{
  _variant_t var; // ID，设备号，任务名，节点地址，加工选择，数量，价格
  CString strID, Device_number, Task_name, strAddre, strAbility, str_Quantity, str_Price;
  if(clconect)
  {
  }
  else // 没有连接网络就返回
  {
  return;
  }
  CString enterinfo;
  int len;
  enterinfo +=clientname+"完成任务表：" ;
  enterinfo +=" :";
  enterinfo +="\r\n";
  // 读入库中各字段并加入列表框中
  len=enterinfo.GetLength();
  clconect.Send(enterinfo, len);
  enterinfo.Empty();
  try
  {
    if(! m_pRecordset_Complete->BOF)
    m_pRecordset_Complete->MoveFirst();
    else
    {
  return;
}
int i=0;
CString id;
// 读入库中各字段并加入列表框中
while(! m_pRecordset_Complete->adoEOF)
{
  var = m_pRecordset_Complete->GetCollect("ID");
  if(var.vt ! = VT_NULL)
  strID = (LPCSTR)_bstr_t(var);
  enterinfo+="序列";
  i++;
  id.Format("%d", i);
```

```
enterinfo+=id;
enterinfo+="号:";
var = m_pRecordset_Complete->GetCollect("设备号");
if(var.vt ! = VT_NULL)
Device_number = (LPCSTR)_bstr_t(var);
enterinfo+="设备号:";
enterinfo+=Device_number;
enterinfo+=" ";
var = m_pRecordset_Complete->GetCollect("任务名");
if(var.vt ! = VT_NULL)
Task_name = (LPCSTR)_bstr_t(var);
enterinfo+="任务名:";
enterinfo+=Task_name;
enterinfo+=" ";
var = m_pRecordset_Complete->GetCollect("节点地址");
if(var.vt ! = VT_NULL)
strAddre = (LPCSTR)_bstr_t(var);
enterinfo+="节点地址:";
enterinfo+=strAddre;
enterinfo+=" ";
var = m_pRecordset_Complete->GetCollect("加工选择");
if(var.vt ! = VT_NULL)
strAbility = (LPCSTR)_bstr_t(var);
enterinfo+="加工选择:";
enterinfo+=strAbility;
enterinfo+=" ";
var = m_pRecordset_Complete->GetCollect("数量");
if(var.vt ! = VT_NULL)
str_Quantity = (LPCSTR)_bstr_t(var);
enterinfo+="数量:";
    enterinfo+=str_Quantity;
    enterinfo+=" ";
    var = m_pRecordset_Complete->GetCollect("价格");
    if(var.vt ! = VT_NULL)
    str_Price = (LPCSTR)_bstr_t(var);
    enterinfo+="价格:";
    enterinfo+=str_Price;
    enterinfo+=" ";
    enterinfo +="\r\n\r\n";
    len=enterinfo.GetLength();
```

```
          clconect.Send(enterinfo, len);
        enterinfo.Empty();
        m_pRecordset_Complete->MoveNext();
        }
    }
    catch(_com_error * e)
    {
        AfxMessageBox(e->ErrorMessage());
    }
}
```

PC 云端管理软件开发的相关界面如图 4.30～图 4.33 所示。

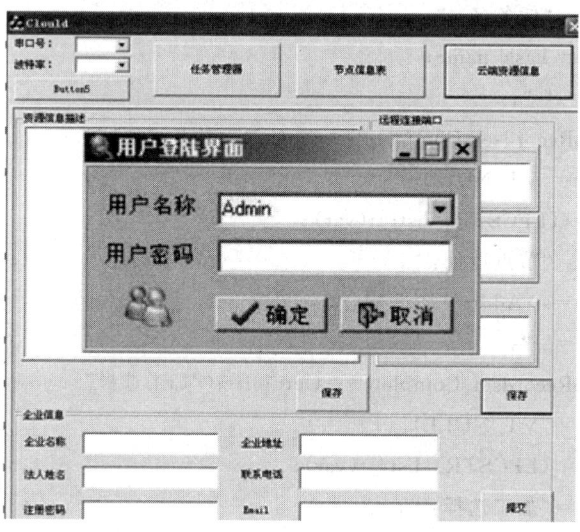


图 4.30　用户登录界

图 4.31　资源节点封装界

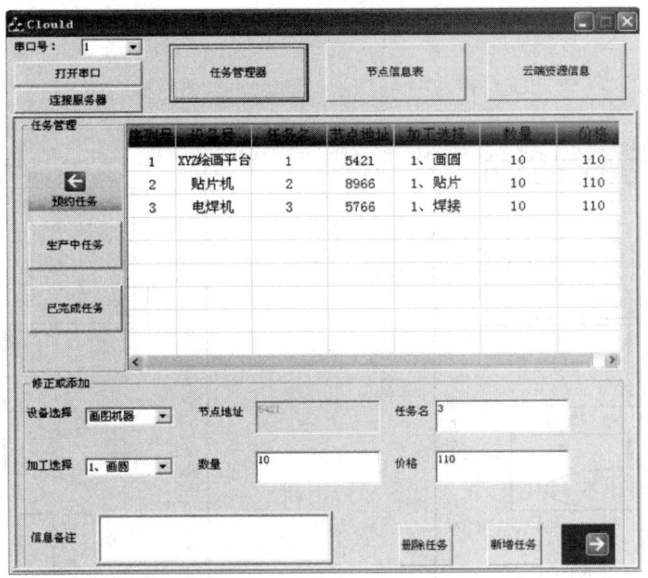


图 4.32　任务管理界面图

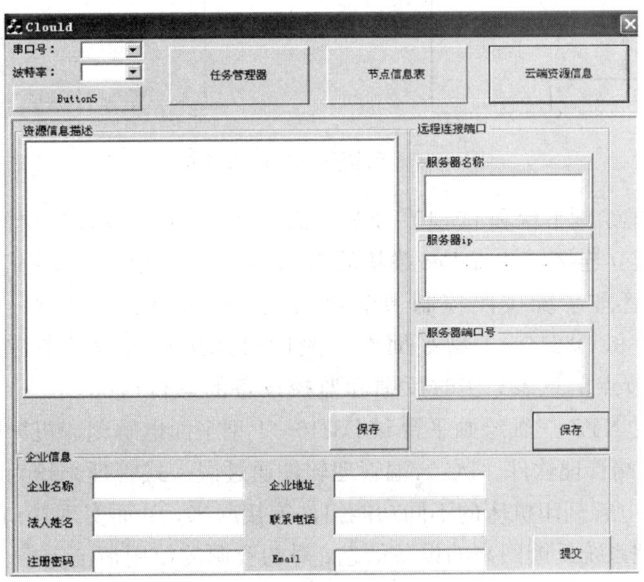


图 4.33　云端资源信息界面

### 4.6.3　底层平台 PC 接入云服务平台

以 *XYZ* 三轴绘画平台和 D3810－1 型平面电解刻印机床接入云服务平台为例，说明采用 ZigBee 技术、嵌入式技术和 PC 云端管理软件的云端设备资源组网接入方法是一种高效的接入方法。基于 ZigBee 技术的 *XYZ* 三轴绘画平台和 D3810－1 型平面电解刻印机床资源 PC 接入框架如图 4.34 所示。

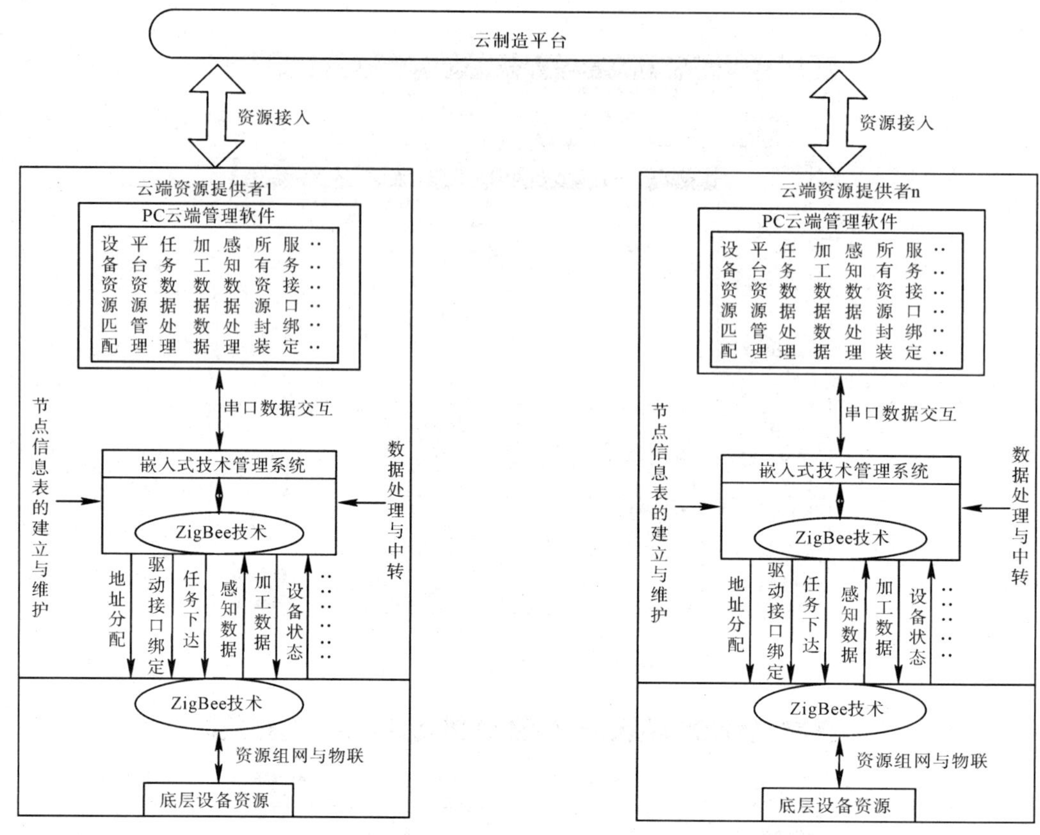


图 4.34　云资源 PC 接入结构图

首先，*XYZ* 三轴绘画平台和 D3810－1 型平面电解刻印机床在硬件层面上通过 ZigBee 模块和嵌入式管理系统建立连接，用 ZigBee 模块的 16 位网络节点地址作为它们的身份 ID 代表。

其次，嵌入式管理系统按照控制通信协议，通过 ZigBee 模块对已经进行 ID 绑定的 *XYZ* 三轴绘画平台和 D3810－1 型平面电解刻印机床进行远程控制来完成指定任务的加工，并且建立资源节点信息表，实时反馈和监控设备的运行情况。

最后，为了完成 *XYZ* 三轴绘画平台和 D3810－1 型平面电解刻印机床的云端接入，在软件层面上开发了 PC 云端管理软件。PC 云端管理软件通过嵌入式管理系统对 *XYZ* 三轴绘画平台和 D3810－1 型平面电解刻印机床的不同功能组件连接起来，从而实现接口和服务的动态绑定，同时根据嵌入式管理系统反馈回来的设备信息，对的资源的使用情况进行全方位监。根据前文云端资源封装的方法对这两台设备进行封装，包括设备的驱动接口封装，加工能力和加工精度等封装等。最后 PC 云端管理软件将这些封装好的资源数据入库后，统一将其聚集在云服务平台，由云制造服务平台对这些封装资源进行异构融合和远程调用。

通过实验，云服务平台可以很方便快捷的调用 *XYZ* 三轴绘画平台和 D3810－1 型平面电解刻印机床进行指定任务的加工，如本章的图 4.19 上面的圆圈和图 4.15 上面的加工轴承所示，都是通过 PC 云端管理软件和嵌入式管理系统远程调用 *XYZ* 三轴绘画平台和 D3810－1 型平面电解刻印机床进行加工的结果。

# 第 5 章

# 云制造的服务解析及服务匹配技术

## 5.1 引　　言

云制造中，客户需求贯穿整个制造服务周期，客户服务需求解析是资源调度的前提，解析结果好坏不仅关系到客户的满意度，同时关系到云制造资源调度中资源队列、资源均衡等问题。本章围绕云制造多粒度、多尺度等特点，深入阐述了客户服务需求解析技术以及涉及的一些关键技术：资源本体库的构建、映射算法的设计、推理模块设计以及资源调度技术等，最后阐述了一种资源调度算法并通过实验对比分析了该算法的性能。

## 5.2 云制造资源类型

云资源的语义描述应具有以下三点要求：

(1) 关联性。云制造资源应具有语义信息和领域知识含义，满足资源搜索、匹配、调度、异构资源间的重构与融合等要求。

(2) 唯一性。同类资源的语义描述唯一，有且仅有一个描述。

(3) 一致性。新加入资源能够准确的描述，并且与现有资源描述不冲突。

云制造资源的描述需要很强的逻辑推理能力和信息表达能力，采用网络本体语言(Web Ontology Language - OWL)描述云制造资源本体框架，Web Ontology Language 是语义互联网中 W3C 推荐的本体描述语言标准，以资源建模框架标准(RDFS，具有很强的信息表达能力和逻辑推理能力)构建云制造概念模型框架，在服务过程中采用描述逻辑(DescriPtion Logic DL)进行的逻辑关系推理和表达，形象化的将无序资源数据转变为云制造平台“理解”的有序知识。

### 5.2.1 云制造资源本体框架

制造资源本体是对制造资源知识的形式化描述，包括制造资源的相关概念及彼此之间的关系。根据云制造资源的分类及特点，给出云资源基本描述模型框架($P$、$C$、$T$)，$P$ 为资源的属性，包括云资源名称、功能、性能、组成部分等信息；$C_t$ 为该资源的生产成本；$T$ 为制造资源完成任务的约定时间。如图 5.1 所示为云制造资源本体框架。

(1) 定义云制造资源类之间的关系。主要为聚合关系，与本体体系中的 Object Property 相对应。

(2) 定义云制造资源属性。包括资源的名称、功能、值以及其他。与本体系中的 Date-

type Property 相对应。

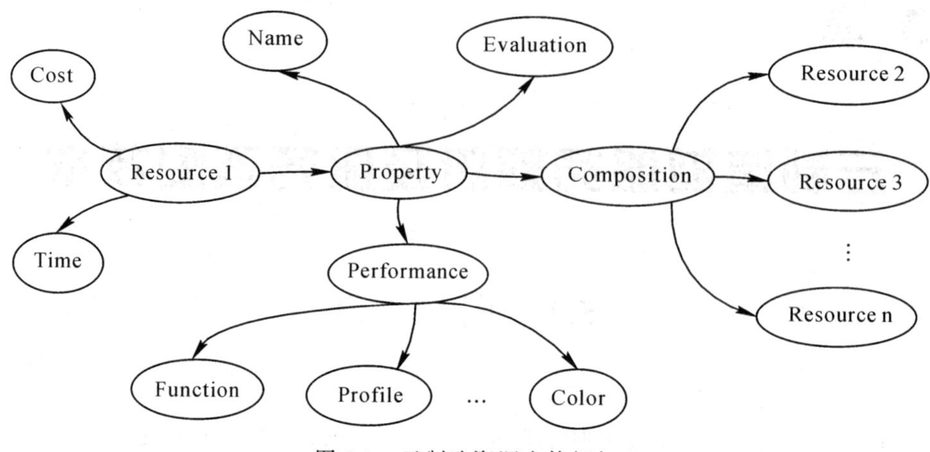


图 5.1　云制造资源本体框架

### 5.2.2　基于语义的资源本体库

一个本体中的大部分元素是与类(Class)、属性(Property)等以及这些实例间的关系有关的，相关内容如下：

(1) owl:Class。

owl:Class 类似于面向对象编程语言中一个类的表示，用来定义一个类，对应于一个类型或类别的通用概念。owl:Class 从面向对象上表示了所有类的集合。几乎所有的事物都可以用 owl 的类表达，包括具体或抽象的事物(如：数据库、Web 页面、文档类型、人员或其他抽象概念)。

(2) owl:Property。

owl:Property 具有描述特性，主要描述资源的某个方面、特性或关系的属性，为 owl 资源的子集。owl 模式在面向应用中定义的所有属性都是属性 owl:Property 的实例。

(3) rdfs:Resource。

所有的 RDF 形式化模型被抽象为“资源”，由 Resource 来表示。在应用领域定义的 RDF 模式的类和属性就是 rdfs:Resource 两个子类资源的实例。

(4) rdfs:subClassOf。

rdfs:subClassOf 定义了类之间的子类和超类的关系，其属性具备可传递性，父类包含子类的属性，子类继承父类的定义，故子类的实例资源也就自动地成为该父类所有超类的实例(这就是说：如果类 $B$ 是类 $A$ 的父类，而同时类 $B$ 又是类 $C$ 的子类，那么类 $A$ 也就隐含属于类 $C$ 的子类。因此，如果一个资源是类 $A$ 的实例，它同时也属于类 $C$ 的实例，因为类 $A$ 同时是类 $B$ 和类 $C$ 的子类)。仅有 rdfs:Class 的实例才具有 rdfs: subClassOf 属性，该属性的值的 rdf:type 属性值是 rdfs:Class。不允许任何类的 rdfs:subClassOf 属性值是其本身或它的某个子类，因为在 RDF 中，一个类不能被声明为它自己的子类或任何它的子类的子类。

(5) rdfs:subPropertyOf。

rdfs:subPropertyOf 定义属性的派生层次结构，是属性 rdf:Property 的一个实例，用来规定一个属性属于另一个的专门化。和 rdfs:subClassOf 类似，一个属性不能被声明为它自己的子属性或任何它的子属性的子属性。

在上述基础上结合云制造的特点，以 LED 面板为例，通过语义 Web 的 OWL 和 RDF(S)可以如下定义典型的类及其属性，用来描述和推理客户提出的制造服务需求有以下几点：

(1) 名称类。

```
< owl : Class rdf : ID = "产品"/ >
< owl : Restriction >
< owl : onProperty rdf : resource = "# 名称"/ >
< owl : cardinality > 1 < / owl : cardinality >
< / owl : Restricton/ >
< owl : Restriction >
< owl : onProperty rdf : resource = "# 数值"/ >
< owl : cardinality > 1 < / owl : cardinality >
</owl : Restricton/ >
……
< / owl : Class >
```

此段描述的语义是一个产品的语义描述必须有一个名称并且有相对应的取值。

(2) LED 类。

```
< owl : Class rdf : ID = "LED"/ >
< rdfs :subClassOf rdf :resource = "# 产品"/ >
< owl : Object Property rdf : ID = "属性">
< rdfs : domain rdf : resource = "# LED"/ >
< rdfs : range rdf : resource = "# LED 板尺寸"/ >
< / owl : Object Property >
< owl : Object Property rdf : ID = "外形">
< rdfs : domain rdf : resource = "# LED"/ >
< rdfs : range rdf : resource = "# 尺寸"/ >
< / owl : Object Property >
< owl : Object Property rdf : ID = "功能">
< rdfs : domain rdf :resource = "# LED"/ >
< rdfs : range rdf : resource = "#尺寸"/ >
< / owl : Object Property >
……
< / owl : Class >
```

此段描述的语义为一个 LED 面板继承了一个 LED 产品的所有属性，此外还具备了尺寸这一关系属性。同时又对关系属性(尺寸)作了限制：只能应用于 LED 面板领域，且限定取值变化只能在额定范围内。

(3) 属性类。

```
< owl : DatatypeProperty rdf : ID = "单位属性">
< rdfs : domain rdf : resource = "# 孔径属性"/ >
< rdfs : range rdf : resource = "xsd # string"/ >
< / owl : DatatypeProperty >
```

```
< owl : DatatypeProperty rdf : ID = "数值属性">
< rdfs : domain rdf : resource = "# 孔径属性"/ >
< rdfs : range rdf : resource = "xsd # decimal"/ >
< / owl : DatatypeProperty >
```

此段描述的语义为一个LED板孔径具备单位和数值两个属性，并且限制一块LED面板孔径最多有一个单位和一个数值。同时描述了字符串型的数据属性单位和数值型的数值。

（4）外形类。

```
< owl : Class rdf : ID = "外形"/ >
< rdfs : subClassOf rdf : resource = "# LED"/ >
<owl : oneOf rdf : parseType="外形">
<owl : Thing rdf : about="三层板"/>
<owl : Thing rdf : about="颜色"/>
<owl : Thing rdf : about="线宽"/>
……
</owl : oneOf>
< / owl : Class >
```

此段描述的语义为一个LED板的所有属性全部继承给了外形的需求。

目前常用构建云制造资源本体库的工具有protégé、OntoEdit、WEODE、KAON等，其中protégé软件由斯坦福大学开发，基于Java语言和开放源代码的本体编辑软件，提供大量的知识模型架构用于操纵、创建、可视化各种表现形式的本体，同时支持插件和基于JAVA的API扩展，基于protégé软件构建客户需求参数本体域，构建的PCB面板本体如图5.2所示。

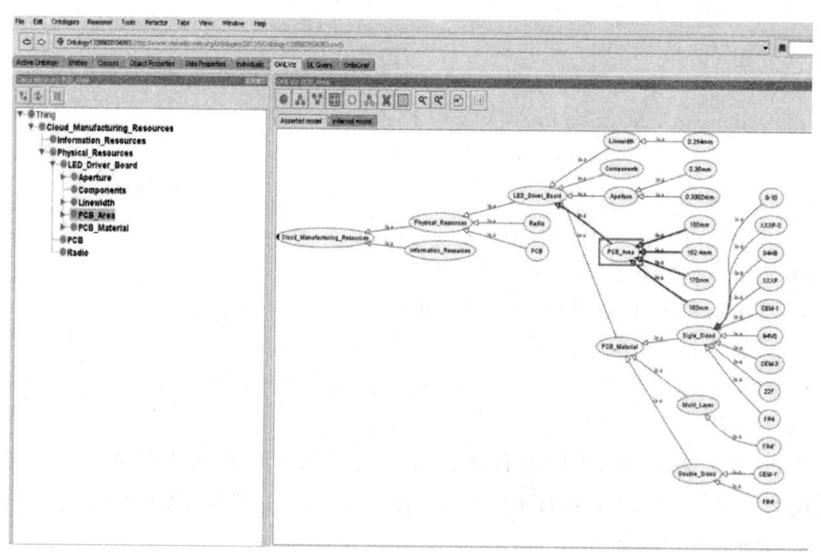


图 5.2 资源本体库

### 5.2.3 资源本体库映射

在云制造中，由于云资源的特点，在构建资源本体库时需要进行资源本体映射。本体映射是指在两个本体的概念语义基本相同，为避免重复描述，在局部本体与领域本体之间构建本体映射模型。通常采用本体相似度算法，将最大相似度值的资源概念构成本体映射。本书采用一种针对从本体数据库抽取出来的本体之间进行相似度计算的方法完成映射。

该算法按照资源本体库的类、属性、实例分别进行计算。找到资源对应概念中相似度值最大的，而且大于设定的类、属性、实例的阀值，并保存结果，计算方法如下。

（1）类相似度计算公式如下：

$$S=\alpha * S_1+(1-\alpha) *\left(\beta * \sum_{i=1}^{n_1} n_1 * \frac{S_2}{n}+(1-\beta) * \sum_{i=1}^{n_2} n_2 * \frac{S_3}{n}\right) \tag{5.1}$$

$$S_1=\frac{\theta * d_{\min}}{d_{\max}}+(1-\theta) * S_{ed}(N_A, N_B)$$

$$S_2=\gamma * S_c+(1-\gamma) * S_{ed}(N_A, N_B)$$

$$S_3=S_{ed}(N_A, N_B)$$

$$S_{ed}(N_A, N_B)=1-\frac{d(N_A, N_B)}{\max(\text{length}(N_A), \text{length}(N_B))} \tag{5.2}$$

其中 $\alpha, \beta, \theta, \gamma$ 为 0～1 之间的一个权重校正参数，可以依据计算结果对其进行调整以达到期望的运算结果。

$S$ 为相似度计算结果，$n$ 为类 $A$ 的属性个数，$n_1$ 为类 $A$ 的 Objectproperty 属性个数，$n_2$ 为类 $A$ 的 Dataproperty 属性个数。$S_1$ 为根据类图中对应类的相似度($d_{\min}$，$d_{\max}$)和类名称编辑距离所计算出的相似度，$S_2$ 为由某一个 Objectproperty 属性计算得到相似度，$S_c$ 为对应的 Objectproperty 属性的值域类的相似度和 Objectproperty 名称编辑距离所计算出的相似度，$S_3$ 为 Dataproperty 名称编辑距离所计算出的相似度，$S_{ed}(N_A, N_B)$为根据两个字符串 $N_A$ 和 $N_B$ 的编辑距离计算出来的相似度。$d(N_A, N_B)$为两个字符串 $N_A$ 和 $N_B$ 之间的编辑距离。length 为字符串长度函数。

（2）属性相似度计算公式如下：

对于 Objectproperty 属性，计算公式如下：

$$S=\alpha * S_d+\beta * S_r+(1-\alpha-\beta) * S_{ed}(N_A, N_B) \tag{5.3}$$

$S_d$ 为定义域类 domainCls 的相似度，$S_r$ 为值域类 rangeCls 的相似度，其中 $\alpha, \beta$ 为 0～1之间的一个权重校正参数。

对于 Dataproperty 属性，计算公式如下：

$$S=\alpha * S_d+(1-\alpha) * S_{ed}(N_A, N_B) \tag{5.4}$$

$S_d$ 为定义域类 domainCls 的相似度，其中 α 为 0～1 之间的一个权重校正参数。

（3）实例相似度计算公式如下：

$$S=S_c *\left(\alpha * \sum_{i=1}^{n1} n_1 * \frac{S_1}{n}+(1-\alpha) * \sum_{i=1}^{n2} n_2 * \frac{S_2}{n}\right. \tag{5.5}$$

$$S_1=\gamma * S_c+(1-\gamma) * S_{ed}(N_A, N_B)$$

$$S_2=S_{ed}(N_A, N_B)$$

$S_c$ 为类的相似度，其中 $\alpha$ 为 0～1 之间的一个权重校正参数。$n$ 为类的属性个数，$n_1$

为类的 Objectproperty 属性个数，$n_2$ 为类的 Dataproperty 属性个数。

在相似度计算过程中，任意两个类、属性、实例之间都会有一个计算出的相似度值（0～1之间），选择其中具有最大相似度的那个概念，在这两个概念之间构建本体映射，假如领域专家认为计算结果与期望相差较大，可以进行编辑，然后由系统进行迭代计算直至达到期望目标。由于算法的特点，也具备计算中英文概念之间的相似度的能力。图 5.3 为云制造资源本体库构建示意图，相关领域专家通过 protégé 软件构建资源本体库，通过资源语义描述和本体映射算法维护和更新资源本体库，用户通过信息系统可查询相关资源本体库。

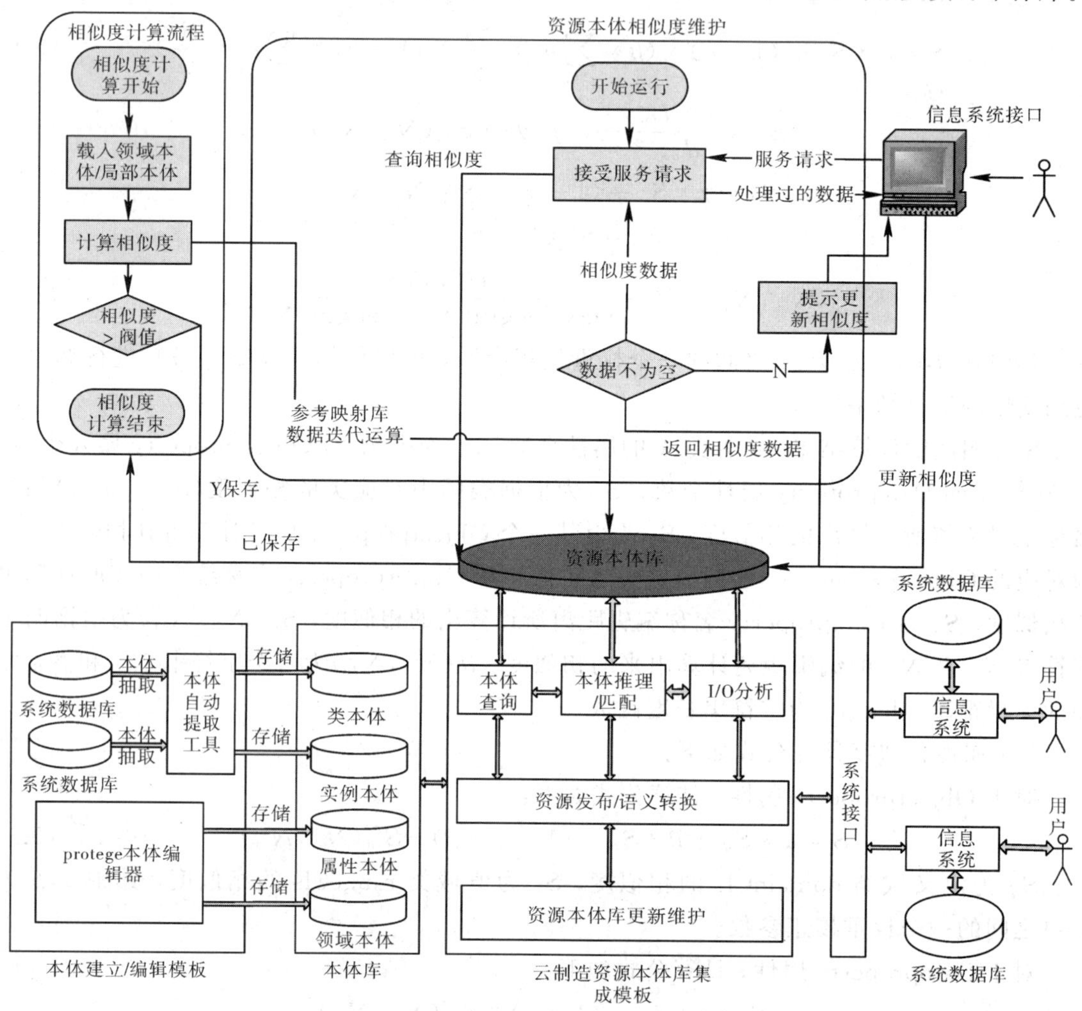


图 5.3　云制造资源本体库构建示意图

## 5.3　基于 Jean 推理机的客户需求分析解析

### 5.3.1　常见推理机

推理机是专家系统中能够进行知识推理的部件，是知识系统中不可缺少的一部分。目前比较常见的推理机有四种，分别是 Racer、Pellet、Jean、Fact＋＋，如图 5.4 所示。其中 Jean 是面对语义 web 的应用开发包，包含内容全面，拥有外接其他推理机的 DIG 接口，有较高的推理效率，且属于开源软件，适合二次开发，在这里我们主要采用 Jean 推理机。

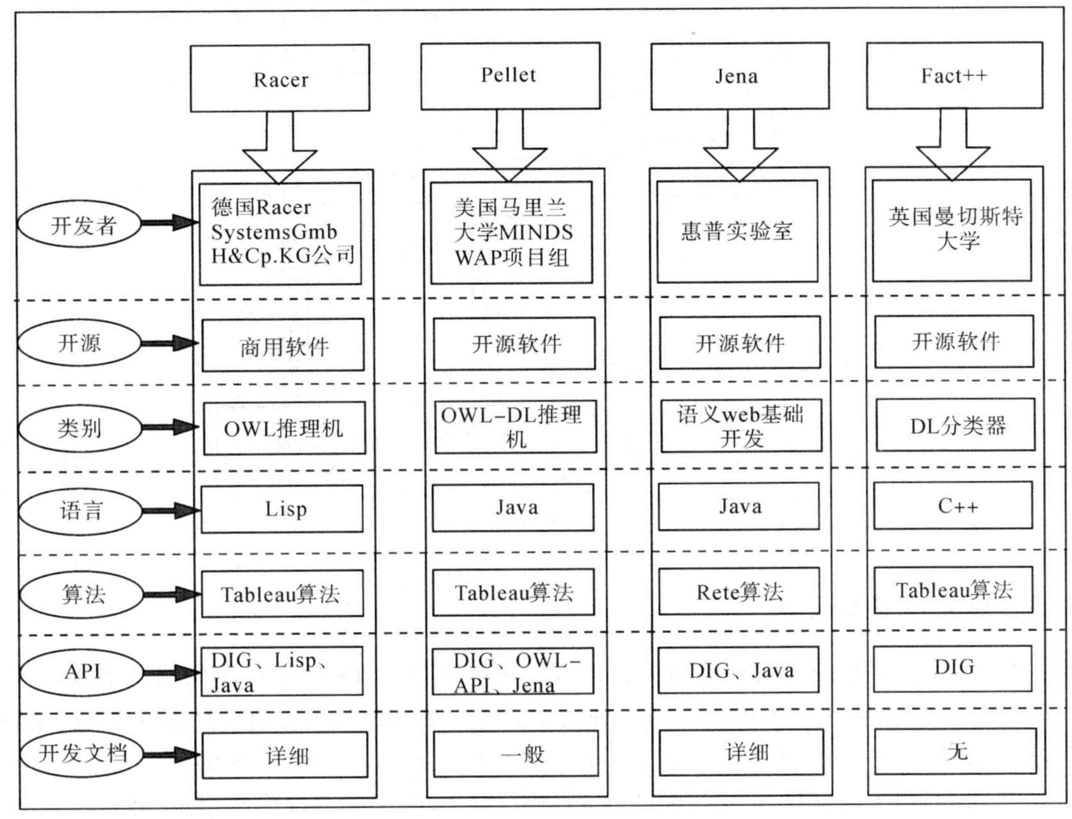


图 5.4　四种推理机的比较

### 5.3.2　Jean 推理机

Jean 是由 HP Labs 基于 Java 开发并开放源代码的语义 web 工具包，为 owl 本体提供语义解析和推理，其推理机制如图 5.5 所示，所有应用的推理机制都是通过 ModelFactory 获得的，同时为该应用的 Reasoner 建立新 Model，查询这个新 Model 不仅返回那些由 reasoner执行的使用规则和其他推理机制得来的描述信息，还将返回在原始数据中出现的描述。InfGraph 是推理机的核心部分，Ont/Model API 是推理机的外设接口，可使领域专家便于更新和完善领域本体库。Graph－baseassertions 和 Reasoner 在推理结构中是绑定的数据，而 Graph－ontologydefinitions 指的是和 Reasoner 一起绑定的数据结构的约束。Reasoner Registry 是一个静态类。针对云制造客户服务需求的特点可给出以下两种推理：

（1）云制造资源类推理。主要推理云制造资源之间类的传递、等价、包含、不相交等关系以及资源本体的一致性检查。

（2）云制造资源属性推理。云制造资源属性与资源类之间的关系以及资源属性间的传递关系。

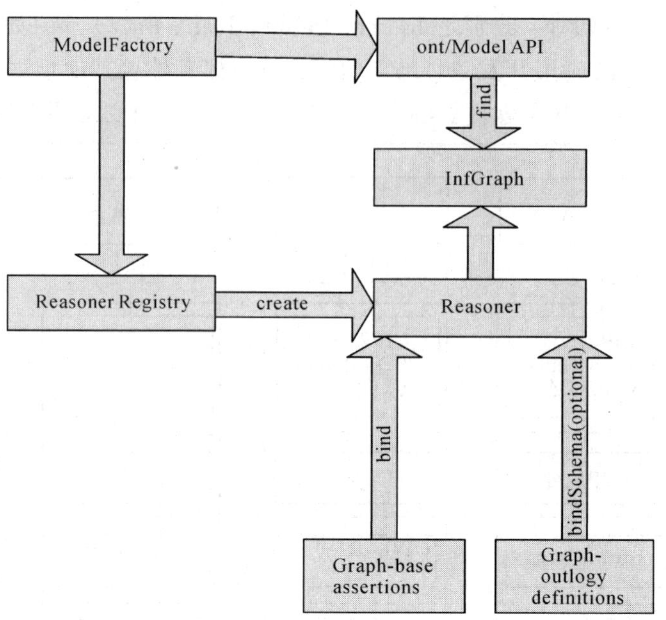


图 5.5　Jean 推理机推理机制

### 5.3.3　推理功能的实现

用户可以使用 Jean 推理机自带的推理规则进行推理，如果针对特定的领域本体，也可以自己编写推理规则来提高推理机的推理效率。每一条推理规则都有主体和头组成，由主体可以推出头。例如规则：(?a owl:hasFather ?b)(?a owl:isFatherOf ?c)->(?c owl:isGrandSonOf ?b)，其中(?a owl:hasFather ?b)(?a owl:isFatherOf ?c)是主体，(?c owl:isGrandSonOf ?b)是头。推理机的基础推理规则如图 5.6 所示。

```
Rule := bare-rule .
          or [bare-rule]
           or [ruleName : bare-rule ]
 bare-rule := term, ..., term -> hterm, ... , hterm
            or term, ..., term <- term, ...., term
hterm := term
          or  [bare-rule ]
 term := (node, node, node)
          or (node, node ,functor)
          or builtin(node, ..., node)
    functor := functorName(node, ..., node)  // 结构化的literal
node := uri-ref                      // 例如, http://foo.com/eg
          or prefix:localname    // e.g. , rdf:type
          or ?varname              // variable变量
          or 'a literal'             // a plain string literal
          or 'lex'^^typeURI     // a typed literal, xsd:* type names supported
          or number                // e.g. 42 or 25.5
```

图 5.6　推理机基础推理规则

根据云制造资源多粒度等特点以及客户需求的特点，按照 Jean Rules 编写如图 5.7 所示的推理规则：

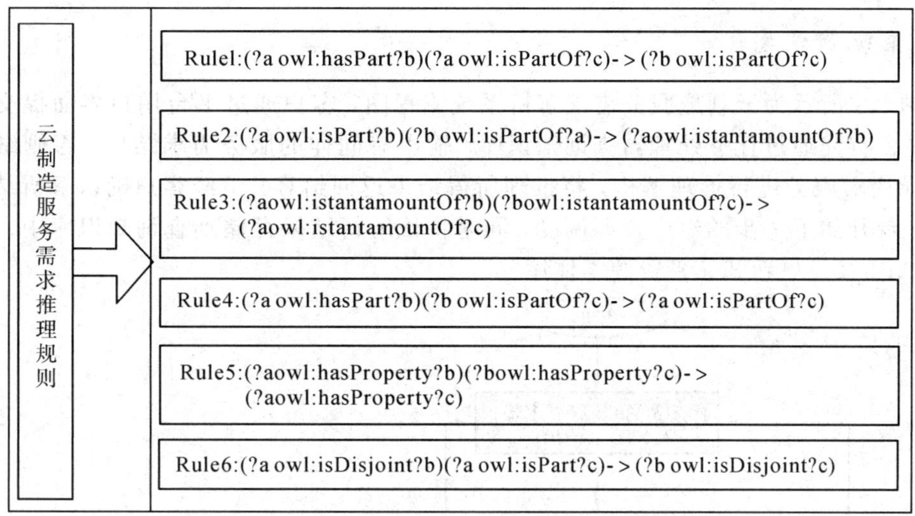


图 5.7　云制造服务需求解析推理规则

将 Rule1 至 Rule6 导入 Jean 推理机，同时将云制造资源库中的概念本体(图 5.8 中的云制造、云资源、属性等概念本体)存储为 Cloud Manufacturing.owl，把实例本体(图5.3中具有推理价值的例子)存储为 Cloud Manufacturing.rdf(此处导入本体为图 5.6 的 LED 驱动板的本体)，相关代码片段如图 5.8 所示。

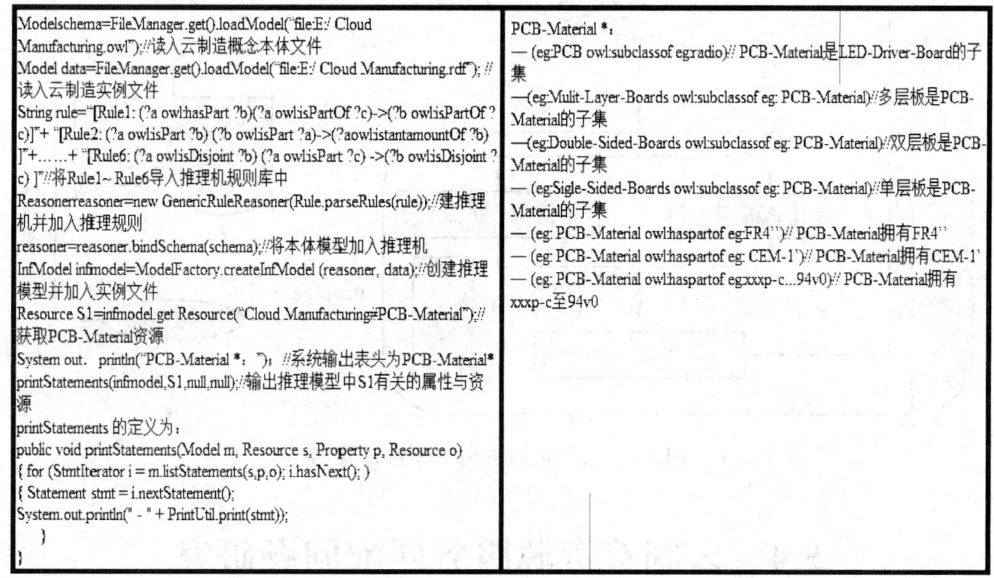

```
Modelschema=FileManager.get().loadModel("file:E:/ Cloud
Manufacturing.owl");//读入云制造概念本体文件
Model data=FileManager.get().loadModel("file:E:/ Cloud Manufacturing.rdf"); //
读入云制造实例文件
String rule="[Rule1: (?a owl:hasPart ?b)(?a owl:isPartOf ?c)->(?b owl:isPartOf ?
c)]"+ "[Rule2: (?a owl:isPart ?b) (?b owl:isPart ?a)->(?aowl:istantamountOf ?b)
]"+……+ "[Rule6: (?a owl:isDisjoint ?b) (?a owl:isPart ?c) ->(?b owl:isDisjoint ?
c) ]"//将Rule1~ Rule6导入推理机规则库中
Reasonerreasoner=new GenericRuleReasoner(Rule.parseRules(rule));//建推理
机并加入推理规则
reasoner=reasoner.bindSchema(schema);//将本体模型加入推理机
InfModel infmodel=ModelFactory.createInfModel (reasoner, data);//创建推理
模型并加入实例文件
Resource S1=infmodel.get Resource("Cloud Manufacturing#PCB-Material");//
获取PCB-Material资源
System out.  println("PCB-Material *: ");  //系统输出表头为PCB-Material*
printStatements(infmodel,S1,null,null);//输出推理模型中S1有关的属性与资
源
printStatements 的定义为:
public void printStatements(Model m, Resource s, Property p, Resource o)
{ for (StmtIterator i = m.listStatements(s,p,o); i.hasNext(); )
{ Statement stmt = i.nextStatement();
System.out.println(" - " + PrintUtil.print(stmt));
    }
}
```

```
PCB-Material *:
— (eg:PCB owl:subclassof eg:radio)// PCB-Material是LED-Driver-Board的子
集
—(eg:Mulit-Layer-Boards owl:subclassof eg: PCB-Material)//多层板是PCB-
Material的子集
—(eg:Double-Sided-Boards owl:subclassof eg: PCB-Material)//双层板是PCB-
Material的子集
— (eg:Sigle-Sided-Boards owl:subclassof eg: PCB-Material)//单层板是PCB-
Material的子集
— (eg: PCB-Material owl:haspartof eg:FR4'')// PCB-Material拥有FR4''
— (eg: PCB-Material owl:haspartof eg: CEM-1')// PCB-Material拥有CEM-1'
— (eg: PCB-Material owl:haspartof eg:xxxp-c...94v0)// PCB-Material拥有
xxxp-c至94v0
```

图 5.8　推理代码相关片段

Rule1 表示云制造资源间的属于关系；Rule2 和 Rule3 表示同类资源间的等价推理关系；Rule4 表示云资源之间的继承和传递关系；/Rule5 表示云资源属性的传递关系；Rule6 表示资源之间的类属关系。

由输出可知：1. PCB－Material 的子类资源全部被输出；2. PCB－Material 隐藏属性经

推理传递为 PCB 的属性。

### 5.3.4 系统流程图

如图 5.9 所示为云制造服务需求解析系统流程图，客户通过平台用户界面提交服务需求，云平台首先通过任务处理器查询知识库，输出有同样的服务需求结果，否则继续通过推理机模块对服务进行推理解析，将推理所得结果返回给客户，经客户确认解析结果无误后，云平台开始下一步的生产资源调度，同时将该解析结果存储到查询知识库中。领域专家通过 API 接口更新和完善资源本体库。

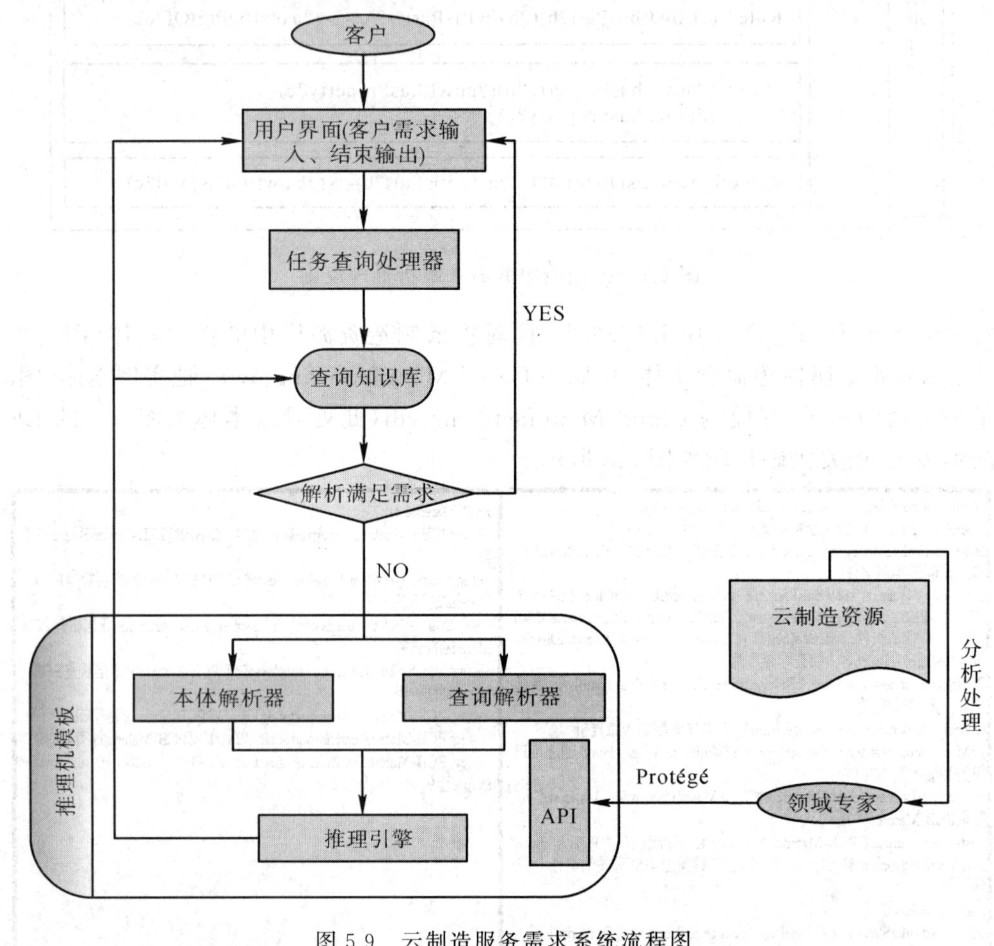


图 5.9　云制造服务需求系统流程图

## 5.4 云制造资源服务匹配问题研究

### 5.4.1 云制造资源服务匹配相关问题

云制造是一种新型网络化制造模式，在制造网格基础上，把实现制造服务资源的共享及异地协同制造作为目的，同时其继承了网络化制造所具有的基本特点，例如快速响应、制造资源共享以及协同设计制造等，此外也继承了云计算低成本与规模化等基本特征。由于制造资源具有异地、异构等分布式的特点，云消费者提交任务需求后，需要经过资源的服务匹配来满足不同的要求。

云制造中，资源服务匹配具有高复杂性、周期长及高可靠性等特征，所以有必要研究适合于云制造的资源服务匹配方式。由于云制造的按需服务的特征，针对服务需求者的任务需求，云制造系统需要为用户匹配到最佳的资源或资源组合，因此我们选择支持资源服务匹配的高效的资源优化选择算法为研究对象。

根据服务需求者对服务资源的不同需求，将匹配的服务资源分为单个资源和聚合资源，并分别在这两种情况下设计了服务匹配算法。对于单个资源，设计了服务等级匹配算法，根据服务需求者要求的服务等级，采用不同的匹配方式，获得最佳的服务资源提供给用户；对于聚合资源，采用改进的遗传算法，选择多个资源的一个最佳组合，满足服务需求者的任务要求。

### 5.4.2　单资源服务等级匹配算法

对于大多数的云制造资源服务提供商，制造服务产品是云资源提供商向服务需求者提供服务的表现形式，通过形式化数学语言来对这些产品的一些规格参数进行描述，建立数学模型，根据服务匹配等级算法，找出满足服务需求者所需资源的最优解。

**1. 可参数化服务问题数学模型的建立**

在云制造中，通过确定一个标准的服务描述方式来对此类服务资源进行定性化的描述，从而建立服务描述结构的数学模型。

**定义 5.1**　服务的描述。服务是由云资源提供商所提供，云制造服务提供商向系统提交注册信息的统一规范描述，描述的形式可以表示为：

$$S=\{\text{id},\text{provider},\text{parameters},\text{creditgrade},\text{relations}\} \tag{5.6}$$

其中，id 表示服务类型的编号，由云服务提供商所提供，它是服务匹配算法的基础标准。

provider 为云服务提供商的信息描述，其由以下五个元素组成表示：

$$\text{provider}=\{\text{id},\text{name},\text{address},\text{telephone},\text{description}\} \tag{5.7}$$

provider 中的这几个元素分别是云服务提供商的 ID、提供商名称、所在地点、提供的联系方式及其相关的信息描述。

parameters 表示服务的参数化描述，由三个元素表示组成：

$$\text{parameters}=\{x_i,a_i,b_i \mid i=1,2,3\cdots,n\} \tag{5.8}$$

其中 $x_i,a_i,b_i$ 分别表示 $x_i$ 参数的参数名、参数下限和参数上限。

creditgrade 此参数集将会直接影响服务参数的匹配度值，它表示服务需求者对制造服务质量反馈回来的结果，从而影响了该云服务提供商加入云制造系统。促进服务提供商提高制造服务质量，其组成元素可以表示为

$$\text{creditgrade}=\{x_i,\text{cg}_i \mid i=1,\ 2,\ 3,\ \cdots,\ n\} \tag{5.9}$$

其中 $x_i,\text{cg}_i$ 分别表示 $x_i$ 参数的参数名和信誉等级($\text{cg}_i\in[1,2,3,4,5]$)。

relations 表示各参数之间存在着相互制约等关系，该参数定义了各参数之间的相互制约及相互联系的函数，是一个 $n\times n$ 的矩阵：

$$relations = \begin{bmatrix} g_{11} & g_{12} & \cdots & g_{1n} \\ g_{21} & g_{22} & \cdots & g_{2n} \\ \vdots & \vdots & \ddots & \vdots \\ g_{n1} & g_{n2} & \cdots & g_{nn} \end{bmatrix} \tag{5.10}$$

$$g_{ij} = \begin{cases} 1 & (i = j) \\ g(x_i, x_j) & (i \neq j) \end{cases} \quad i, j \in [1, 2, \cdots, n] \tag{5.11}$$

其中 $g(x_i,x_j)$ 表示 $x_i$ 在 $x_j$ 的约束影响下的函数。

**定义 5.2** 服务的任务请求表示服务需求者向云制造系统提交的任务需求的相关信息，云制造系统按照该服务需求的任务描述来搜索查找相应的云制造服务提供商，通过云制造服务匹配的算法从云服务提供商中找出最优解决方案的服务资源。其表达形式如下：

$$R = \{r.\text{id}, r, \text{sender}, r.\text{grader}, r.\text{parameters}\} \tag{5.12}$$

其中 $r$.id 表示服务需求者提供请求的服务类型的编号；

$r$.sender 为提供服务请求的服务需求者的信息描述，由五个元素组成：

$$r.\text{sender} = \{\text{rs.id}, \text{rs.name}, \text{rs.address}, \text{rs.telephone}, \text{rs.description}\} \tag{5.13}$$

这几个元素分别表示服务需求者的注册 ID、名称、地址、联系方式及相关的描述。

$r$.grade 表示云服务需求者所要求的制造资源服务匹配的精度等级。

$$r.\text{grade} = \begin{cases} 1 & \text{甲级匹配} \\ 2 & \text{乙级匹配} \\ 3 & \text{丙级匹配} \end{cases} \tag{5.14}$$

$r$.parameters 表示服务请求资源的参数化描述，由五个元素构成：

$$r.\text{parameters} = \{x_i, c_i, d_i, e_i, p_i \mid i = 1, 2, 3, \cdots, n\} \tag{5.15}$$

其中 $x_i,c_i,d_i,e_i,p_i$ 分别表示 $x_i$ 参数的参数名、可接受参数下限和上限、服务参数的期望值($e_i \in [c_i,d_i]$)以及其优先考虑等级。

根据以上的几个定义，可得出如下的两个相关推论：

**推论 1**：参数化的服务等级匹配方式是采取一种特定的服务匹配算法，同时设计出某种一定的服务匹配准则，按照云资源服务需求者所提供的服务请求，查找搜索注册服务资源，从其中选出最佳的云服务提供商作为最终的解决方案。

**推论 2**：资源服务匹配的等级即是按照云资源服务需求者要求的服务等级，应用甲、乙或者丙级的服务匹配方式来满足用户需求，从而使云服务提供者的资源属性 $S$ 满足云服务需求者所提交的资源服务请求 $R$。

云制造系统中拥有了大量标准规范的云制造资源服务，对于某服务需求者向云制造系统发出的服务请求，搜寻相应类型的服务提供商，云制造系统则可以根据服务匹配算法向服务需求者提交最佳的虚拟资源解决方案。

**2. 资源服务等级匹配算法的实现**

按照以上对服务以及服务请求的定义，云制造资源服务匹配的过程即是从服务 $S$ 中找出满足 $R$ 的要求，同时满足最佳的资源服务匹配要求的云服务提供商。我们给出了一种等级服务资源匹配算法来完成实现这一过程。

步骤 1，从云制造系统服务平台中查找搜索出服务需求者所需的服务资源类型，即满足 $R.r.\text{id}=S.\text{id}$ 得到初步满足的服务集合 $S_R \in \{S_1, S_2, \cdots, S_m\}, m>1$。

步骤 2，提取出资源服务匹配的等级要求 $R.r.\text{grade}$，同时将 $R$ 和 $S_R$ 中的服务参数的元素进行排序。

步骤 3，参数的初始化，$k=1(1\leqslant k\leqslant m)$，$i=1(1\leqslant i\leqslant n)$，设 $\text{cp}_k$ 为 $S_k$ 的匹配度值 $0<\text{cp}_k\leqslant 1$，$\text{cp}_{x_i}$ 为参数 $x_i$ 的匹配度值 $0<\text{cp}_{x_i}\leqslant 1$。

步骤 4，从 $S_R$ 中提取 $S_k$。

步骤 5，$R.r.\text{parameters}.x_i$ 与 $S_k.\text{paraneters}.x_i$ 的匹配度值的计算法则如下：

(1) 若 $R.r.\text{grade}=1$，则属于云消费者的较高精度的服务匹配要求，其期望值 $e_i$ 在 $[a_i,b_i]$ 的变化将对资源服务匹配度的值有比较大的影响，其接近 $[a_i,b_i]$ 中心 $\text{cp}_{x_i}$ 的值越大，偏离于区间的中心 $\text{cp}_{x_i}$ 的值就越小。同时按照指数函数的相关特点，我们构造了如下算式来计算匹配度：

$$\text{cp}_{x_i}=\frac{1}{\mathrm{e}^{|e_i-(a_i+b_i)/2|}} \tag{5.16}$$

搜索关系矩阵 relations 中，更变制约关系所影响到参数的取值范围，进行如下的计算：

$For(h=i+1,h\leqslant n,h++)$

{

$S_k.\text{parameters}.a_h=S_k.\text{parameters}.b_h=f(x_h,e_i)$

}

(2) 若 $R.r.\text{grade}=2$，则属云消费者一般精度匹配的要求，$e_i\in[a_i,b_i]$ 就可看做是完全的满足要求的匹配 $\text{cp}_{x_i}=1$，否则使用式(5.16)来计算。综合以上情况我们可以得出以下的计算公式：

$$\text{cp}_{x_i}=\begin{cases}1 & e_i\in[a_i,b_i]\\ \dfrac{1}{\mathrm{e}^{|e_i-(a_i+b_i)/2|}} & \text{其他}\end{cases} \tag{5.17}$$

(3) 若 $R.r.\text{grade}=3$，则属云消费者的低精度的匹配要求，此种情况则只需要计算区间 $[a_i,b_i]$ 与 $[c_i,d_i]$ 的重合度，因此构造了如下公式来进行计算：

$$\text{cp}_{x_i}=\sqrt{\left|\frac{\min(b_i,d_i)-\max(a_i,c_i)}{\max(b_i,d_i)-\min(a_i,c_i)}\right|} \tag{5.18}$$

步骤 6，若 $i<n$，则 $i=i+1$，转步骤 5，否则应用重心法平均每一参数的匹配度值，从而得出 $S_k$ 和 $R$ 的匹配值 $\text{cp}_k$ 并进行下一步工作。

$$\text{cp}_k=\frac{\sum_{i=1}^{n}\text{cp}_k\cdot r.\text{parameters}.p_i\cdot \text{creditGrade.cg}_i}{\sum_{i=1}^{n}r.\text{parameters}.p_i\cdot \text{creditGrade.cg}_i} \tag{5.19}$$

步骤 7，若 $k<m$，则 $k=k+1$，$i=1$ 转 Step4，否则求出匹配度最大值，确定最佳服务 $S_V$。$\text{cp}_k=\max(\text{cp}_1,\text{cp}_2,\cdots,\text{cp}_k,\cdots,\text{cp}_m)$，则 $S_V$ 即是最优的服务匹配方式。

**3. 实验数据分析**

我们以一种机加工产品的机床床身的资源服务匹配选择为例来说明演示算法过程，为简单、不考虑各参数之间的相互约束关系。假设服务需求者的匹配等级要求是乙级，云服务需求者的服务请求参数的描述如表5.1所示，通过资源服务类型的搜索查找所获得的云服务提供者的集合可以表示为 $S_R=\{S_1,S_2,S_3\}$，如表5.2所示。

**表5.1　云资源服务需求者CSC服务请求的参数**

| 参数 | 名称 | $[c_i, d_i]$ | $c_i$ | $p_i$ |
|---|---|---|---|---|
| $x_1$ | 精度等级 | [7,8] | 7 | 3 |
| $x_2$ | 制造成本 | [11,12] | 11 | 2 |
| $x_3$ | 机床长度 | [8,10] | 8 | 1 |
| $x_4$ | 机床宽度 | [1.5,2] | 1.5 | 1 |

**表5.2　满足云服务需求者CSC服务请求类型的集合 $S_R$**

| | 服务提供商 $S_1$ | | 服务提供商 $S_2$ | | 服务提供商 $S_3$ | |
|---|---|---|---|---|---|---|
| 参数 | $[a_i, b_i]$ | $cg_i$ | $[a_i, b_i]$ | $vg_i$ | $[a_i, b_i]$ | $cg_i$ |
| $x_1$ | [8,10] | 3 | [7,10] | 5 | [7,10] | 5 |
| $x_2$ | [13,14] | 4 | [12,13] | 3 | [12,13] | 3 |
| $x_3$ | [2,8] | 3 | [2,9] | 4 | [2,9] | 4 |
| $x_4$ | [1,2] | 3 | [1,3] | 3 | [1,3] | 3 |

根据式(5.17)和式(5.19)可以分别计算得出：

$$\text{comp}_1=\frac{e^{-2}\times3\times3+e^{-2.5}\times2\times4+e^{-5}\times1\times3+1\times1\times3}{3\times3+2\times4+1\times3+1\times3}=0.21$$

$$\text{comp}_2=\frac{1\times3\times5+1\times2\times4+1\times1\times3+1\times1\times4}{3\times5+2\times4+1\times3+1\times4}=1$$

$$\text{comp}_3=\frac{1\times3\times5+e^{-1.5}\times2\times3+e^{-4.5}\times1\times4+1\times1\times3}{3\times5+2\times3+1\times4+1\times3}=0.69$$

由此可见，$S_2$ 为满足CSC服务请求的最佳匹配服务提供商。

### 5.4.3　聚合资源服务匹配算法

在云制造资源服务匹配过程中，有时CSP提供的单个资源无法满足CSC的任务需求，需要多个同类型或不同类型的资源组成聚合资源为用户提供服务，对于此类服务匹配问题，在传统遗传算法的基础上，从改进应用于云制造资源的服务匹配问题中，找出满足服务需求者任务需求的最佳组合。

**1. 遗传算法简介**

遗传算法是美国的Holland在受到生物进化论的影响下于1975年提出的。该算法最初是利用了进化生物学中的遗传和突变、自然选择与杂交等一些过程现象而发展的。

遗传算法实现的一般方式是一种计算机模拟的过程，对于最优化等的相关数学问题，若干个可选解的抽象表示(染色体)种群向着更好的解的方向进化。通常情况下，采用二进制的形式来表示其解。算法运行中进化的过程从完全随机的个体种群开始，然后一代代的进化发生，在每一代中，算法将评价种群的适应度值，从当代种群中随机选择出若干个个体。算法的运行流程图可以表示为图 5.10。

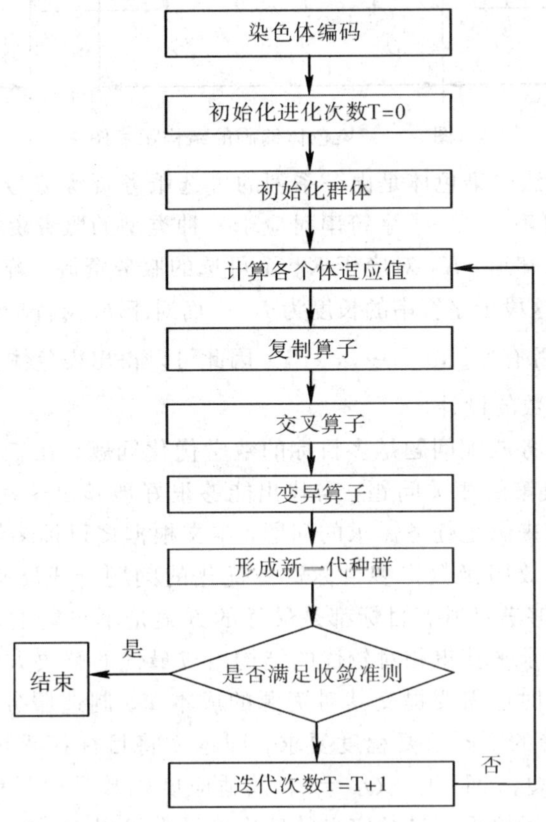


图 5.10　遗传算法流程图

**2. 遗传算法服务匹配问题设计**

云制造资源服务匹配需要确定好每一个处理单元上任务执行的顺序，从而达到合理的分配各资源到不同的处理单元上来满足用户需求的目的，并且使得总任务的执行按云消费者的要求达到最优状态。可以其数学描述进行如下表示：

一制造加工任务有 $n$ 种不同工序，而其每一项工序的完成均需要一种特定的加工资源来工作，另外，此类资源拥有一些不同完工时间以及不同成本与运输路线的可选服务资源；其次，这些可选的服务资源在地理位置上都是分散的，要求每一类别的制造资源在可选的资源中只能选取一个，使整个加工制造任务在平均时间内所消耗的成本最小是资源服务匹配的目的。

在算法的优化过程当中，复制、交叉以及变异算子都可能会直接影响该算法的运行效率及其收敛速度。以下我们将逐步介绍运用遗传算法进行服务资源匹配的具体过程。

(1) 资源的编码。

算法中我们采用了二进制的编码方式，一个资源服务匹配的方案将被编码成为一个对应的染色体元素，对于染色体结构的编码方式设计可以表示为图 5.11 所示。

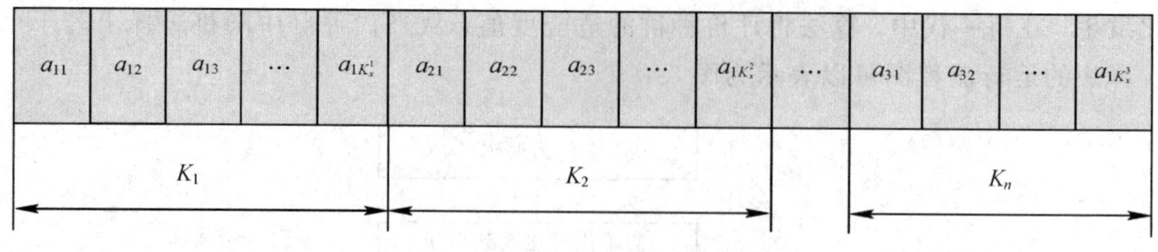


图 5.11　染色体编码的结构示意图

由图我们可知，算法中染色体是由一系列的可选服务资源编号所组成的字符串，其能够划分成为 $n$ 个子字符串，每一子字符串对应于一种类型的服务资源所包含的可选资源的数量与结构。因此可以知道，$K_1$ 对应于 $K_x^1$ 个可选的服务资源，若 $a_{11}$ 被选取，则 $K_1$ 段编码应是 10000…，并且这段子字符串的长度为 $K_x^1$。而对于 $K_2$ 其包含了 $K_x^2$ 个可选的服务资源，对应的可选服务资源有$\{a_{21},a_{22},\cdots,a_{2K_x^2}\}$。因此可以得出染色体长度为 $L=\sum K_A^i$ 。

(2) 算法适应度函数的设计。

云制造中资源的服务匹配问题是多目标的数学优化问题，在工程应用当中，我们经常遇到多设计目标下作决策的相关问题，需找出能够很好地满足这些目标的最优解决方案。对于需要利用聚合资源来满足任务需求的问题，本文根据多目标多约束的优化问题来设计算法进行解决。按照某效用函数将多目标资源优化的问题合成转化为单一目标来进行解决，在通常情况下，能够满足所有目标都是最优的方案是不可能的，我们只能按照服务需求者对多目标的不同要求来获得相对较优的结构组成最优的解决方案。因此，服务需求者提交任务需求详情地同时还需要提交其对资源的成本 $Y$、制造服务资源的加工耗时 $t$、资源地理位置的编码 $P$ 等的不同重要程度要求，即本文将目标权重记为资源的加工成本的权值 $Q_y$ 与运费的权值 $Q_A$，而 $Q_y+Q_A=1$。其适应度函数是由目标函数转化而来的，本文基于服务需求者的目标权重而进行定义的适应度函数可以表示为

$$V(x)=\frac{Q_y\times\sum_{i=1}^{N}Y(i)+Q_A\times\sum_{i=1}^{N-1}P(i)}{\sum_{i=1}^{N}T_y+\sum_{i=1}^{N-1}T_p(i)} \tag{5.20}$$

其中式中，$\sum_{i=1}^{N}Y(i)$ 为完成一项制造加工任务的总的资源加工成本，$\sum_{i=1}^{N-1}P(i)$ 为完成某一项云消费者任务的总的运费，$\sum_{i=1}^{N}T_y(i)$ 为完成某一加工任务的时间，$\sum_{i=1}^{N}T_p(i)$ 为不同资源在各个工序之间所传输的总耗时。所以，$V(x)$ 表示某一项制造加工任务在单位时间内所需消耗的成本，其适应度函数可以这样表示为

$$f(x)=\frac{1}{V(x)} \tag{5.21}$$

(3) 选择算子。

为得到最优解决方案，对于需选择交配的个体进行多轮的选择。应用轮盘赌的传统选择方法来确定各个体选中的几率。轮盘赌的选择方法与博彩游戏中的轮盘赌有很多的相似之处，其个体的适应度按比例能够转化成为其选中的几率，将轮盘分为 10 个扇区，需要进行 10 次的选择，所以产生了 10 个[0,1]之间随机数值，相当于随机转动了 10 次轮盘，从

而得到了 10 次轮盘停止时的位置，它停在哪一个扇区，则就表示选中该扇区所表示的个体。

(4) 交叉与变异。

在该问题中，对于每类服务资源的选择，在 $K_1, K_2, \cdots, K_n$ 中，其每个 $k_i$ 只能拥有一个 1 码的位置，所以不能进行随机的交叉，而必须要在同类型制造服务资源的范围之内进行交叉。通过一个随机函数获得一个 1～$n$ 间的整数值，以确定在 $K_1, K_2, \cdots, K_n$ 中的哪一位置进行交叉操作。我们以三个加工工序为例，每一工序拥有 4、5 和 3 个可选制造服务资源为例来进行交叉变异的操作。

当随机数为 1 时，如图 5.12 所示进行交叉，当获得的随机数为 2，按照图 5.13 进行交叉变异。交叉率经典的选取范围为 0.4～0.9。

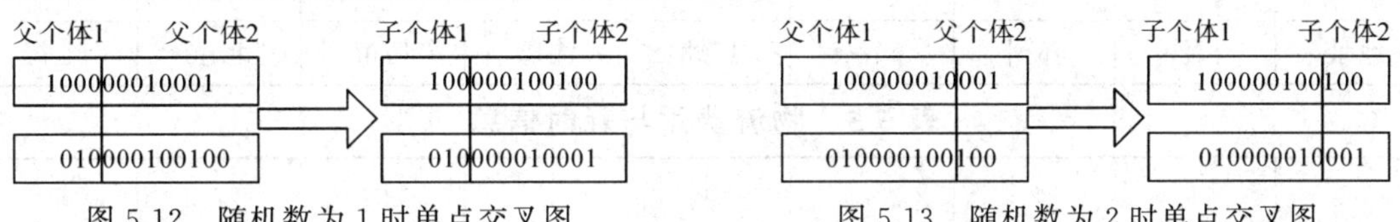


图 5.12　随机数为 1 时单点交叉图　　图 5.13　随机数为 2 时单点交叉图

(5) 算法流程。

初始化资源成本 $Y$、服务资源加工耗时 $t$ 、资源地理位置编码 $P$；随机产生初始化种群 $P$，根据每个服务资源上子任务执行的序列来计算出每一染色体适应度；然后选择染色体来进行交叉变异的相关操作，从而产生新种群；最后，判断优化出来的结果是否能满足遗传算法终止条件，如果满足条件，停止继续计算，同时输出最少时间与对应染色体，如不满足，则继续进行交叉变异操作，计算出适应度值，生成新种群，直到能够满足终止条件为止。

**3. 实验数据分析**

我们通过云制造中一制造任务实例来说明遗传算法在云制造资源服务匹配中的应用。服务需求者的制造任务是要加工一个普通零件，该零件的制造加工需要六道工序，其分别有 5、6、4、4、6、5 个可选的服务资源，云制造服务匹配使得整个加工制造任务在单位时间内的制造成本消耗最小。可选资源的基本信息如表 5.3，位置编号以及资源在各城市之间运输所耗的时间与费用信息如表 5.4 和表 5.5。

**表 5.3　可选服务资源基本信息**

| | $K_1$ | | | | | $K_2$ | | | | | | $K_3$ | | | |
|---|---|---|---|---|---|---|---|---|---|---|---|---|---|---|---|
| | $f_{11}$ | $f_{12}$ | $f_{13}$ | $f_{14}$ | $f_{15}$ | $f_{21}$ | $f_{22}$ | $f_{23}$ | $f_{24}$ | $f_{25}$ | $f_{26}$ | $f_{31}$ | $f_{32}$ | $f_{33}$ | $f_{34}$ |
| $Y$ | 50 | 41 | 50 | 44 | 37 | 31 | 35 | 55 | 46 | 44 | 35 | 46 | 47 | 55 | 63 |
| $T$ | 15 | 16 | 16 | 11 | 12 | 8 | 7 | 12 | 3 | 5 | 6 | 11 | 12 | 11 | 8 |
| $W$ | 6 | 4 | 2 | 5 | 2 | 3 | 5 | 3 | 6 | 1 | 7 | 3 | 4 | 4 | 1 |
| | $K_4$ | | | | | $K_5$ | | | | | | $K_6$ | | | |
| | $f_{41}$ | $f_{42}$ | $f_{43}$ | $f_{44}$ | $f_{45}$ | $f_{51}$ | $f_{52}$ | $f_{53}$ | $f_{54}$ | $f_{55}$ | $f_{56}$ | $f_{61}$ | $f_{62}$ | $f_{63}$ | $f_{64}$ |
| $Y$ | 67 | 68 | 75 | 75 | 24 | 23 | 28 | 28 | 24 | 27 | 47 | 52 | 57 | 66 | 77 |
| $T$ | 8 | 10 | 31 | 7 | 4 | 13 | 16 | 18 | 22 | 19 | 21 | 22 | 18 | 21 | 22 |
| $W$ | 2 | 5 | 7 | 7 | 1 | 4 | 3 | 2 | 1 | 4 | 3 | 3 | 5 | 2 | 2 |

对于该零件加工的过程，每道工序所需的每种加工资源均有若干个可选资源，需要通过算法在每种资源中选择一个资源作为完成该制造任务的资源组合。表 5.3 中，$K_n(n=1, 2, 6)$表示第 $n$ 种资源，$f_{ij}$ 表示第 $i$ 种资源的第 $j$ 个可用资源，每种资源有 $j$ 个($j>1$)可选资源；$Y$ 表示每个可用资源的资源加工成本(单位：元)，$T$ 为每个资源的加工耗时(单位：小时)，$w$ 为资源所在的地理位置编码，分别对应表 5.4 中所对应的城市。服务匹配就是通过算法在每种资源中选择一个可用资源组成一聚合资源的组合，使满足加工任务的同时，资源加工成本与耗时达到最优。因为各个资源所在的地理位置不同，所以之间的交互必然需要考虑物流的费用，因此表 5.5 表示了各资源之间的物流费用与耗时信息。

**表 5.4　位置编号所对应城市**

| 位置 | 1 | 2 | 3 | 4 | 5 | 6 | 7 | 8 |
|---|---|---|---|---|---|---|---|---|
| 地址 | 长沙 | 郑州 | 武汉 | 广州 | 沈阳 | 乌市 | 北京 | 上海 |

**表 5.5　物流费用与耗时信息**

| | 1 | 2 | 3 | 4 | 5 | 6 | 7 | 8 |
|---|---|---|---|---|---|---|---|---|
| 1 | 0/0 | 32/3 | 33/3 | 35/2 | 31/2 | 34/4 | 43/2 | 42/1 |
| 2 | 32/3 | 0/0 | 42/3 | 54/3 | 35/4 | 24/3 | 35/5 | 46/5 |
| 3 | 35/3 | 42/2 | 0/0 | 32/1 | 36/3 | 37/7 | 38/9 | 41/4 |

我们应用遗传算法，使用 Matlab2008 进行编程求解，具体参数如下：

运行时取种群规模为 popsize=50，最大迭代次数取为 100，其目标权重分别记为 $Q_y$、$Q_v$，其值分别为 0.7、0.3。仿真环境：Windows XP 操作系统，Intel Pentium Dual CPU 2.2GHz，2G 内存。运行结果如图 5.15 所示。为确定较好的交叉变异概率，针对两者的不同组合分别进行分析，分别取交叉概率 $P_c=0.98$，变异概率 $P_m=0.01$；交叉概率 $P_c=0.98$，变异概率 $P_m=0.34$ 两组数据进行分析，运行结果如图 5.14，图 5.15 所示。同时可以获得该问题的最佳资源服务匹配方案表如表 5.7 所示。其所对应的适应度函数的值为 0.5582。

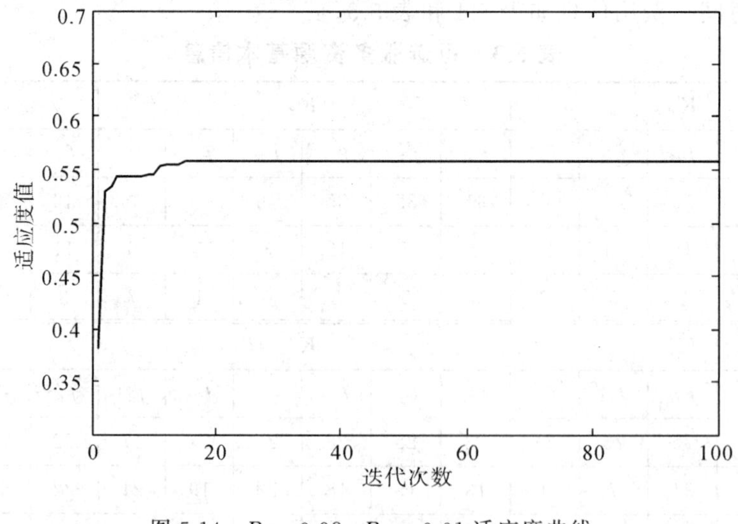


图 5.14　$P_c=0.98$，$P_m=0.01$ 适应度曲线

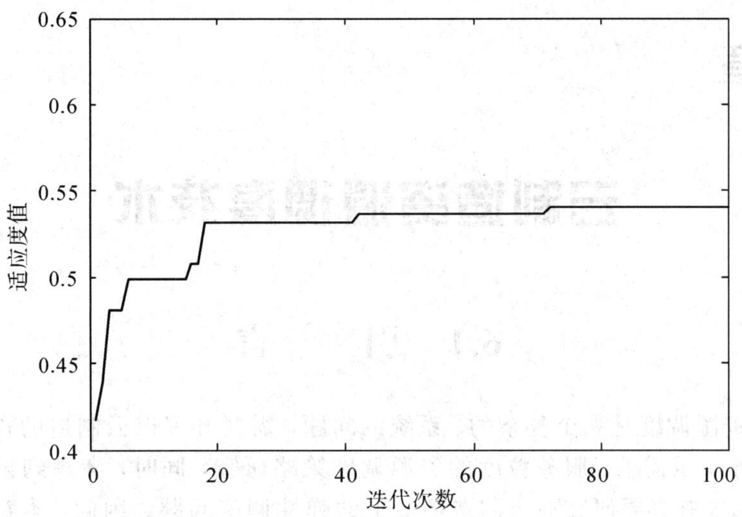


图 5.15　$P_c=0.98$，$P_m=0.34$ 适应度曲线

**表 5.6　遗传算法所得到的最佳服务匹配表**

| $K_1$ | $K_2$ | $K_3$ | $K_4$ | $K_5$ | $K_6$ |
|---|---|---|---|---|---|
| $f_{12}$ | $f_{22}$ | $f_{32}$ | $f_{43}$ | $f_{55}$ | $f_{62}$ |

# 第 6 章

# 云制造资源调度技术

## 6.1 引　　言

云制造的资源调度是一个复杂的、系统的问题，需要开展以云制造的资源调度框架为基础，针对服务质量需求、服务粒度的资源调度策略研究，同时，考虑到云制造系统的容错性、稳定性，也有必要研究在云制造环境下的弹性调度问题。因此，本章主要围绕基于等级划分的云制造动态资源调度技术、区分粒度的云制造资源调度技术以及云制造环境下的弹性调度技术等内容。

## 6.2 基于等级划分的云制造动态资源调度技术研究

### 6.2.1 云制造资源调度框架

根据云制造资源调度的特点，建立如图 6.1 所示的云制造资源调度框架。

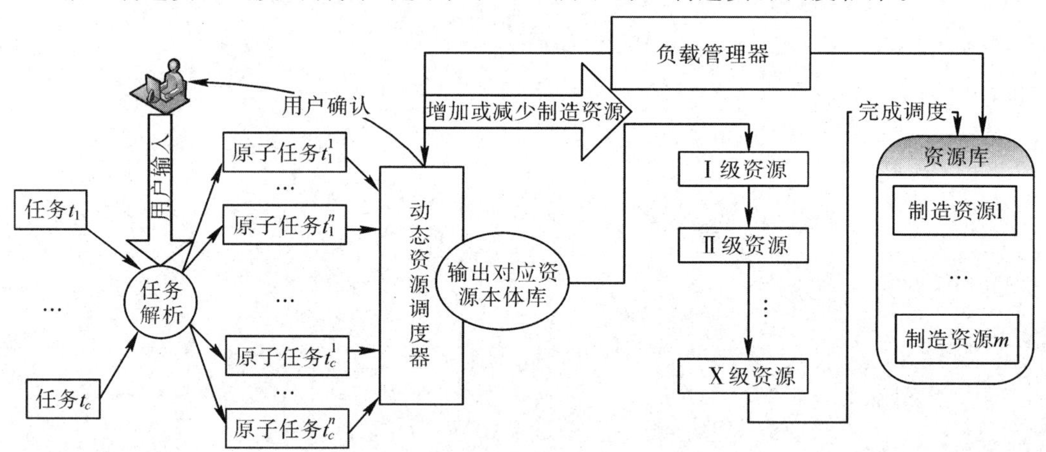


图 6.1　云制造资源调度框架

用户提交的制造任务，通过服务需求分解模块分解为若干一定粒度的原子任务 $t_p$，$p=(1,2,\cdots,c)$，$c$ 为原子任务数，每一个原子任务 $t_p$ 又可以根据其任务类型分解为 $t_p^i$，表示任务 $p$ 的第 $i$ 类制造任务，$i=(1,2,\cdots,n)$，$n$ 为制造任务类型数。用户将任务请求发送到动态资源调度器，资源调度器通过服务管理进行初步的静态属性资源匹配，获得满足制造需求的 $m$ 个静态属性制造资源，负载管理器通过对制造资源的负载监控增加或减少制造资源。资源调度过程分为任务分配和资源选择两个过程，任务分配是实现将任务分配至制造资源任务队列的分配过程，资源选择是实现制造资源对任务队列的选择过程。

### 6.2.2　云制造资源调度算法

**1. 云制造资源等级设定**

在云制造资源调度过程中，对于共享式资源任务优先级问题，我们提出设定资源等级来选取云资源的方法。对于已建立的资源本体库，设定如下资源等级策略，如图 6.2 所示。

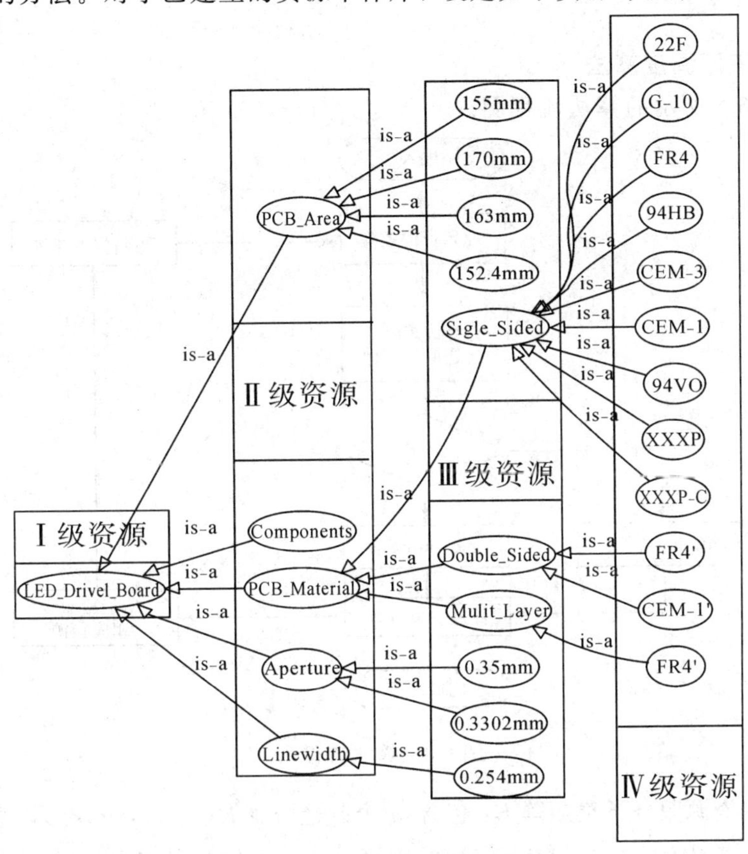


图 6.2　云制造资源等级示意图

等级(Grade)高的资源具有优先调度权利。等级由 Grade$=\sum_{r=1}^{m}\frac{1}{n}\left(\frac{1}{e_{m,n}+r_{m,n}}\right)$确定。$n$ 为对应资源所在该任务本体库的层数 $r_{m,n}$，表示资源 $R_m$ 在不考虑负载的情况下完成任务 $t_n$ 所需要的时间，$e_{m,n}$ 表示任务 $t_n$ 调度到资源 $R_m$ 上所需的时间。

对于不同任务，对应同一类资源，定义任务优先级如下：

$$\varphi_n=\sum_{i=1}^{n}\frac{D}{t}\times T_{\mu}^{k} \tag{6.1}$$

其中：$D$ 为该任务的制造等级；$t$ 为完成该任务的约定时间，$T_{\mu}^{k}$ 为资源 $k$ 完成任务 $T$ 的时间。

**2. 动态资源调度模块**

负载管理器监督资源负载情况，并判断资源负载情况，假设单类云资源的最大负载为 $L_{\max}$，标准负载为 $L_{\text{std}}=\lambda L_{\max}$，其中 $\lambda$ 为常数且 $0<\lambda<1$，具体判定方法如下：

(1) 当 $\sum_{i=1}^{m}L_i>m\times L_{\text{std}}$ 时，资源负载过高，负载管理器向动态资源管理器反馈增加一个云资源的指令(优先调用等级较高的资源)。

（2）当 $\sum_{i=1}^{m} L_i > (m-1) \times L_{\text{std}}$ 时，资源负载过低，负载管理器向动态资源管理器反馈减少一个云资源的指令（优先删除等级较低的资源）。

（3）当 $m \times L_{\text{std}} \geqslant \sum_{i=1}^{m} S_i \geqslant (m-1) \times S_{\text{std}}$ 时，资源负载适中，系统负载管理器不发送反馈指令。

**3. 云制造资源调度算法**

构建如图 6.3 所示的算法流程图。

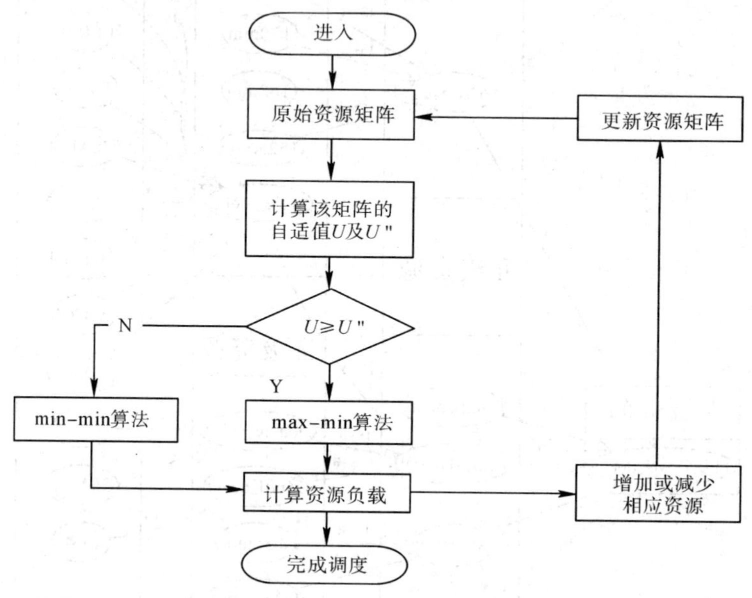


图 6.3　算法流程图

定义云制造资源服务子集矩阵 $\boldsymbol{E}$，包含 $m$ 个制造资源 $R(r_1, r_2, \cdots, r_m)$，每个制造资源都承担 $n$ 类制造任务 $T(t_1, t_2, \cdots, t_n)$，资源的逻辑队列按照制造任务的 QoS 指标优先级排列。计算每个制造资源完成任务 $T(t_1, t_2, \cdots, t_n)$ 的时间 $C_{m,n}$。其中，$C_{m,n} = (r_{m,n} + e_{m,n})$。

$$\boldsymbol{E} = \begin{matrix} t_1 \\ \vdots \\ t_m \end{matrix} \overset{\begin{matrix} r_1 & \cdots & r_n \end{matrix}}{\begin{bmatrix} C_{11} & \cdots & C_{1n} \\ \cdots & \ddots & \cdots \\ C_{m1} & \cdots & C_{mn} \end{bmatrix}} \tag{6.2}$$

（1）假设资源 $r_k(1 \leqslant k \leqslant m)$ 完成任务 $t_i(1 \leqslant i \leqslant n)$ 的时间最短，记为 $\text{Min}_1(t_i, r_k)$，删除资源 $r_k$ 继续计算，由此可得到一个含有 $m$ 个资源的队列 $\text{Min}_m(t_i, r_k)$。根据制造任务约定时间，删除资源队列中大于约定时间的资源，形成一个新的资源队列 $\text{Min}_m(t_i, r_k)$。

（2）假设资源 $r_k(1 \leqslant k \leqslant m)$ 完成任务 $t_i(1 \leqslant i \leqslant n)$ 的时间长，记为 $\text{Max}_1(t_i, r_k)$，删除资源 $r_k$ 继续计算，由此可得到一个含有 $m$ 个资源的队列 $\text{Max}_m(t_i, r_k)$。根据制造任务约定时间，删除资源队列中大于约定时间的资源，形成一个新的资源队列 $\text{Max}_m(t_i, r_k)$。

（3）定义判定函数。取相对标准偏差值 $U = \text{std}(w)/\text{mean}(w)$，其中 $w$ 为资源矩阵 $\boldsymbol{Y}$ 的转置矩阵最小值；定义 $U' = [0.1:0.05:1]$，如果 $U \geqslant U'(i)$，取 $w$ 的最大值 $\max(w)$，否

则取 $w$ 的最小值 mi($w$)$n$。

(4) 如果 $U \geqslant U''$，采用步骤(2)计算资源矩阵；如果 $U < U''$，采用步骤(1)计算资源矩阵。

(5) 计算资源负载，根据负载值更新资源矩阵 $\boldsymbol{Y}$。

(6) 重复以上步骤，直至资源矩阵 $\boldsymbol{Y}$ 变为零矩阵。

### 6.2.3　实验验证

**1. 实验环境**

算法分析采用的实验环境为 Intel Core2 CPU 2.2GHz，2G 内存，Windows XP，MATLAB 2010 编程环境。

**2. 算法性能分析**

我们选用的资源服务子集矩阵 $\boldsymbol{E}$ 如下，对该矩阵分别采用 min－min 算法、前文所述算法以及遗传算法进行计算比较(遗传算法采用种群规模为 50，最大迭代次数为 100，交叉概率取 0.34，变异概率取 0.01)。

$$\boldsymbol{E}=\begin{bmatrix} 44.766 & 74.137 & 289.364 & 9.706 & 222.311 & 76.969 & 62.594 & 55.373 & 151.856 & 75.758 \\ 170.733 & 135.256 & 92.513 & 3.068 & 11.341 & 55.552 & 103.059 & 168.295 & 179.927 & 86.973 \\ 3.656 & 73.458 & 41.178 & 20.593 & 44.490 & 38.063 & 51.099 & 117.900 & 110.862 & 107.687 \\ 20.991 & 61.318 & 192.218 & 104.431 & 4.699 & 166.515 & 4.647 & 19.506 & 33.184 & 36.123 \\ 105.381 & 83.428 & 246.168 & 53.536 & 37.030 & 31.622 & 26.073 & 9.257 & 58.881 & 96.188 \\ 47.335 & 59.674 & 133.281 & 49.553 & 67.892 & 56.667 & 44.220 & 80.991 & 54.392 & 56.998 \end{bmatrix}$$

图 6.4 所示为三种算法在聚合资源下的时间复杂度(makespan)比较。从图中可以看出，min－min 算法的 makespan 值最小，其调度性能最好；其次是本书算法，与 min－min 算法性能接近；最后是遗传算法。

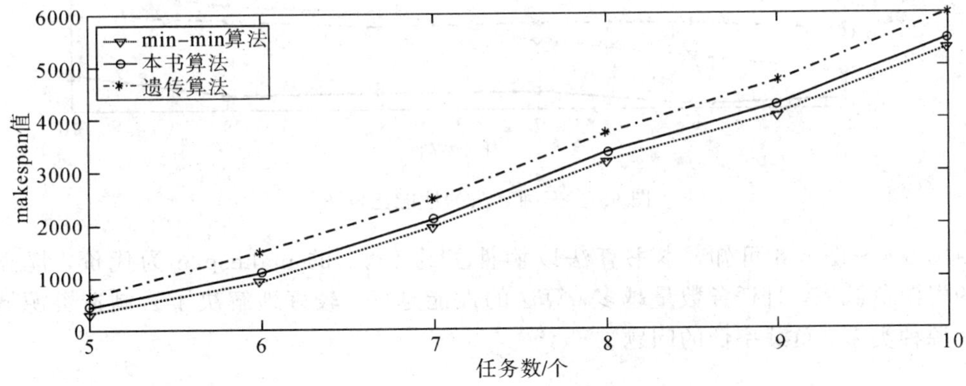


图 6.4　三种算法在聚合资源数下的 makespan 值对比图

图 6.5 所示为三种算法的资源负载率 $\varphi$，定义资源负载率 $\varphi_{ru}=\dfrac{\sum(\mathrm{te}_i-\mathrm{ts}_j)}{T}$，其中 $i$ 表示任务 $t_i$ 在资源 $r_j$ 上处理，$\mathrm{te}_i$ 表示任务 $t_i$ 在资源 $r_j$ 上结束处理时间，$\mathrm{ts}_j$ 表示任务 $t_i$

在资源 $r_j$ 上处理开始时间，$T$ 表示总体运行时间。本书算法的资源负载率最好，其次是遗传算法，最后是 min－min 算法。

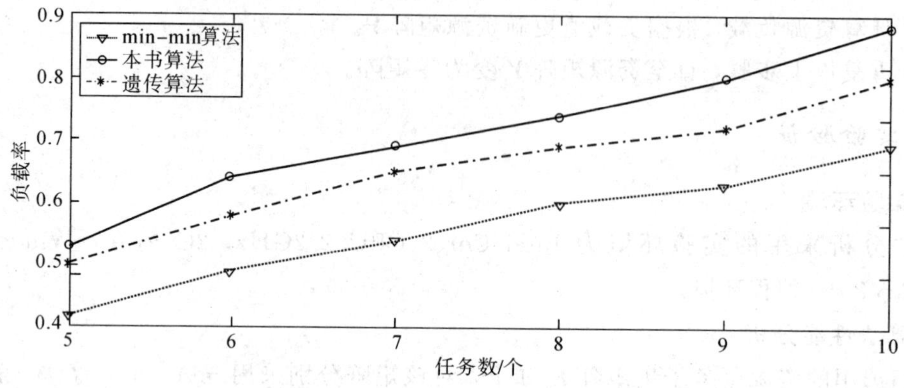


图 6.5　聚合资源下三种算法的负载比较

图 6.6 所示为三种算法的性能评价，构建如下性能评价函数：

$$S=\sqrt{\frac{\mu_1\sum(T\varphi_{\mathrm{ru}}-\overline{T\varphi_{\mathrm{ru}}})^2+\mu_2\sum(M-\overline{M})^2}{T}} \tag{6.3}$$

其中，$\mu_1$，$\mu_2$ 为客户期望权重，$\mu_1+\mu_2=1$，此处设定 $\mu_1=\mu_2=0.5$，$S$ 越大说明该算法性能越差，反之则性能越优。由图 6.6 可知，min－min 算法在资源数量较少时能保持一定的优越性，在增加资源数量后其性能越来越差。遗传算法在资源增加时较为稳定。本书算法的 $S$ 值最小且在资源数量增加时其 $S$ 值趋于稳定。

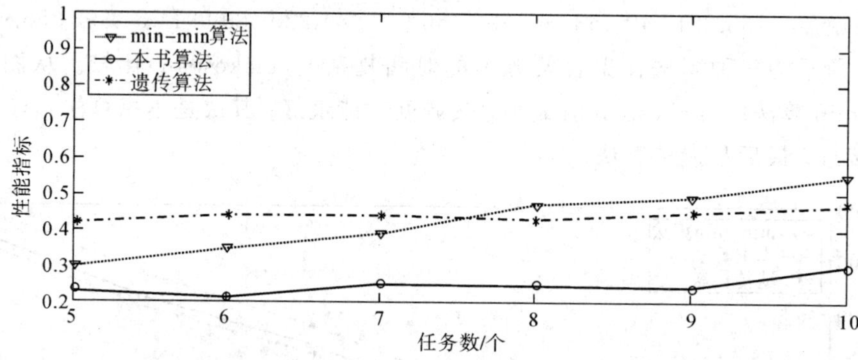


图 6.6　三种算法的性能比较图

由图 6.4～图 6.6 可知，本书算法以牺牲了约 23% 的 makespan 为代价，提高了约 19%的资源负载率，且任务数量越多，算法的性能越好，较好地解决了云制造资源调度中聚合资源种类多、负载率低的问题。

## 6.3　区分粒度的云制造资源调度技术

### 6.3.1　云制造资源多粒度划分技术

针对制造业信息化发展中资源划分过程存在的一些问题，在分析云制造系统需求的基础上，结合云计算、虚拟化以及面向服务等技术，基于聚类方法提出了一种云制造环境下耦合资源多粒度划分方法，讨论了其研究背景，给出了一种基于松耦合资源管理的云制造体系结构，并对云制造资源多粒度划分进行了深入的研究和仿真。

**1. 多粒度资源本体相似度计算**

异构资源的多粒度划分数据采用资源属性信息与资源本体库信息比对后的结果，具体的计算公式如下所述。

1）类相似度计算

类相似度计算用于判别两个资源所属本体之间的相似度。根据类的相似度计算，可把资源划分到相应的资源本体所映射的资源实例集里。

$$\begin{cases} S_{\mathrm{Cl}}=\alpha\times S_1+(1-\alpha)\times\left(\beta\times\sum_{i=1}^{n1}n_1\times S_2/n+(1-\beta)\times\sum_{i=1}^{n2}n_2\times S_3/n\right) \\ S_1=\theta\times d_{\min}/d_{\max}+(1-\theta)\times S_{\mathrm{ed}}(N_A,N_B) \\ S_2=\gamma\times S_c+(1-\gamma)\times S_{\mathrm{ed}}(N_A,N_B) \\ S_3=S_{\mathrm{ed}}(N_A,N_B) \\ S_{\mathrm{ed}}(N_A,N_B)=\dfrac{1-d(N_A,N_B)}{\max(\mathrm{length}(N_A),\mathrm{length}(N_B))} \end{cases} \tag{6.4}$$

其中，$\alpha$、$\beta$、$\theta$、$\gamma$ 为 0～1 之间的一个权重校正参数，可以依据计算结果对其进行调整以达到期望的运算结果；$S_{\mathrm{Cl}}$为相似度计算结果；$n$ 为类 $A$ 的属性个数；$n_1$ 为类 $A$ 的 Object-property 属性个数；$n_2$ 为类 $A$ 的 Dataproperty 属性个数；$S_1$ 为根据类图中对应类的出度($d_{\min}$ $d_{\max}$)和类名称编辑距离所计算出的相似度；$S_2$ 为由某一个 Objectproperty 属性计算得到的相似度；$S_c$ 为对应的 Objectproperty 属性的值域类的相似度和由 Objectproperty 名称编辑距离所计算出的相似度；$S_3$ 为由 Dataproperty 名称编辑距离所计算出的相似度；$S_{\mathrm{ed}}(N_A,N_B)$为根据两个字符串 $N_A,N_B$ 的编辑距离计算出来的相似度；$d(N_A,N_B)$为两个字符串 $N_A,N_B$ 之间的编辑距离；Length 为字符串长度函数。

2）属性相似度计算

属性相似度反应了同一资源本体所映射实例之间的属性差异，包括云资源基本属性、状态属性、能力属性等信息，如基本属性表示制造资源的名称、型号等，状态属性表示制造资源的现实状态，能力属性表示制造资源的加工能力等。

对于 Objectproperty 属性，计算公式如下：

$$S_{\mathrm{Sl}}=\alpha\times S_d+\beta\times S_r+(1-\alpha-\beta)\times S_{\mathrm{ed}}(N_A,N_B) \tag{6.5}$$

$S_{\mathrm{d}}$ 为定义域类 domainCls 的相似度，$S_{\mathrm{r}}$ 为值域类 rangeCls 的相似度，其中 $\alpha$、$\beta$ 为 0～1之间的一个权重校正参数。

对于 Dataproperty 属性，计算公式如下：

$$S=\alpha\times S_d+(1-\alpha)\times S_{\mathrm{ed}}(N_A,N_B) \tag{6.6}$$

$S_d$ 为定义域类 domainCls 的相似度，其中 $\alpha$ 为 0～1 之间的一个权重校正参数。

3）实例相似度计算

由于每个属性对于概念的描述程度和作用的重要性各不相同，故在实例化过程中相同功能的对象实例所体现的属性之间有一定的差异性，实例相似度反映了实例之间是否是类型完全相同的资源或同一类型不同型号的资源，具体体现在属性的差异上。

$$\begin{cases} S_{Xl}=S_c\times(\alpha\times\sum_{i=1}^{n_l}n_1\times S_1/n+(1-\alpha)\times\sum_{i=1}^{n_2}n_2\times S_2/n) \\ S_1=\gamma\times S_c+(1-\gamma)\times S_{ed}(N_A,N_B) \\ S_2=S_{ed}(N_A,N_B) \end{cases} \tag{6.7}$$

$S_c$ 为类的相似度，其中 $\alpha$ 为 0～1 之间的一个权重校正参数；$n$ 为类的属性个数，$n_1$ 为类的 Objectproperty 属性个数；$n_2$ 为类的 Dataproperty 属性个数。

**2. 多粒度资源划分流程图**

云制造平台中存在大量的异构资源，当资源消费者(CSC)将任务提交给云平台，云调度系统搜索与这些任务需求相匹配的资源时，可能没有任何制造资源节点能满足任务的需求，因此需要对这些异构资源进行划分，并进行资源聚合来满足任务的需求。针对异构资源，可通过计算异构资源的资源属性间的相似性，把资源本体相似性一致的资源划分为一类。多粒度资源划分流程如图 6.7 所示。

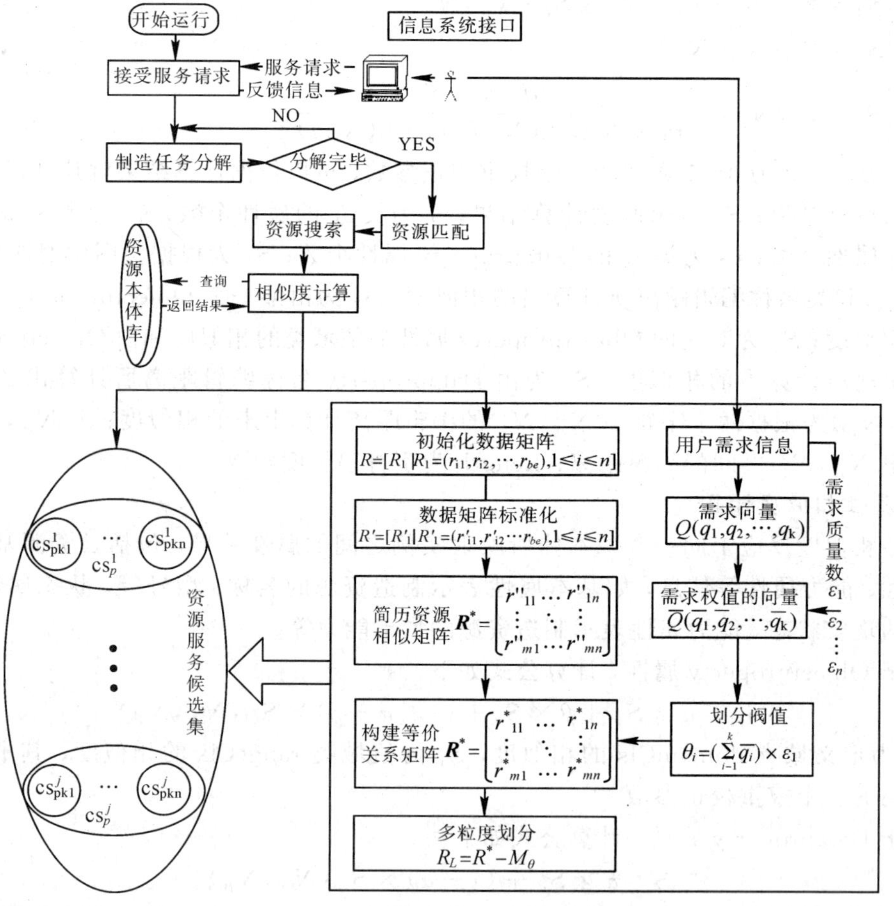


图 6.7　多粒度资源划分流程图

多粒度资源划分是一种在多粒度调度过程中尽可能地满足客户服务需求条件下的区分粒度的动态资源划分策略。根据客户需求的不同，将匹配的资源划分为不同粒度的资源，为极大地满足客户服务需求，在资源调度时充分考虑了资源的粒度属性。多粒度调度是面向服务需求变化而动态调整的区分粒度调度方法，区分粒度的资源调度为客户提供了个性化的制造服务，同时还提供了多粒度的资源选择。

**3. 资源属性数据结构及合并规则**

1）云资源聚类数据结构

随着云计算及云制造技术的不断成熟，云制造平台已经成为网络化制造最流行的应用之一。目前，人们对于云制造系统中的数据管理主要是基于关键字的匹配搜索以及人工分类，数据的极大丰富和知识的匮乏表现得相当明显。另外，由一些自动化程度设备构成的资源节点，将数据集中处理需要很高的成本，并且使用范围也受到不少制约。因此，如何利用云制造系统中庞大的数据资源，发现和获取其中有价值的知识，成为人们必须正视的问题。

云制造环境中资源粒度属性数据矩阵(data matrix)是一个对象—属性结构，每个对象用 $P$ 个属性来描述，例如制造资源的静态属性、动态属性、行为属性以及访问控制参数，且每个制造资源的 $P$ 个属性描述的数据结构可以看成 $n\times p$($n$ 个对象$\times p$ 个属性)的矩阵。第 $i$ 个对象第 $j$ 个属性值为 $X_{ij}$。数据矩阵采用关系表形式为

$$\boldsymbol{E}=\begin{bmatrix} x_{11} & \cdots & x_{1p} \\ \vdots & \ddots & \vdots \\ x_{m} & \cdots & x_{mp} \end{bmatrix} \tag{6.8}$$

其中，第 $i$ 个对象 $p$ 个变量的值记为

$$x_i=(x_{i1},\cdots,x_{ip}) \tag{6.9}$$

相异度矩阵是一个对象—对象结构。它存放所有 $n\times n$ 个对象彼此之间所形成的相似性，它一般采用 $n\times n$ 矩阵来表示。

$$\boldsymbol{E}'=\begin{pmatrix} 0 & & & & \\ d(2,1) & 0 & & & \\ d(3,1) & d(3,2) & 0 & & \\ \vdots & \vdots & \vdots & & \\ d(n,1) & d(n,2) & d(n,3) & \cdots & 0 \end{pmatrix} \tag{6.10}$$

其中，$d(i,j)$表示对象 $i$ 和对象 $j$ 之间的相异性的量化表示，并且 $d(i,j)=d(j,i)$，$d(i,j)=0$。对象 $i$ 与对象 $j$ 越相似，差异度 $d(i,j)$越小，反之 $d(i,j)$越大。

2）云资源聚类区间标度变量

区间标度变量是一个粗略线性的连续度量。这类变量的各属性都通过数据来描述，对象之间的差别可以采用距离来描述。在云制造系统中，通常采用欧几里得距离、曼哈坦距离、明考斯基距离来计算对象间的差异度。具体公式如下：

欧几里得距离公式：

$$d(x_i,x_j)=\sqrt{|x_{i1}-x_{j1}|^2+|x_{i2}-x_{j2}|^2+\cdots+|x_{ip}-x_{jp}|^2} \tag{6.11}$$

曼哈坦距离公式：

$$d(x_i,x_j)=\sqrt{|x_{i1}-x_{j1}|+|x_{i2}-x_{j2}|+\cdots+|x_{ip}-x_{jp}|} \tag{6.12}$$

明考斯基距离：

$$d(x_i,x_j)=(|x_{i1}-x_{j1}|^q+|x_{i2}-x_{j2}|^q+\cdots+|x_{ip}-x_{jp}|^q)^{1/q} \tag{6.13}$$

其中，$x_i$ 和 $x_j$ 是连个 $p$ 维的数据对象，最常用的数值属性差异度计算方法是欧几里得距离公式。

3）云资源划分过程中聚类合并规则

云资源划分过程中聚类结果合并规则主要讨论如何将各个区域产生的簇最终合并成为全局聚类结果。$C_1$，$C_2$，$C_3$ 分别是区域 $A$，$B_1$，$B_2$ 中的三个资源类范围，$p_1$，$p_2$，$p_3$ 分别是资源聚类 $C_1$，$C_2$，$C_3$ 的代表点。

如图 6.8 所示，由于区域 $A$ 和 $C$ 不直接相邻，所以区域 $A$ 和 $C$ 不能直接合并，如果 $A$ 和 $C$ 上有可以合并的资源，那么这个类一定可以通过 $B_1$，$B_2$ 上的聚类间接合并。下面分几种情况来讨论区域 $A_1$，$B_1$，$B_2$ 的不同合并顺序对聚类结果的影响。

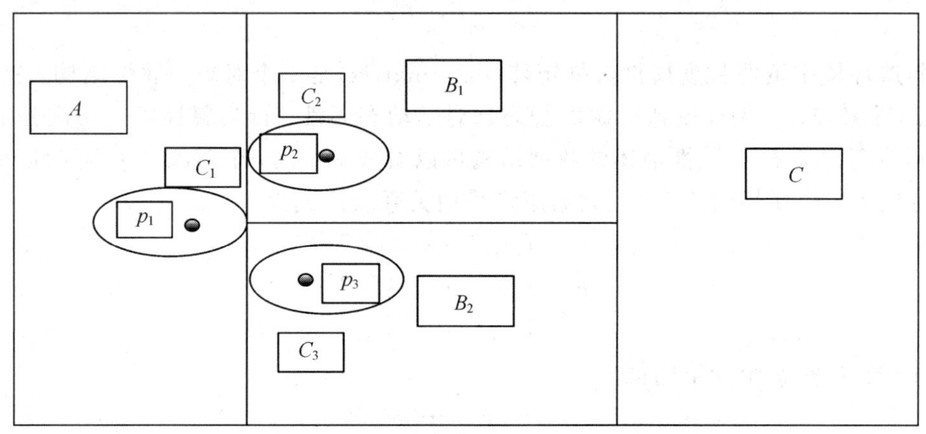


图 6.8 云资源划分过程中聚类合并示意图

(1) 实际的聚类情况{($C_1$,$C_2$),($C_3$)}(表示聚类 $C_1$、$C_2$ 合并为一类，$C_3$ 单独一类)。

a.1 $A \cup B_1 \cup B_2$。

由于 $C_1$、$C_2$ 属于同一类，所以当 $A$ 与 $B_1$ 合并时就会产生($C_1$，$C_2$)类；又因为($C_1$，$C_2$)与 $C_3$ 不是同类，所以当区域 $B_2$ 同区域($A$,$B_1$)合并时，($C_1$,$C_2$)不会与 $C_3$ 合并，最终结果与实际的聚类情况相同。事实上，当区域合并的顺序与聚类合并相同的时候，如本例中 $C_1$ 与 $C_2$ 会合并为一类，如果 $A$ 与 $B_1$ 先做合并，那么最终的结果一定符合实际聚类的情况。

a.2 $A \cup B_2 \cup B_1$。

当区域 $A$ 与区域 $B_2$ 合并时，因为($C_1$,$C_2$)与 $C_3$ 不属于同一类，所以 $p_3$ 到线段 $p_1p_2$ 的距离大于 ε(任一正值)，根据三角形定理，到 $p_3$ 的距离一定大于 ε，所以区域 $A$ 与区域 $B_2$ 合并不会使簇 $C_1$ 和 $C_3$ 合并。当合并后的区域($A$,$B_2$)与 $B_1$ 合并时，分别计算 $p_2$ 到 $p_1$ 和 $p_3$ 的距离，使得 $C_1$、$C_2$ 合并成一类，最终结果与实际的聚类情况相同。

a.3 $B_1 \cup B_2 \cup A$。

当区域 $B_1$ 与区域 $B_2$ 合并时，同上例，$C_2$ 与 $C_3$ 不会合并。当合并后的区域与区域 $A$ 合并时，分别计算 $p_1$ 到 $p_2$ 和 $p_3$ 距离，使得 $C_1$、$C_2$ 合并成一类，最终结果与实际的聚类情况相同。

(2) 实际的聚类情况{($C_1$)，($C_2$)，($C_3$)}。

b.1 $A \cup B_1 \cup B_2$。

根据 a.1 所示，区域合并的顺序与聚类合并相同，所以最终结果一定符合实际聚类的情况。

b.2　$A \cup B_2 \cup B_1$。

同 b.1。

b.3　$B_1 \cup B_2 \cup A$。

同 b.1。

(3) 实际的聚类情况$\{(C_1), (C_2, C_3)\}$。

c.1　$A \cup B_1 \cup B_2$。

同 a.2 情况，区域 $A$ 与区域 $B_1$ 合并时并不会导致 $C_1$ 与 $C_2$ 合并。当合并后的区域与 $B_2$ 合并时，会使 $C_2$ 与 $C_3$ 合并，所以最终结果符合实际聚类的情况。

c.2　$A \cup B_2 \cup B_1$。

同 c.1 情况。

c.3　$B_1 \cup B_2 \cup A$。

同 c.1。

(4) 实际的聚类情况$\{(C_1, C_2, C_3)\}$。

d.1　$A \cup B_1 \cup B_2$。

当 3 个类属于同一类的时候，$p_1$、$p_2$、$p_3$ 两两之间距离都小于 $\varepsilon$，所以不论哪两个区域先合并都不会影响到最终的结果。

d.2　$A \cup B_2 \cup B_1$。

同 d.1。

d.3　$B_1 \cup B_2 \cup A$。

同 d.1。

通过上面的分析，我们可以得到以下推论：

(1) 只在两个相邻区域间的两个云资源属性区域的合并操作($\cup$)才有意义。

(2) 两个云资源属性区域操作($\cup$)符合交换律和结合律。

**4. 多粒度云资源划分**

1) *云资源参数分析*

制造资源的属性可以分为时间属性、质量属性、成本属性、服务属性、信誉度属性、可靠度属性和策略属性等，如在建模过程中，只考虑制造资源节点常用的 4 个参数：加工速度(件/小时)、服务成本(元/件或元/小时)、废品率(百分比%)、信誉度(分)。对于资源节点的各参数，在聚类时需要分配不同的权值，以便在多粒度划分时根据制造任务特点进行资源划分，其权值分别为 $v_1$、$v_2$、$v_3$、$v_4$，四者之和为 1。每个资源节点的本质是该资源节点上各参数运行的综合效率，对于对应任务很重要的一个或者多个重要的属性参数赋值较大时，在进行多粒度划分时，权值较大的属性参数对资源的相似度的影响就越大，多粒度的划分根据任务的特点聚类而适应任务需求。

根据聚类方法，首先建立云资源数据矩阵，然后对矩阵中的数据进行量化处理以除去数据矩阵长的量纲，得到标准化的数据。

(1) 初始化资源数据矩阵。

设被划分的资源节点集为 $\boldsymbol{R}=\{R_1, R_2, \cdots, R_n\}$，其中 $n$ 为划分的资源数，每个云资源节点属性参数个数为 $m$，每一个资源节点对应一个资源矩阵向量 $\boldsymbol{R}_i=(r_{i1}, r_{i2}, \cdots, r_{im})$

($i=1,2,\cdots,n$)，则得到 $n$ 个资源节点构成 $n\times m$ 原始数据矩阵 $\boldsymbol{R}=\{\boldsymbol{R}_i \mid \boldsymbol{R}_i=(r_{i1},r_{i2},\cdots,r_{im}),1\leqslant i\leqslant n\}$。

(2) 标准化资源数据矩阵。

针对云资源节点的 $m$ 个属性参数的不同量纲问题，采用平移标准差变换法，把不同量纲进行量化处理，计算公式如下：

$$r'_{ik}=\frac{r_{ik}-\overline{r_k}}{S_k}\quad(i=1,2,\cdots,n;k=1,2,\cdots,m) \tag{6.14}$$

其中：

$$\begin{cases}\overline{r_k}=\dfrac{1}{n}\sum\limits_{i=1}^{n}r_{ik}\\ S_k=\sqrt{\dfrac{1}{n}\sum\limits_{i=1}^{n}(r_{ik}-\overline{r_k})^2}\end{cases} \tag{6.15}$$

通过以上公式把资源属性的不同量纲规范到区间[0,1]上，把资源节点原始矩阵 $\boldsymbol{R}$ 规范为

$$\boldsymbol{R}''=[\boldsymbol{R}'_i \mid \boldsymbol{R}'_i=(r'_{i1},\ r'_{i2},\ \cdots,\ r'_{im}),\ 1\leqslant i\leqslant n]$$

(3) 建立资源相似矩阵。

资源节点集为 $\boldsymbol{R}=\{R_1,\ R_2,\ \cdots,\ R_n\}$，每一个资源节点对应一个资源矩阵向量 $\boldsymbol{R}_i=(r_{i1},r_{i2},\ \cdots,\ r_{im})(i=1,\ 2,\ \cdots,\ n)$，其相应属性所对应的权值为 $v=(v_{i1},\ v_{i2},\ \cdots,\ v_{im})$。根据绝对值指数法计算任意两个资源节点 $\boldsymbol{R}_i$ 与 $\boldsymbol{R}_j$ 之间的相似度 $r(\boldsymbol{R}_i,\boldsymbol{R}_j)$，记为 $r''_{ij}$，对于 $r''_{ij}$ 有 $r''_{ii}=1,0\leqslant r''_{ij}=r''_{ji}\leqslant 1$。由资源节点相似度 $r''_{ij}$ 可以构建出资源节点集 $\boldsymbol{R}$ 节点间的一个相似度矩阵 $\boldsymbol{R}''$。

$$\boldsymbol{R}''=\begin{pmatrix}r''_{11} & \cdots & r''_{1n}\\ \vdots & \ddots & \vdots\\ r''_{m1} & \cdots & r''_{mn}\end{pmatrix}(r''_{ii}=1;\ 0\leqslant r''_{ij}=r''_{ji}\leqslant 1;\ 1\leqslant i,j\leqslant 1) \tag{6.16}$$

绝对值指数法计算 $r''_{ij}$ 如下：

$$r''_{ij}=\mathrm{e}^{-\sum\limits_{k=1}^{m}v_{ik}\times|r'_{ik}-r'_{ik}|}(1\leqslant i\leqslant n,\ 1\leqslant j\leqslant m) \tag{6.17}$$

2) 多粒度聚类

虽然有了资源节点相似矩阵 $\boldsymbol{R}''$，但是矩阵 $\boldsymbol{R}''$ 不具备传递性，如在资源多粒度划分中，把彼此间相似度大于或等于阈值 $\theta$ 的资源视为同类，当 $r''_{ij}\geqslant\theta$，$r''_{jk}\geqslant\theta$ 时，未必有 $r''_{ik}\geqslant\theta$，即资源 $\boldsymbol{R}_i$ 与 $\boldsymbol{R}_j$ 同类并且 $\boldsymbol{R}_j$ 与 $\boldsymbol{R}_k$ 同类时，$\boldsymbol{R}_i$ 与 $\boldsymbol{R}_k$ 不一定同类。因此，根据聚类的划分还需要在 $\boldsymbol{R}''$ 的基础上求出其等价矩阵 $\boldsymbol{R}^*$。

$$\boldsymbol{R}^*=\begin{pmatrix}r^*_{11} & \cdots & r^*_{1n}\\ \vdots & \ddots & \vdots\\ r^*_{m1} & \cdots & r^*_{mn}\end{pmatrix}(r^*_{ii}=1;0\leqslant r^*_{ij}=r^*_{ji}\leqslant 1;1\leqslant i,j\leqslant 1) \tag{6.18}$$

(1) 闭包聚类法。

等价关系矩阵 $\boldsymbol{R}^*$ 的计算采用闭包聚类法，通过对相似矩阵 $\boldsymbol{R}''$ 做如下循环操作：

$$r^*_{ij}=\bigvee_{k=1}^{n}(r''_{ik}\wedge r''_{jk})=\max_{1\leqslant k\leqslant n}\{r''_{ik}\wedge r''_{jk}\} \tag{6.19}$$

一直循环到 $r_{ij}^*$ 保持不变，即得到等价矩阵 $\boldsymbol{R}^*$ 。

（2）资源划分阈值 $\theta$。

在多粒度资源聚类分析中，通过调整不同的阈值 $\theta(0\leqslant\theta\leqslant1)$来对资源节点进行一种动态划分，$\theta$ 一般根据任务的特征来确定，相似度在给定区间内的资源节点被划分为性能相似的一类。阈值的确定与给定的任务相关，分析过程如下：

假设一个制造任务为 $T$，其服务过程需要一组性能相近的资源节点来协同完成，任务 $T$ 对各资源的需求向量为$\boldsymbol{Q}(q_1,q_2,\cdots,q_k)$，其中 $k$ 为完成任务所需的资源数，$q_l$ 为任务 $T$ 对第 $l$ 类资源的需求度。由于 $\boldsymbol{Q}$ 的分量是在[0,1]之间的无纲量数值，所以对 $\boldsymbol{Q}$ 的分量进行了规范化处理：

$$\overline{q_i}=\frac{q_i}{\sum_{i=1}^{k}q_i}\qquad(1\leqslant m\leqslant k)\tag{6.20}$$

也就是说，$\overline{q_i}$为任务 $T$ 对第 $l$ 类资源的需求权值，把任务队资源的需求向量转为任务需求权值的向量$\overline{\boldsymbol{Q}}(\overline{q_1},\overline{q_2},\cdots,\overline{q_k})$。由于各个资源节点间存在着服务能力以及服务质量的差异，故需要用户或者系统对资源的需求给出一个需求质量，其表示为 $\varepsilon=(\varepsilon_1,\varepsilon_2,\cdots,\varepsilon_h)$，$\varepsilon_i$ 为客户对提交任务时提出的需求质量，且 $0\leqslant\varepsilon_i\leqslant1$，$\varepsilon_i$ 的值反映了该因素的重要性，值越大要求其服务质量越好。任务 $T$ 资源多粒度划分阈值的计算公式如下：

$$\theta_i=(\sum_{i=1}^{k}\overline{q_i})\times\varepsilon_i\tag{6.21}$$

（3）粒度划分。

对前面所得的等价资源矩阵 $\boldsymbol{R}^*$ 和根据用户提交的任务需求而确定的阈值 $\theta$ 进行多粒度资源划分，具体的划分计算过程如下：

$$\boldsymbol{R}_L=\boldsymbol{R}^*-\boldsymbol{M}_\theta\tag{6.22}$$

其中，$M_\theta=[m_{ij}|m_{ij}=\theta,1\leqslant i,j\leqslant n]$，$\boldsymbol{R}_L$、$\boldsymbol{M}_\theta$ 均为 $n\times m$ 的矩阵。从 $\boldsymbol{R}_L$ 除去值不大于 0 的元素，除去的元素即划分为同一类资源，根据给定阈值，直到所有的资源被划分完。

**5. 实验验证**

1）实验对象

云资源包括设备资源、计算资源、人力资源等，选取元器件组装及封装的设备资源来进行仿真验证。选择 200 台设备，每台设备选择 4 个多粒度属性。资源属性初始赋值依照资源本体模板随机生成 200 组数据。本实验验证了对于不同 $k$ 值条件下资源划分的情况，为了保证测试算法的准确性，分别对数据进行了 5 折交叉验证和 10 折交叉验证。

试验参数如表 6.1 所示。

**表 6.1　资源节点 4 类资源特征参数**

| 资源编号 | 加工速度 /(件/小时) | 服务成本 /(元/小时) | 废品率(%) | 信誉度/分 |
|---|---|---|---|---|
| 1 | 5.69 | 3.63 | 5.66 | 2.43 |
| 2 | 3.55 | 8.69 | 4.98 | 1.55 |
| 3 | 2.96 | 4.56 | 5.88 | 7.12 |

续表

| 资源编号 | 加工速度/(件/小时) | 服务成本/(元/小时) | 废品率(%) | 信誉度/分 |
|---|---|---|---|---|
| 4 | 7.95 | 1.98 | 3.91 | 4.62 |
| 5 | 3.69 | 5.34 | 7.56 | 4.34 |
| 6 | 1.95 | 4.65 | 4.23 | 9.56 |
| 7 | 5.96 | 7.33 | 6.61 | 6.85 |
| 8 | 4.23 | 6.46 | 1.57 | 7.54 |
| 9 | 3.98 | 4.96 | 2.97 | 8.56 |
| ⋮ | ⋮ | ⋮ | ⋮ | ⋮ |
| 200 | 9.22 | 4.23 | 5.61 | 2.22 |

参数 $\theta$ 的值根据客户提交的服务需求质量 $\varepsilon$ 求得，实现方法有模糊推理、层次分析法、均衡赋值法等，这里采用均衡赋值法，即认为各服务需求质量具有相同的重要性。参数 $\varepsilon$、$\theta$、$k$ 值如表 6.2 所示。

**表 6.2　参数 $\varepsilon$、$\theta$、$k$ 对应值**

| $\varepsilon$ | $\theta$ | $k$ |
|---|---|---|
| $(\varnothing)$ | (1) | 1 |
| $(\varepsilon_1)$ | (1/2) | 2 |
| $(\varepsilon_1,\varepsilon_2)$ | (1/3,2/3) | 3 |
| $(\varepsilon_1,\varepsilon_2,\varepsilon_3)$ | (1/4,2/4,3/4) | 4 |
| ⋮ | ⋮ | ⋮ |
| $(\varepsilon_1,\varepsilon_2,\cdots,\varepsilon_h)$ | $(1/k,2/k,\cdots,k-1/k)$ | $h+1$ |

2）实验环境

算法分析采用的实验环境为 Intel Core3 CPU 2.3Hz，6G 内存，Windows 8，MATLAB 2012 编程环境。

3）实验结果

不同的服务需求对应于不同的划分阈值，$k$ 的值为资源划分阈值 $\theta$ 的计算个数，图 6.9～图 6.12 中的坐标点表示资源属性相似度。

4）结果分析

从图 6.9～图 6.12 可以看出，服务需求要求越复杂，求出的 $k$ 值越大，资源划分的粒度也越精细。根据客户需求将资源划分成不同粒度的资源集，并把相似度相近的划分为同一粒度资源，划分的结果没有资源属性间明显的交叉现象。

为保证验证模型的有效性，在资源粒度划分算法中对数据进行了交叉验证，如图 6.13 和图 6.14 所示。用交叉验证寻找合适的聚类中心时，由于聚类中心的选择没有一定的先验知识，所以必须做某种类型的参数搜索。VC(Valve Control)反映了划分函数的调整能力，VC 越大则资源划分越复杂，所以 VC 又是资源划分过程复杂程度的一种衡量，图中也反映了随着 $k$ 值增加，资源划分逐渐变得复杂。

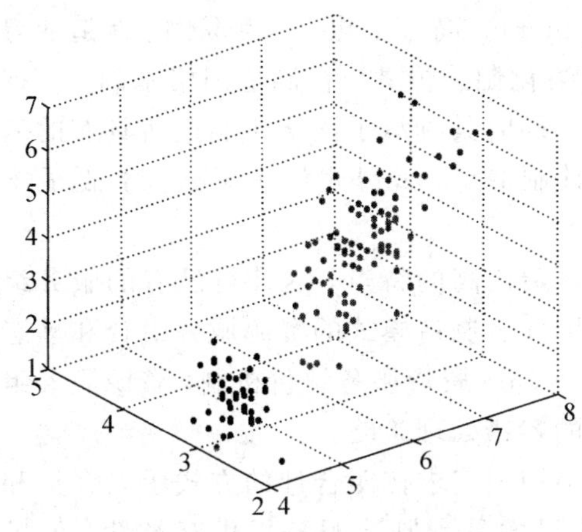

图 6.9　$k=2$ 时粒度划分数据分布图

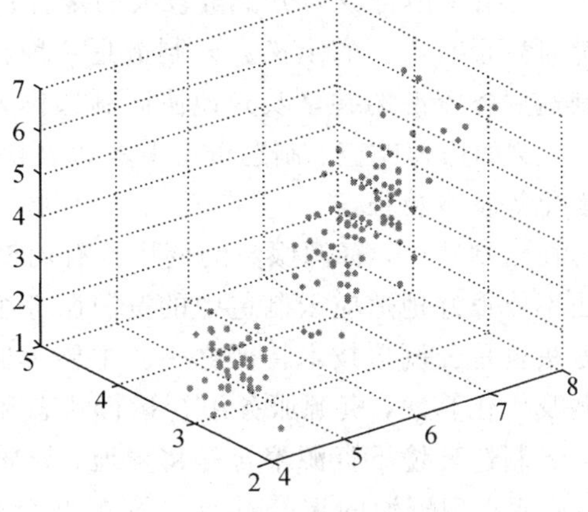

图 6.10　$k=3$ 时粒度划分数据分布图

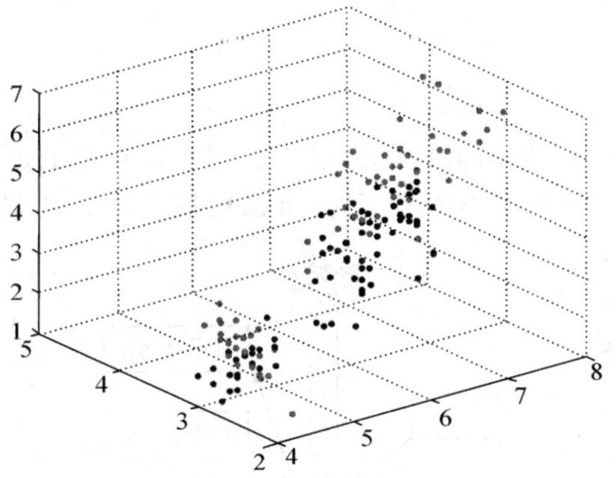

图 6.11　$k=4$ 时粒度划分数据分布图

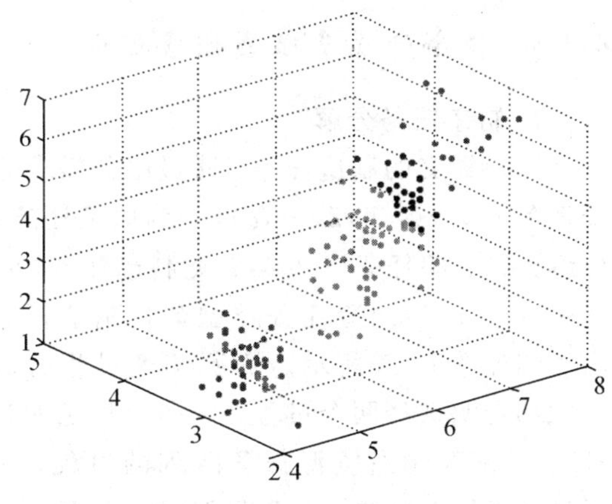

图 6.12　$k=7$ 时粒度划分数据分布图

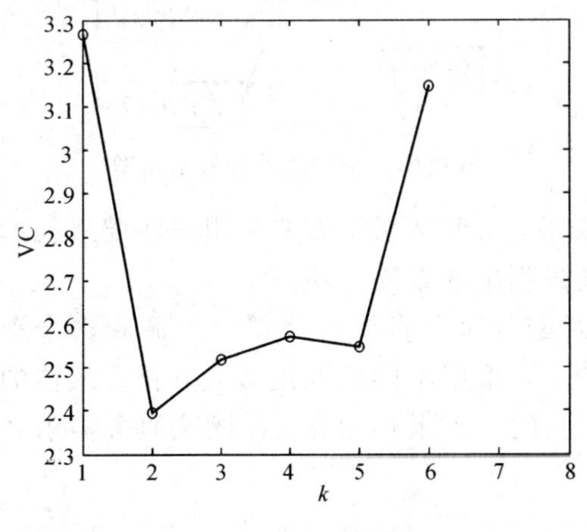


图 6.13　5 折交叉验证曲线图

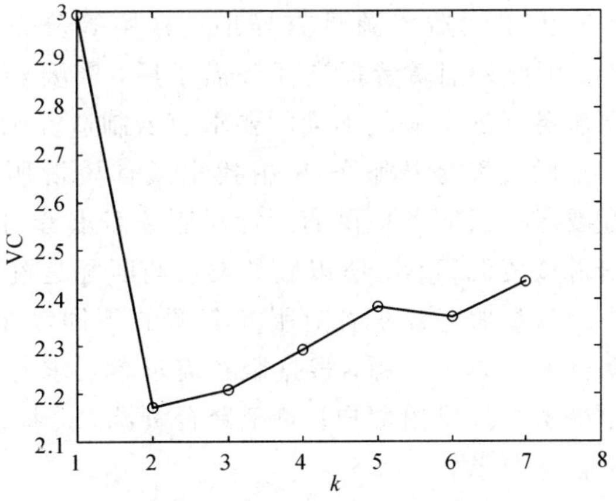


图 6.14　10 折交叉验证曲线图

### 6.3.2 云制造环境下资源聚合问题

关于聚合(aggregation)的理解，有以下两种：一是把一些具有相似性的对象聚集到一起；二是指单体合成为分子量较大的聚合物(polymer)。高分子化学、互联网、制造业等领域都对聚合有不同的定义。云制造是一种新型网络化制造模式，在制造网格基础上，把实现制造服务资源的共享及异地协同制造作为目的，同时其继承了网络化制造所具有的基本特点，例如快速响应、制造资源共享以及协同设计制造等，此外也继承了云计算低成本与规模化等基本特征。

在云制造中，资源服务的调用具有周期长、复杂性高的特点，这使得已有的服务组合方法不能很好地适应云制造中的资源服务组合，因此云制造模式的资源服务组合和动态优化方法也是云制造技术特征之一。主要包括：基于QoS资源服务评价机制，资源服务组合模型及优化算法，资源服务组合运行状态和相应的容错处理策略。

云制造环境下资源聚合是将异地、异质资源与用户需求按照合理的方式予以聚集和整合，从而实现资源的聚合共享。资源聚合的最终目的是为制造服务提供互补性、可扩展性、柔性的服务资源共享，提高云制造系统的协同与资源共享能力。

### 6.3.3 聚合资源多粒度调度过程

**1. 制造任务分解**

用户提交的制造任务，通过服务需求分解模块，将制造任务分解为若干一定粒度的原子任务 $t_p$，$p=(1,2,\cdots,c)$，$c$ 为原子任务数，每一个原子任务 $t_p$ 又可以根据其任务类型分解为 $t_p^i$，即任务 $p$ 的第 $i$ 类制造任务，$i=(1,2,\cdots,n)$，$n$ 为制造任务类型数。制造任务分解示意图如图6.15所示。资源调度过程分为任务分配和资源选择两个过程，任务分配是实现将任务 $t_p^i$ 分配至制造资源任务队列的过程，资源选择是实现制造资源对任务队列的选择过程。

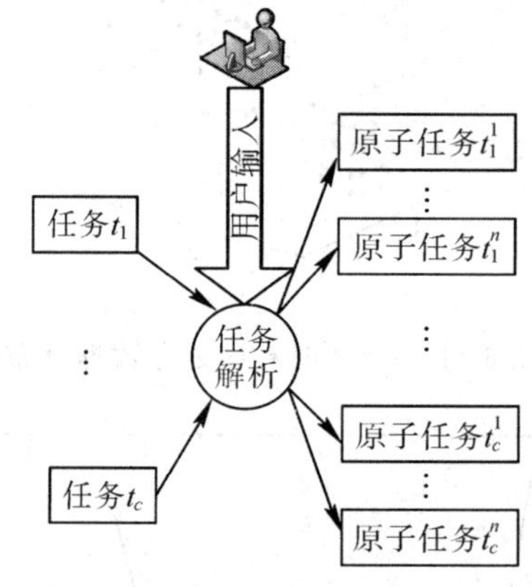

图6.15　制造任务分解示意图

**2. 服务发现与匹配**

由于制造资源具有异地、异构等分布式特点，因此云消费者提交任务需求后，需要经过资源服务匹配来满足不同的要求。云制造资源服务匹配的过程是从服务 $S$ 中找出最佳资源服务匹配要求的云服务提供商。针对服务需求者的任务需求，云制造系统需要为用户匹配最佳的资源或资源组合，所以服务发现与匹配是资源调度过程中的重要一环。

根据服务需求者对服务资源的不同需求，将匹配的服务资源分为单个资源和聚合资源。对于单个资源，根据服务需求者要求的服务等级，采用不同的匹配方式，获得最佳的服务资源提供给用户；对于聚合资源，选择多个资源的一个最佳组合，以满足服务需求者的任务要求。

**3. 服务聚合与优选**

在云制造资源服务匹配过程中，当服务提供者所提供的单个资源无法满足服务消费者所需的任务需求时，需要多个同类型或不同类型的资源组成聚合资源为用户提供服务。对于此类服务匹配问题，由于存在着不同 QoS 资源聚合服务方案，故需要按照不同的任务请求模式评估不同模式下资源聚合的整体决策。经过改进不同的选择方案，可找出云制造资源的服务匹配问题中满足服务需求者任务需求的最佳组合。

云制造环境下资源聚合与优选过程应遵循以下两个原则：

原则 1：在面向多目标任务调度时应保证聚合云服务执行路径集合的整体服务质量最佳。

原则 2：在制造资源一定的条件下，优选的云服务集合最大限度地满足覆盖最多的目标任务。

**4. 服务聚合调度**

多粒度的核心是多目标优化问题。在多粒度的调度模型中存在着时间、空间、容量、状态、系统性能等复杂约束条件。多粒度调度模型是一个复杂的、多目标、多约束问题。多粒度调度模型的求解算法就是在复杂约束下，通过寻找满足多目标(多粒度)的最优调度路径算法，满足云制造调度中的大规模、弹性服务等要求。服务聚合调度是在多粒度的基础上考虑资源的内聚性，通过不同模式的资源聚合来寻求满足多粒度的最优解。

聚合资源多粒度调度框架如图 6.16 所示。

图 6.16　聚合资源多粒度调度框架

聚合模式的定义如下：

**定义 6.1** 把资源划分过程中对服务质量要求较低、在调度过程中功能相同且资源可以相互替换的调度资源聚合称为弱聚合模式。

**定义 6.2** 把资源划分过程中对服务质量某方面必须满足要求、在调度过程中只能用功能较强的资源替换功能较弱的资源的调度资源聚合称为强聚合模式。

**定义 6.3** 把资源划分过程中满足多维服务质量方面要求、在调度过程中对资源的聚合路径不断加以修正的调度资源聚合称为复杂聚合模式。

### 6.3.4 资源多粒度聚合模型求解

**1. 资源多粒度聚合模式**

资源多粒度聚合过程就是资源聚合评估过程，根据客户提交的任务分解的原子任务的服务指标值，来推算四种基本聚合模式的大粒度聚合服务评估值，进一步可以导出整体的聚合服务评估值。以下给出的四种基本聚合表达式是用来刻画聚合服务内部结构的基本聚合模式。以时间($T$)、成本($C$)、可靠性(REL)资源属性指标为例，四种基本聚合结构方式的指标表达式如下：

1）串行聚合方式

在服务聚合的逻辑关系中，基本服务 $t_p^i$ 是在基本服务 $t_p^j$ 执行前完成的，则服务 $t_p^i$ 和服务 $t_p^j$ 之间是串行的聚合模式，逻辑表达关系为 $\mathrm{CR}(t_p^i, t_p^j)$。

$$\begin{cases} T_{\mathrm{ser}} = \sum_{i=1}^{n} T(\mathrm{cs}_i) \\ C_{\mathrm{ser}} = \sum_{i=1}^{n} C(\mathrm{cs}_i) \\ \mathrm{REL}_{\mathrm{ser}} = \prod_{i=1}^{n} \mathrm{REL}(\mathrm{cs}_i) \end{cases} \Rightarrow \begin{cases} q^t(\mathrm{ser}) = \sum_{j=l_1}^{l_n} \sum_{p=1}^{p_j} q^t(\mathrm{cs}_p^j) \times y(i,j,p) \\ q^c(\mathrm{ser}) = \sum_{j=l_1}^{l_n} \sum_{p=1}^{p_j} q^c(\mathrm{cs}_p^j) \times y(i,j,p) \\ q^r(\mathrm{ser}) = \prod_{j=l_1}^{l_n} \left(\sum_{p=1}^{p_j} q^r(\mathrm{cs}_p^j) \times y(i,j,p)\right) \end{cases} \tag{6.23}$$

2）分支聚合方式

在服务聚合的逻辑关系中，基本服务 $t_p^i$ 与基本服务 $t_p^j$ 根据前面的执行结果选择 $t_p^i$ 或 $t_p^j$ 执行前完成，则服务 $t_p^i$ 和服务 $t_p^j$ 之间是分支的聚合模式，逻辑表达关系为 $\mathrm{CR}(t_p^i + t_p^j)$。

$$\begin{cases} T_{\mathrm{bra}} = \sum_{i=1}^{n} \omega_i * T(\mathrm{cs}_i) \\ C_{\mathrm{bra}} = \sum_{i=1}^{n} \omega_i * C(\mathrm{cs}_i) \\ \mathrm{REL}_{\mathrm{bra}} = \sum_{i=1}^{n} \omega_i * \mathrm{REL}(\mathrm{cs}_i) \end{cases} \Rightarrow \begin{cases} q^t(\mathrm{bra}) = \sum_{j=l_1}^{l_n} \left(\sum_{p=1}^{p_j} q^t(\mathrm{cs}_p^j) \times y(i,j,p)\right) \times \omega_i \\ q^c(\mathrm{bra}) = \sum_{j=l_1}^{l_n} \left(\sum_{p=1}^{p_j} q^c(\mathrm{cs}_p^j) \times y(i,j,p)\right) \times \omega_i \\ q^r(\mathrm{ser}) = \sum_{j=l_1}^{l_n} \left(\sum_{p=1}^{p_j} q^r(\mathrm{cs}_p^j) \times y(i,j,p)\right) \times \omega_i \end{cases} \tag{6.24}$$

其中，每个 $\mathrm{cs}_i$ 被选中执行的权值为 $\omega_i$，$\sum_{i=1}^{n} \omega_i = 1$ 计算中取 $\omega_i = \frac{1}{n}$。

3）并行聚合方式

在服务聚合的逻辑关系中，规定服务执行时间段内，基本服务 $t_p^i$ 的执行依赖于基本服

务 $t_p^j$ 执行的结果，反之，基本服务 $t_p^j$ 的执行不依赖于基本服务 $t_p^i$ 执行的结果，则服务 $t_p^i$ 和服务 $t_p^j$ 之间是并行的聚合模式，逻辑表达关系为 $CR(t_p^i \times t_p^j)$。

$$\begin{cases} T_{\text{par}} = \max \quad T(\text{cs}_i), i \in [1,n] \\ C_{\text{par}} = \sum_{i=1}^{n} C(\text{cs}_i) \\ \text{REL}_{\text{par}} = \prod_{i=1}^{n} \text{rel}(\text{cs}_i) \end{cases}$$

$$\Rightarrow \begin{cases} q^t(\text{par}) = \underset{j=l_1,\cdots,l_n}{\text{Max}} \left(\sum_{p=1}^{p_j} q^t(\text{cs}_p^j) \times y(i,j,p)\right) \\ q^c(\text{par}) = \sum_{j=l_1}^{l_n} \sum_{p=1}^{p_j} q^c(\text{cs}_p^j) \times y(i,j,p) \\ q^r(\text{par}) = \prod_{j=l_1}^{l_n} \left(\sum_{p=1}^{p_j} q^r(\text{cs}_p^j) \times y(i,j,p)\right) \end{cases} \tag{6.25}$$

4）自循环聚合方式

在服务聚合的逻辑关系中，如果 $t_p^i$ 被连续执行多次，则称 $t_p^i$ 为自循环聚合模式，逻辑表达关系为 $CR(!\ t_p^i)$。式(6.26)中 $\xi_i$ 为服务循环的次数。

$$\begin{cases} T_{\text{cir}} = \xi_i * \sum_{i=1}^{n} T(\text{cs}_i) \\ C_{\text{cir}} = \xi_i * \sum_{i=1}^{n} C(\text{cs}_i) \\ \text{REL}_{\text{cir}} \prod_{i=1}^{n} \text{rel}(\text{cs}_i) \end{cases}$$

$$\Rightarrow \begin{cases} q^t(\text{ser}) = \sum_{j=l_1}^{l_n} \sum_{p=1}^{p_j} q^t(\text{cs}_p^j) \times y(i,j,p) \times \xi_j \\ q^c(\text{ser}) = \sum_{j=l_1}^{l_n} \sum_{p=1}^{p_j} q^c(\text{cs}_p^j) \times y(i,j,p) \times \xi_j \\ q^r(\text{ser}) = \prod_{j=l_1}^{l_n} \left(\sum_{p=1}^{p_j} q^r(\text{cs}_p^j) \times y(i,j,p)\right) \end{cases} \tag{6.26}$$

**2. 资源多粒度聚合过程**

云制造环境下服务需求者对任务的服务聚合与优化问题的数学描述如下：

服务需求者 $T_p$ 通过任务解析为若干一定粒度的原子任务 $t_p$，可以表示为 $T_p = \{t_p^1, t_p^2, \cdots, t_p^j\}$，其中，$t_p^j$ 表示任务请求 $T_p$ 的第 $j$ 个原子任务；对于原子任务序列 $\{t_p^1, t_p^2, \cdots, t_p^j\}$，根据云制造资源服务匹配等级匹配算法，生成相应的服务候选集序列 $\text{cs}_p = \{\text{cs}_p^1, \text{cs}_p^2, \cdots, \text{cs}_p^j\}$。其中，第 $j$ 个服务选集 $\text{cs}_p^j$ 包含了完成原子任务 $t_p^j$ 候选基础服务：$\text{cs}_p^j = \{\text{cs}_{pk1}^j, \text{cs}_{pk2}^j, \cdots, \text{cs}_{pki}^j, \cdots, \text{cs}_{pkn}^j\}$。当 $j=1$ 时，只要从 $\text{cs}_p$ 选取最佳匹配的基础服务；当 $j>1$ 时，需要分别从服务候选集序列 $\{\text{cs}_p^1, \text{cs}_p^2, \cdots, \text{cs}_p^j\}$ 的每个 $\text{cs}_p^j$ 中挑选一个基础服务，组成可能的聚合服务 $\{\text{cs}_{pkm1}^1, \text{cs}_{pkm2}^2, \cdots, \text{cs}_{pkmj}^j\}$，并从 $\prod_1^j K_{mj}$ 种可能的聚合服务方案中通过服务评价选出最优的聚合服务。服务聚合路径流程如图 6.17～图 6.19 所示。

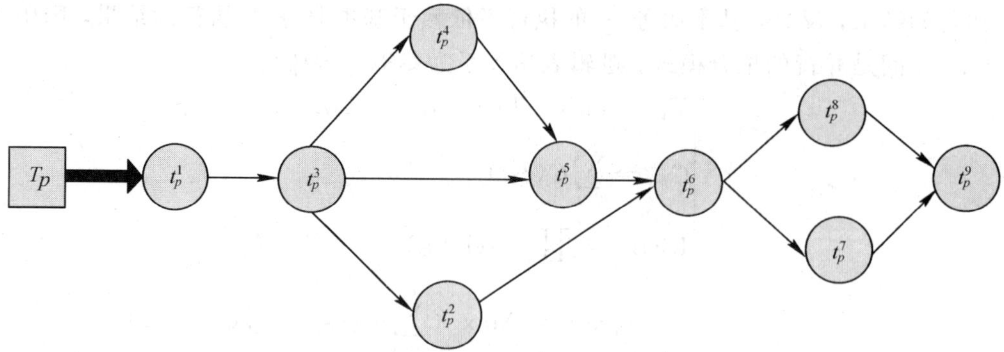


图 6.17　原子任务序列图

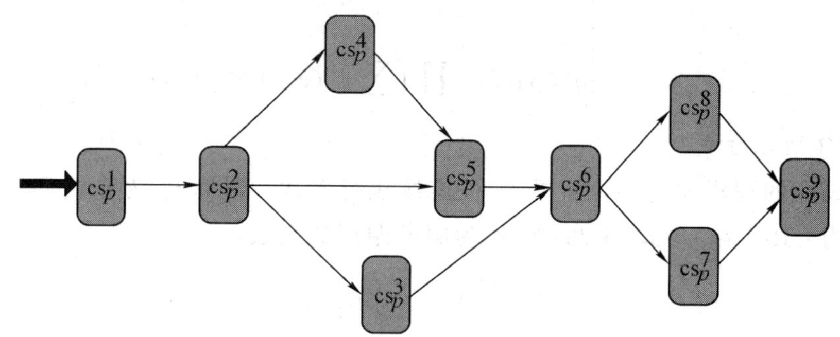


图 6.18　服务候选集序列图

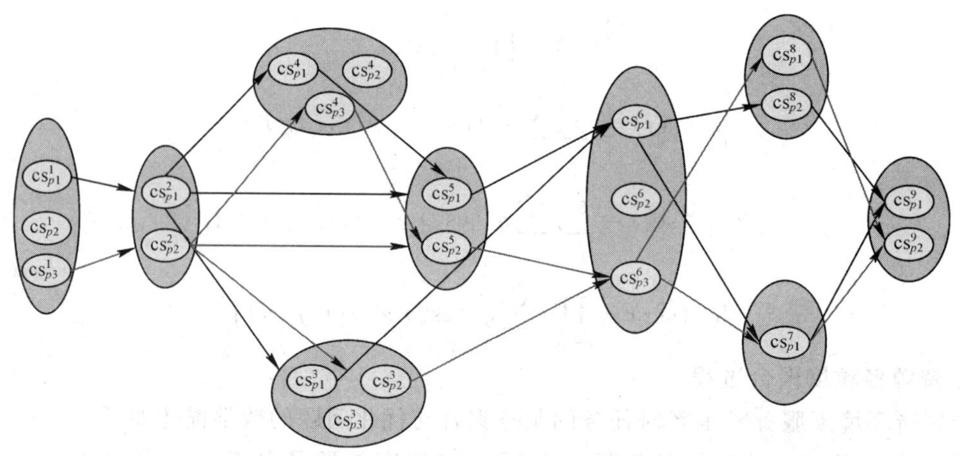


图 6.19　资源多粒度聚合路径图

传递性是资源服务聚合过程所特有的属性，主要体现在聚合过程可通过重用和不同的基础服务组合来生成更大的粒度服务，并且新的聚合粒度在资源聚合过程中又可以看做基础服务来重用。串行结构模式、并行结构模式、选择结构模式、顺环结构模式是构建大粒度服务的四种基本聚合服务，基础服务通常可以通过这四种聚合模式进行任意组合得到，基于这些聚合的大粒度基础服务，构建成任意结构良好的整体聚合服务。资源的聚合过程如图 6.20 所示。

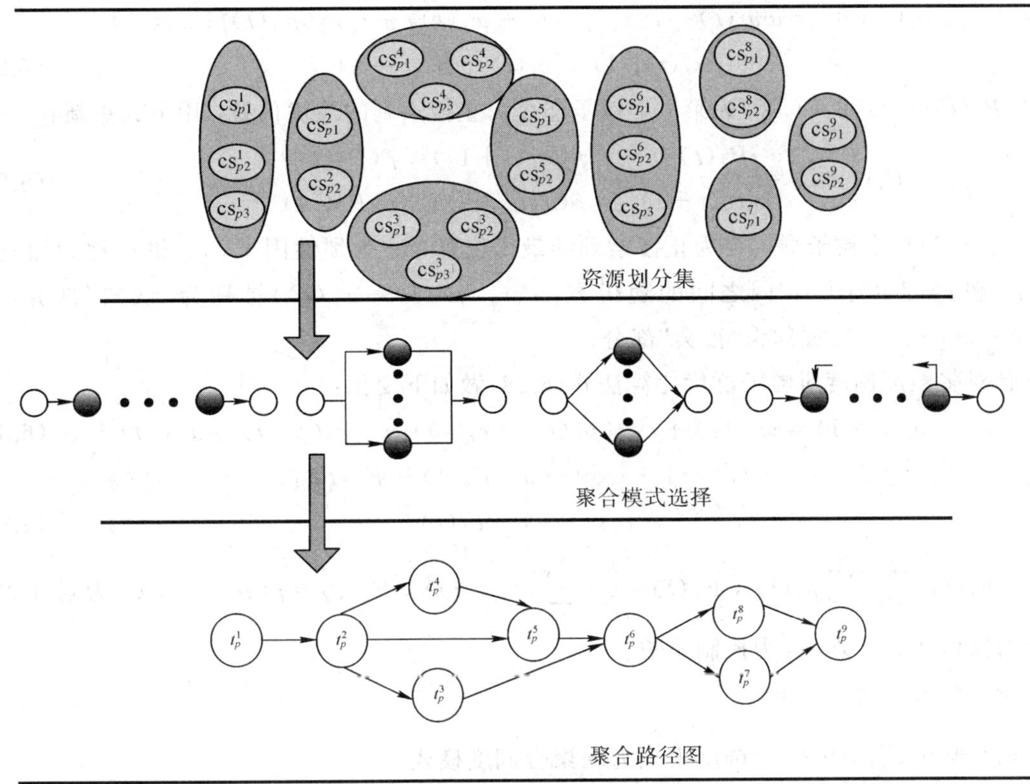


图 6.20　多粒度资源聚合过程图

**3. 资源多粒度聚合数学模型**

针对资源多粒度聚合模型以时间、成本和可靠性作为聚合评估指标(可以变更或加入新的聚合评估指标，核心架构不变)，并约定以下参数及变量：$q^t(\cdots)$，$q^c(\cdots)$，$q^r(\cdots)$分别为时间、成本、可用性评估指标，$y(i,j,p)$为决策变量，若候选云服务集合 $CS_p$ 中的云服务 $cs_p^j$ 被用于形成聚合服务执行路径 $P_i$，则赋值为 1，反之赋值为 0。任意组合云服务执行路径 $P_i$ 可分解为四种基本结构，根据云服务 $cs_p^j$ 的聚合评价指标定义 $G(cs_p^j)=\langle q^t(cs_p^j),q^c(cs_p^j),q^r(cs_p^j)\rangle$可计算 $P_i$ 中各类基本的聚合结构模式的聚合评价表达式：

$$\begin{aligned}G(cs_p^j)&=\langle q^t(P_i),q^c(P_i),q^r(P_i)\rangle\\&=f(G(\mathrm{ser}),G(\mathrm{bra}),G(\mathrm{par}),G(\mathrm{cir}))\\&=\langle f_1(q^t(cs_p^j),y(i,j,p)),f_2(q^c(cs_p^j),y(i,j,p)),f_3(q^r(cs_p^j),y(i,j,p))\rangle\end{aligned}\tag{6.27}$$

说明：$f,f_1,f_2,f_3$ 根据路径 $P_i$ 的组成结构来取值。

**4. 多粒度调度算法实现技术**

服务聚合与优化问题是 NP－hard 问题，普遍采用智能优化算法进行建模与求解。特别是当服务聚合与优化问题的规模较大时，智能优化算法仍能在多项式或接近多项式内找到可接受的次优解，采用离子群优化算法对多粒度调度模型的求解。

设有 $N$ 个粒子组成的一个群体，其中第 $i$ 个粒子表示为一个 $m$ 维的向量 $x_i(i=1,2,\cdots,N)$，第 $i$ 个粒子的“飞行”速度也是一个 $m$ 维的向量，记为 $v_i(i=1,2,\cdots,N)$。再设 $f(x)$为最大化的目标函数，则粒子群优化算法采用下列公式对粒子操作：

$$v_i(t+1)=wv_i(t)+c_1r_1(p_i(t)-x_i(t))+c_2r_2(p_g(t)-x_i(t))$$
$$x_i(t+1)=x_i(t)+v_i(t+1) \tag{6.28}$$

其中，$P_i(t)(i=1,2,\cdots,N)$为第 $i$ 个粒子迄今为止搜索到的最优位置，用下式更新：

$$P_i(t+1)=\begin{cases}P_i(t) & f(x_i(t+1))<f(P_i(t))\\ x_i(t+1) & f(x_i(t+1))\geqslant f(P_i(t))\end{cases} \tag{6.29}$$

$P_g(t)$为整个粒子群迄今为止搜索到的最优位置，$w$ 为惯性因子，$c_1$ 和 $c_2$称为加速系数，$r_1$ 和 $r_2$ 是介于[0，1]之间的随机数，$c_1r_1(p_i(t)-x_i(t))$被称为“认知”部分，而 $c_2r_2(p_g(t)-x_i(t))$被称为“社会”部分。

针对多粒度调度对粒子群优化算法式(6.28)做如下变化：

$$v_i(t+1)=wv_i(t)+c_1r(p_\theta(t)-x_i(t))+c_2r_2(p_g(t)-x_i(t)) \tag{6.30}$$

$$c_1(t)=1-\exp(-\omega\mid F_\theta(t)-F_g(t)\mid)$$
$$c_2(t)=1-c_1(t) \tag{6.31}$$

其中，$p_\theta(t)=\dfrac{k_\theta}{N}\sum\limits_{i=1}^{N}p_i(t)$，$F_\theta(t)=\dfrac{k_\theta}{N}\sum\limits_{i=1}^{N}f(x_i(t))$，$F_g(t)=f(p_g(t))$，$k_\theta$ 为划分资源粒度时阈值 $\theta$ 的个数，$\omega$ 为控制系数。

调度模式的选择如下：

(1) 当 $0<\dfrac{k_\theta}{N}\leqslant 0.33$ 时调度模式为弱聚合调度模式。

(2) 当 $0.33<\dfrac{k_\theta}{N}<0.67$ 时调度模式为强聚合调度模式。

(3) 当 $0.67\leqslant\dfrac{k_\theta}{N}<1$ 时调度模式为复杂聚合调度模式。

### 6.3.5 资源多粒度调度结果

由于本章节的重点在资源的多粒度调度，因此在调度过程中没有对算法进行改进和优化。实验主要验证了弱聚合模式、强聚合模式以及复杂聚合模式下，多粒度调度与一般调度在任务完成时间和算法时间复杂度方面所具有的较明显优势。

对每类实验对象，随机生成一组服务需求、施加时间、空间、容量、状态等约束条件。仿真结果如下所述。

(1) 弱聚合模式下的多粒度调度。

首先依据第二章的资源多粒度划分策略对资源进行多粒度划分，得到如图 6.21 所示的集序列图，然后根据图 6.19 所示的资源多粒度聚合路径图，选取适合客户需求的资源粒度进行服务。图中的纵坐标为任务完成总时间，横坐标为算法时间复杂度 $T_o=O(m\times n\times g\times h)$，其中 $m$、$n$ 为粒子群算法中的例子个数与 $x_i$ 的维数，$g$、$h$ 分别为 $p_g(t)$取局部最优的次数和每一轮 $p_g(t)$的迭代次数。从图 6.21 可以看出，多粒度调度在任务完成时间以及时间复杂度方面远远优于一般条件下的资源调度，随着时间复杂度的增加，多粒度调度在完成时间方面呈现明显下降的趋势。

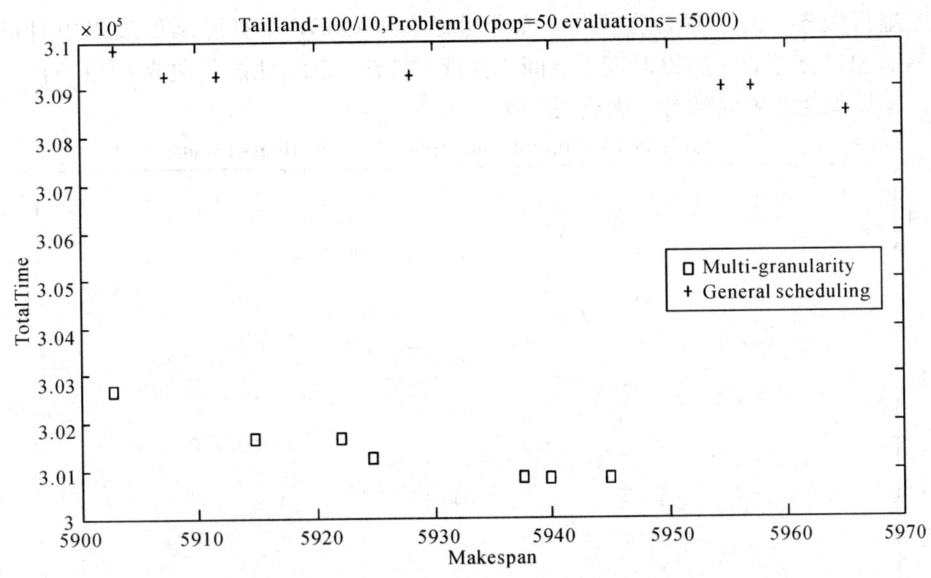


图 6.21　弱聚合模式下的多粒度调度结果示意图

(2) 强聚合模式下的多粒度调度。

首先依据第二章的资源多粒度划分策略对资源进行多粒度划分，得到图 6.21 所示的服务候选集序列图，然后根据图 6.22 所示的资源多粒度聚合路径图选取适合客户需求的资源粒度进行服务。对于强聚合方式，充分考虑客户 QoS，并在资源调度过程对资源的聚合路径不断加以修正，以满足客户 QoS 偏好。随着时间复杂度的增加，强聚合模式多粒度调度在完成时间方面也呈现明显的下降趋势。

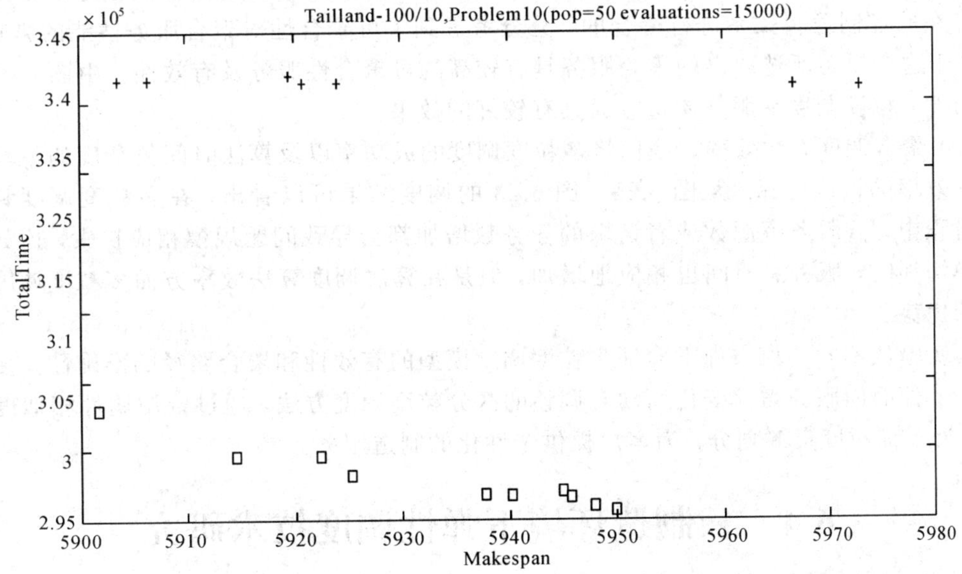


图 6.22　强聚合模式下的多粒度调度结果示意图

(3) 复杂聚合模式下的多粒度调度。

首先依据第二章的资源多粒度划分策略，对资源进行多粒度划分，得到图 6.21 所示的服务候选集序列图，然后根据图 6.23 所示的资源多粒度聚合路径图选取适合客户需求的资源粒度进行服务。复杂聚合方式下，充分考虑客户 QoS，在资源调度过程中对资源的聚合路径不断加以修正，并加以时间、空间、容量、状态、系统性能等复杂约束条件。此聚合模式下，资源调度结果收敛性、聚合性较好。

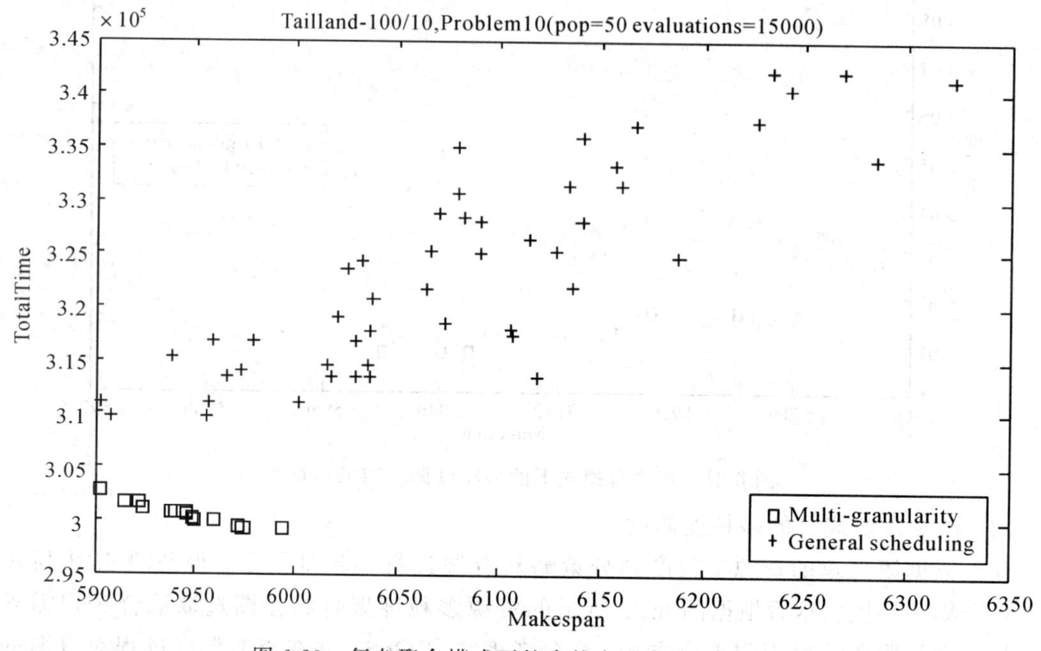


图 6.23　复杂聚合模式下的多粒度调度结果示意图

结果分析：

（1）聚合服务质量。由于所提出的支持聚合服务选取的多粒度调度模型是根据基本服务所存在的控制逻辑关系进行聚合的，充分考虑到了可聚合性对聚合服务性能的影响，因此，基于这个模型所选取出的聚合服务具有较高的可聚合性服务及有效性。由图 6.21～图 6.23 可知，粒度调度在服务质量方面具有较好的效果。

（2）聚合调度算法效率。我们将多粒度调度的成功率以及算法时间复杂度的平均值作为算法效率的评价指标。从图 6.21～图 6.23 的调度结果可以看出，在多粒度调度和一般调度过程中，云服务资源数或者请求的任务数增加都会导致问题规模相应扩大，比如当任务规模增加时，服务总时间也相应地增加，但是在算法调度算法效率方面多粒度调度具有明显的优势。

本实验从不同约束条件下验证多粒度调度模型的有效性和聚合路径的准确性。多粒度调度是一种面向服务需求变化而动态调整的区分粒度调度方法，通过资源属性相似度对资源进行粗、细粒度资源划分，为客户提供个性化的制造服务。

## 6.4　云制造环境下弹性调度技术研究

### 6.4.1　云制造环境下资源动态调度

#### 1. 云制造资源调度特征

云制造以“按需服务”为核心，以“制造即服务”的理念为客户提供个性化的制造服务。

多粒度弹性调度是云制造的关键技术，其贯穿整个制造过程，是云制造服务的出发点和自始至终都必须考虑的问题。由于客户需求多样化，以及云制造资源具有弹性、复杂等特点，因此云制造服务需变更弹性调度要求系统、全面、多粒度、多尺度地获取客户需求信息并对其进行分析，对客户需求变更进行需求变更与服务变更判定和调度评价，有效地避免资源调度过程中出现的频繁调度和无用调度等问题。

在云制造中，资源调度问题具有如下特征：

（1）制造资源具有容量约束。制造活动根据资源的占用方式分为独占式和共享式。对于独占式制造资源，制造资源的容量为 1；对于共享式制造资源，其容量为制造资源在同一时间内所能承担的最大制造任务数目。独占式和共享式制造资源都具有容量约束。

（2）制造资源具有复杂制造能力。在云制造中，制造资源可以通过弹性配置组成聚合资源，极大地扩展了制造资源的制造能力，制造资源具备了承担多类制造任务的复杂制造能力。

（3）制造资源存在任务队列。无论是独占式或共享式云制造资源，在满足容量约束的基础上，还存在着制造任务队列，队列长度根据制造资源的制造计划或缓冲队列大小而设定。

（4）不同制造资源具有不同的 QoS 能力。制造资源相互间存在着制造速度、制造精度、制造成本等多种 QoS 能力的差异，在响应客户需求进行资源调度时，在 QoS 的基础上，还需结合队列状态、时间延迟、负荷均衡等因素进行分析。

（5）制造任务请求到达为泊松过程。制造任务请求到达是一个随机事件，满足泊松过程的平稳性、稀有性、无后效性和微分性。

**2. 云制造资源动态调度系统组成**

云制造具有十分广阔的应用前景，其中资源的动态调度管理是其核心技术之一，包括异构资源统一管理、资源的粒度属性划分、资源合理调度和分配等。近年来，学者们在云计算资源动态调度方面进行了较多研究。为了满足在保证资源性能的前提下改进资源利用率，我们提出了基于资源负载均衡的动态调度策略，建立了云制造资源动态管理与调度系统，如图 6.24 所示。该系统为客户提供了不同需求的资源调度服务，并为客户提供了可靠和可信的资源，保证系统正常、合理地运行，保证任务的顺利完成。动态调度系统主要由 5 大部分构成：任务管理器、负载均衡器、任务选择器、动态调度器、容错处理。

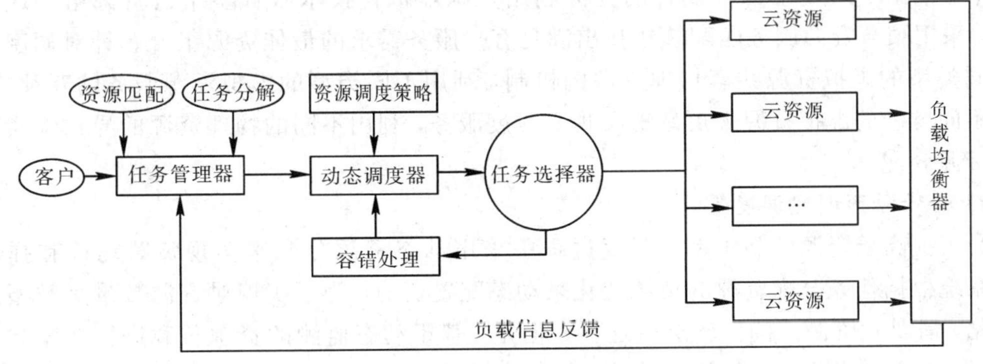


图 6.24　云制造资源动态管理与调度系统图

1）任务管理器(Task Manager)

任务管理器的作用是对各个任务进行管理，建立一个就绪任务集合，动态描述某个时刻可调度的任务。任务管理器与任务的调度顺序相关，动态调度从两个层面上来考虑调度任务，它首先会根据客户和资源节点的限制条件来选取一定量的任务作为当前可调度的任务集，然后对这个可调度的任务集进行基于服务等级的排序，进而优先调度那些优先级较高的任务。

2）负载均衡器(Load Manager)

负载均衡器监测系统及系统中各资源的负载情况，并根据当前系统的负载以及当前资源节点的负载情况来决定资源节点的任务分配，并完成资源的动态信息采集。

3）动态调度器(Dynamic Scheduler)

动态调度器根据任务的资源需求、资源节点的服务能力、系统状态的变化对资源的类型以及数量进行合理配置，为任务匹配到最优的资源，形成调度结果集后将系统信息反馈给客户及资源提供商。此过程中，客户的需求在时间、质量、成本、服务指标上是同步性的动态组合，是一个多目标资源组合优化的过程。

4）容错处理(Fault Tolerant Processor)

容错处理即是重调度，出现在调度策略的二次协商或者资源性能动态变化而导致的调度变更时，是对现有调度策略的修正。

**3. 云制造资源动态调度内容**

云制造资源是由物理制造资源及其聚合后形成的具有复杂制造能力的制造服务单元，由多个云制造资源组合构成的制造服务子集，具有响应多任务、多类型服务需求的服务能力。云制造资源调度是一种依赖制造服务子集动态属性(制造资源逻辑队列的状态和不同类型任务的服务速率)，满足用户制造任务的 QoS 需求，有序进行制造活动的调度策略。由于云制造具有多用户、按需服务等特征，因此，云制造资源动态调度具有形式及服务多样化等特点。

1）任务多粒度云资源动态调度策略

在云制造环境中，根据用户需求或者任务的多粒度属性，将用户需求分为单一资源服务需求和聚合资源服务需求任务。对于单一资源服务需求任务，调度系统从大量的待选云服务中基于单资源服务等级匹配算法获得最佳的云服务来执行该任务；而对于聚合资源服务需求，根据不同 QoS 粒度属性的任务利用资源虚拟化技术联合多个云资源组合成聚合资源，采用聚合资源服务匹配算法找出满足客户服务需求的最佳资源组合。针对调度过程中不同类型的虚拟资源共享物理资源的机制，利用不同类型的虚拟资源服务的互补特性，联合不同类型的虚拟资源来更好地实现多粒度服务，利用不同的物理资源的异构性实现更好的资源分配。

2）云资源预调度调度策略

为了提高云资源的利用率，调度过程中采用动态资源分配来实现负载均衡和弹性调度。系统根据任务分配资源的负载变化来动态配置资源，为了实现对资源数量级类型的动态变化，需要对资源上的任务进行迁移。但是，基于动态监测的资源负载进行调度和任务迁移时，常会出现调度频繁的波动情况，影响了系统的调度性能。因此系统对采用各种类型资源负载变化进行了预调度和任务服务需求的预测机制，通过预测调度过程中资源的需求进行更准确的资源分配，避免了不必要的任务重调度带来的开销和满足任务的动态资源需求，实现了有效的资源配置和更高的资源利用率。

3）动态调度多目标优化问题

云制造调度过程中，一方面为了最大化资源效益，需要降低成本，另一方面需要保证客户服务需求质量和提高资源性能，使调度优化过程多个目标存在着相互冲突，例如最大化资源利用率则会导致服务质量的下降。对于云消费者来说，希望任务的费用越少越好，同时希望任务的调度能尽快完成，这两个目标往往是矛盾的，为此，系统采用完成时间最小和花费费用最少的多目标资源调度算法。

### 6.4.2　云制造资源弹性调度框架

**1. 云制造资源弹性调度分析**

制造环境下弹性调度技术研究的核心是多目标优化问题，调度模型中存在着时间、空间、容量、状态、系统性能等复杂约束条件，同时还存在着不同的客户服务需求，云制造环境弹性度调度模型是一个复杂的、多目标、多约束问题。针对云制造调度的特殊性，以云制造资源调度为基础，建立云制造弹性资源调度(Elasticity Resource Scheduling，ERS)模型，如图 6.25 所示。ERS 模型中，用户根据自己的服务需求提交任务，即需要调度的任务集 $T(t_1, t_2, \cdots, t_n)$，资源调度器通过服务管理进行初步的静态属性资源匹配，获得满足制造需求静态属性的制造资源集 $R(r_1, r_2, \cdots, r_m)$。任务分配是实现将任务 $t_i$ 分配至制造资源任务队列的分配过程，资源选择是实现制造资源对任务队列的选择过程。在上述资源调度的执行过程中的弹性调度问题是根据资源负载状态或者客户需求变更弹性地调整参与协同制造活动资源的数量和类型，将资源状态变化(如负载、资源故障和任务拖期等)引起的弹性调度定义为服务变更弹性调度(Service - Change ERS，SERS)，而客户需求(如任务增减、紧急任务插入等)变更条件下弹性调度定义为需求变更弹性调度(Requirements - Change ERS，RERS)。

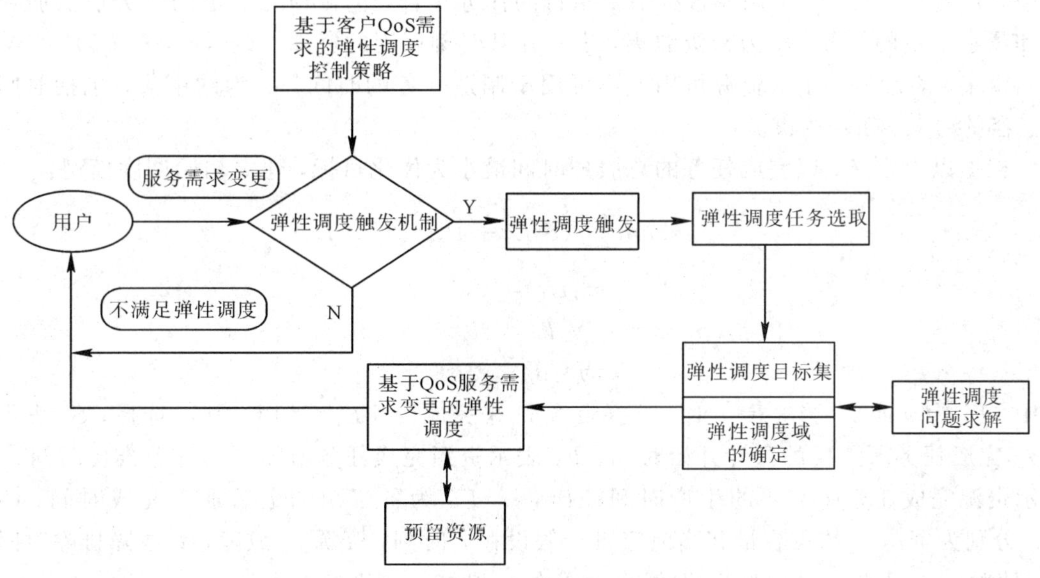


图 6.25　云制造资源弹性调度系统框架图

**2. 模型形式化描述**

**定义 6.4** 云服务需求者集合 $U$ 为云制造系统中任务请求者的集合 $U=\{u_i \mid i=1,2,\cdots,n\}$。

**定义 6.5** 当前弹性调度前所运行 $m$ 个云资源 $R(r_1,r_2,\cdots,r_m)$ 以及 $n$ 类制造任务 $T(t_1,t_2,\cdots,t_n)$，资源调度是将 $n$ 类制造任务按照一定的调度策略及规则分配到 $m$ 个云资源上执行的过程。

**定义 6.6** 资源预留集合为 $\mathrm{RRC}(\mathrm{rc}_1,\mathrm{rc}_2,\cdots,\mathrm{rc}_z)$，云制造环境中为保证用户的 QoS 需求，兼顾系统资源性能以及提高资源服务收益等综合因素，在资源调度时进行了资源预留。

**定义 6.7** 云制造任务服务等级 $\mathrm{SL}=\{\mid i=1,2,\cdots,n\}$，表示服务需求者在提交任务的 QoS、服务需求等级时，根据此服务等级对任务进行调度时进行优先权的设置。前驱调度规则 $\mathrm{PCR}=\{\mathrm{pcr}_v \mid =1,2,\cdots,m\}$，表示云制造调度系统在当前触发弹性调度时所执行的调度规则及策略。

**定义 6.8** 服务需求者的前驱 QoS 需求 $\mathrm{PQ}=\{(p_i,q_i) \mid i=1,2,\cdots,n\}$，PQ 为资源需求者当前服务需求变更后的前一次服务 QoS 需求，$p_i$ 为各种不同的任务需求属性(价格、时间、可用性、可靠性和信誉度等)，$q_i$ 为相应任务请求者 QoS 需求的程度。

**定义 6.9** 弹性调度目标集 $E_s=\{\mid i=1,2,n\}$为系统新到以及服务需求变更条件后需要重新分配的任务集。$T(t_i,t_j,\cdots,t_k)$为根据 QoS 的变化类型、变化程度等因素来确定的需要进行弹性调度的任务子集,$E_s=T(t_i,t_j,\cdots,t_k)\cup T_n(t_{n1},t_{n2},\cdots,t_{ni})$

**定义 6.10** 弹性调度域 $E_d=\{\mid i=1,2,\cdots,n\}$为满足弹性调度目标集 QoS 需求的资源以及从预留资源中添加的资源集合 $E_d=R(R_i,r_j,\cdots,r_k)\cup R_c(r_{c1},r_{c2},\cdots,r_{ci})$。

**3. 云制造弹性调度模型**

弹性调动问题可以用 4 元组来描述：

$$P=\{T,R,\mathrm{TW},C\}$$

其中，$T$ 为任务集，表示调度过程中要执行的任务集合，包含预先确定的任务以及服务变更和需求变更的任务；$R$ 为云资源集，表示在某时刻可用的资源 $R(r_1,r_2,\cdots,r_m)$；TW 为时间窗集，表示每一个云资源可用或不可用于制造任务的时间；$C$ 为约束集，包括时间约束、容量约束、任务约束。

根据以上定义，以完成任务的总服务时间最小为优化目标，建立初始调度模型：

$$A_{\min}=\min\sum_{i=1}^{n}(S_iL_i+P_iL_i+M_iL_i)$$

$$\mathrm{st}:L_1=\{0,1\}$$

$$\forall T_i \leqslant T_Q$$

$$\forall \mathrm{Cn}_i \leqslant \mathrm{Co}_i$$

其中，$L_i$ 为 0 或 1，当 $L_i=1$ 时，选择资源 $r_i$ 来完成，当 $L_i=0$ 时，则不选择；$S_i$ 表示资源 $r_i$ 完成任务所需要的预计开始时间；$P_i$ 表示资源完成任务所需要的任务准备时间；$M_i$ 表示资源完成任务所需要的生产时间；$T_1,\cdots,T_m$ 为各资源的最后加工完成时间；$\mathrm{Co}_i$、$\mathrm{Cn}_i$ 分别为资源 $r_i$ 约束容量和当前容量。假设在 $t'$时刻，资源 $r_j$ 故障，其故障排除时间为 $T_d$(当故障不可排除时，则 $T_d$ 取值为无穷大)，则弹性调度模型表为

$$\psi_{x+1}=\{\psi_x,\beta_{\psi x},C_{\mathrm{elas}}F_{\mathrm{type}},\Delta\}$$

其中：$\psi_x$ 表示在弹性调度发生之前的调度问题，$\psi_x=\{T,R,\mathrm{TW},C\}$；$\beta_{\psi x}$ 为前一次弹性调度驱调度问题 $\psi_x$ 的解或者初始调度解；$C_{\mathrm{elas}}$是增加的相关弹性问题的约束条件，如在 $t'$时刻，资源 $r_j$ 故障，故该资源的 $\mathrm{Co}_j=0$。在 $t'$时刻其它资源上正在运行的任务不改变其运行状态结果。$\Delta$ 为扰动系数，用来反应当弹性调度发生后，所得到的调度结果和原调度之间变化程度，其计算式为

$$\Delta=\Delta(\beta_{\psi x},\beta_{\psi x+1})=\sum_{v\in A}\mid\beta_{\psi_x}(y)-\beta_{\psi x+1}(v)\mid \tag{6.32}$$

弹性调度模型如下：

$$\begin{aligned}
&A_{\min}=\min\sum_{i=1}^{n}(S_iL_i+P_iL_i+M_iL_i)\\
&\mathrm{st}:L_i=\{0,1\}\\
&\min(\mid T_1-T_2\mid+\mid T_1-T_3\mid+\cdots+\mid T_1-T_m\mid+\mid T_2-T_3+\cdots+\mid T_2-T_m\mid+\cdots+\mid T_{m-1}-T_m\mid)\\
&\min\sum_{v\in A}\mid\beta_{\psi x}(v)-\beta_{\psi x+1}(v)\mid\\
&\forall T_i\leqslant T_Q\\
&\forall \mathrm{Cn}_i\leqslant \mathrm{Co}_i\\
&C_{\mathrm{add}}
\end{aligned} \tag{6.33}$$

### 6.4.3　云制造资源弹性模型求解

由于该问题是 NP 疑难问题，常用的完全搜索算法不满足云制造任务的时间和效率要求，故在初始问题求解过程中，一般采用近似方法，求得最优分配方案。初始调度时采用基于贪心算法的资源负载均衡弹性分配策略。

**1. 资源负载均衡弹性分配策略**

在调度过程中，$m$ 个任务分配给 $n$ 台设备的云系统中，设备的负载率表示为 $\xi_i$，其计算式为

$$\xi_i=\mathrm{Ld}(i)/\mathrm{Al}(i)\times 100\%\qquad(\xi_i\leqslant 1) \tag{6.34}$$

其中，$\mathrm{Ld}(i)$为资源 $r_i$ 负载时间；$\mathrm{Al}(i)$为资源 $r_i$ 的可用时间；$\xi_i$ 为资源 $r_i$ 的负载率，在调度过程中负载率根据实际情况确定，一般取值在$(\omega_1,\omega_2)=(0.65\sim0.85)$之间。$\xi_i$ 反应了资源节点的利用状态，针对整个调度的负载均衡状态的评价，采用资源负载率的标准差 $\sigma_k$ 来表示：

$$\sigma_k=\sqrt{\frac{1}{m-1}\sum_{i=1}^{m}(\xi_i-\overline{\xi_i})^2} \tag{6.35}$$

$$\overline{\xi_i}=\frac{1}{m}\sum_{i=1}^{m}\xi_i \tag{6.36}$$

其中，$\overline{\xi_i}$为资源整体的利用率，$\overline{\xi_i}$越大，表示资源的整体利用率越大；$\sigma_k$ 为各资源负载率之间的离散程度，$\sigma_k$ 越小，表示资源负载率的离散程度越小，系统的调度过程中资源的负载均衡。

SERS 弹性调度判定模块：在任务的调度活动过程中单个资源可承受负载为 $\mathrm{Al}(i)$，其实际负载为 $\mathrm{Ld}(i)$，负载管理器监督资源负载情况，并判断资源负载情况。具体的判定方法如下：

(1) 当 $\sum_{i=1}^{m}\mathrm{Ld}(i)/\sum_{i=1}^{m}\mathrm{Al}(i)>\omega_2$ 时，系统资源负载过高，负载管理器向弹性调度系统

反馈需要增加资源(根据任务的 QoS 需求匹配符合任务需求的资源),选取负载率超过设定值的任务,加入到弹性调度目标集 $E_s$ 中。

(2) 当 $\sum_{i=1}^{m}\mathrm{Ld}(i)/\sum_{i=1}^{m}\mathrm{Al}(i)<\omega_1$ 时,系统资源负载过低,负载管理器向弹性调度系统反馈需要减少资源(优先删除负载率较低的资源),提取删除资源上的任务,加入到弹性调度目标集 $E_s$ 中。

(3) 当 $\omega_1<\sum_{i=1}^{m}\mathrm{Ld}(i)/\sum_{i=1}^{m}\mathrm{Al}(i)<\omega_2$ 时,系统资源负载均衡,负载管理器不需要向弹性调度系统反馈资源增减信息。

**2. 资源数量的弹性变化**

在弹性调度系统中,服务需求者希望服务资源个数最多,服务效率最高,任务逗留时间最短,使自己的损失达到最小,因此服务提供者就需要增加资源个数,而资源也不可能无限投入,因此需要对资源提供的个数进行优化设计,使服务需求者与提供者自己利益最大化。

设任务分配到资源 $R_k$ 上带来的损益系数为 $c_t$,每个资源的服务成本为 $c_i$,总成本为资源个数的弹性选择:

$$\begin{cases}Z(k)=\sum_{i=1}^{k}c_1+\sum_{i=1}^{k}c_tL_t(k)\\ L_t(k)=f^w\left(\dfrac{\ln(1+R_{ij})}{\ln 2}\cdot\dfrac{1}{\xi_t}\right)\end{cases}\tag{6.37}$$

式中,$R_{ij}$ 是资源 $R_t$ 上未完成的任务数量;$\xi_t$ 为资源 $R_t$ 的负载率;$f^w$ 是自定义的调整函数。最优资源数目满足:

$$\min Z(k)=\min(\sum_{i=1}^{k}c_i+\sum_{t=1}^{k}c_tL_t(k))\tag{6.38}$$

当 $Z(k)^*$ 取最小值时应满足:

$$\begin{cases}Z(k^*)\geqslant Z(k^*-1)\\ Z(k^*)\leqslant Z(k^*+1)\end{cases}\tag{6.39}$$

将 $Z(k^*)$代入得

$$\sum_{t=1}^{k}L_t(k^*)-\sum_{t=1}^{k}L_t(k^*+1)\leqslant\sum_{t=1}^{k}c_i/\sum_{t=1}^{k}c_i\leqslant\sum_{t=1}^{k}L_t(k^*-1)-\sum_{t=1}^{t=1}L_t(k^*)\quad(k=1,2,\cdots)$$

依次计算 $\sum_{t=1}^{k}L_t(k)$ 及 $\Delta L(k)=\sum_{t=1}^{k}L_t(k)-\sum_{t=1}^{k+1}L(k+1)$,$k^*$ 为满足上述不等式的最优资源数,则资源弹性变化数 $\Delta m=k_m-k^*$。

**3. 弹性调度判断方法**

弹性调度函数是衡量任务需求变更在当前时刻是否需要弹性调度的评价,其定义如下:

$$F_{v,\mathrm{elas}}(t)=\left[\sum_{i=1}^{n}V'_{\mathrm{elas}_i}(t+\Delta t)\times(t+\Delta t)-\sum_{i=1}^{n}V_{\mathrm{elas}_i}(t)\times t\right]-\sum_{i=1}^{n}V_{\mathrm{hav}_i}(t)\times\Delta t(t\leqslant T_Q)$$

其中,$t$ 为云资源当前工作时间;$V_{\mathrm{elas}_i}(t)$为资源 $i$ 当前服务能力(如加工速度等)函数;$V'_{\mathrm{elas}_i}(t)$为资源 $i$ 按照原调度计划预调度服务能力函数;$V_{\mathrm{hav}_i}(t)$为资源 $i$ 历史统计服务能力函数均值;$\Delta t$ 为时间间隔,一般取资源服务过程的监控离线采样周期的整数倍。当 $F_{v,\mathrm{elas}}(t)<0$ 时,说明原调度计划在当前的情况下无法满足客户以及各方面约束要求,需

要在原调度的基础上进行弹性调度。当 $F_{v,\text{elas}}(t)/\sum_{i=1}^{n}V_{\text{hav}_i}(t)\times\Delta t>1$ 时，说明需求变更后资源的利用效益较低，也需要对原调度进行资源的弹性减少。

原调度活动开始执行后，由于服务需求变更、任务拖期、资源故障等弹性问题出现，可能造成正在持续的调度活动被破坏，这时需要进行需求变更弹性调度，调度活动描述如下：

(1) 调度系统初始化，$t=0, W^t=W$。

(2) 若在规定时间 $T_Q$ 内完成所有任务，则调度完成，否则转到步骤(3)。

(3) 若在时刻 $T_s$ 出现任务拖期、资源故障或者需求变更等情况且造成正在执行的活动无法继续执行，则转到步骤(4)；否则继续执行，转到步骤(5)。

(4) 将 $T_s$ 时刻后出现任务拖期、资源故障以及需求变更的任务加入到弹性调度目标集 $E_s$ 中，采用改进的回溯算法求出新的调度活动 $W^t$。

(5) 继续执行 $W^t$ 直到所有任务完成，否则若弹性问题出现，则转到步骤(3)。

系统流程如图 6.26 所示。

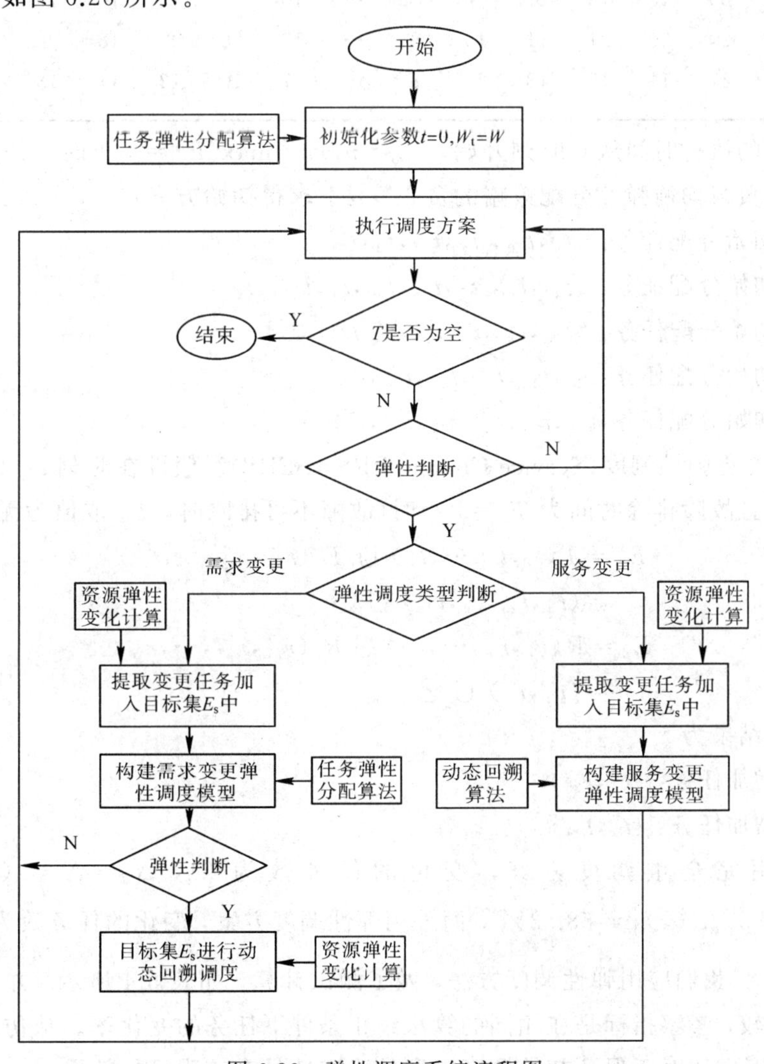


图 6.26　弹性调度系统流程图

### 6.4.4 算例及结果分析

假设根据单资源服务等级匹配算法有 $m$ 个云资源满足用户提交的 $n$ 个任务 $T_n=(t_1,\cdots,t_{36})$，根据资源数量的弹性变化公式，有 5 个云资源 $R_m=(r_1,r_2,r_3,r_4,r_5)$ 为最优资源数。每个任务在对应资源上的服务时间(随机生成)为一个 $m\times n$ 的时间矩阵 $\boldsymbol{E}$，交货期 $T_Q$ 一般取 $n/m\times\max[\boldsymbol{E}]$ 的 1.5 倍，此仿真过程资源队列长度为∞，其部分参数见表 6.3。

**表 6.3 实验数据表**

| | $t_1$ | $t_2$ | $t_3$ | $t_4$ | $t_5$ | $t_6$ | $t_7$ | $t_8$ | … | $t_{31}$ | $t_{32}$ | $t_{33}$ | $t_{34}$ | $t_{35}$ | $t_{36}$ | $C_{ost}/h$ |
|---|---|---|---|---|---|---|---|---|---|---|---|---|---|---|---|---|
| $r_1$ | 19 | 21 | 18 | 17 | 13 | 13 | 8 | 22 | … | 19 | 14 | 17 | 22 | 20 | 12 | 50 |
| $r_2$ | 22 | 12 | 21 | 22 | 9 | 17 | 15 | 22 | … | 16 | 19 | 18 | 17 | 10 | 13 | 65 |
| $r_3$ | 8 | 11 | 20 | 13 | 13 | 12 | 9 | 14 | … | 10 | 9 | 15 | 10 | 19 | 17 | 80 |
| $r_4$ | 18 | 14 | 20 | 20 | 21 | 11 | 15 | 9 | … | 17 | 20 | 9 | 18 | 8 | 21 | 75 |
| $r_5$ | 15 | 9 | 21 | 11 | 15 | 18 | 21 | 8 | … | 17 | 10 | 12 | 17 | 13 | 19 | 55 |

假设任务的执行时间从 0 时刻开始，$T_Q=n/m\times\max[E]=4$ 小时。任务的初始调度采用基于资源负载均衡弹性分配策略的贪心算法，求得初始方案：

资源 $r_1$ 初始分配任务：$\{t_6,t_{20},t_2,t_{13},t_8,t_{24}\}$

资源 $r_2$ 初始分配任务：$\{t_{12},t_4,t_7,t_{18},t_{10},t_1,t_{17}\}$

资源 $r_3$ 初始分配任务：$\{t_{23},t_{21},t_3,t_{25},t_9,t_{14}\}$

资源 $r_4$ 初始分配任务$\{t_{28},t_{19},t_{31},t_{27},t_{26},t_{16}\}$

资源 $r_5$ 初始分配任务$\{t_{22},t_{15},t_{29},t_{11},t_{30},t_5\}$

(1) 服务变更弹性调度(Service-Change ERS，SERS)。假设在时刻 $t=00:39:00$ 资源 $r_3$ 出现故障，且故障排除时间为 $T_\text{d}=1$ 小时(故障不可排除时，$T_d$ 取值为无穷大)：

$$\begin{aligned}E_\text{s}&=T(t_i,t_j,\cdots,t_k)\cup T_n(t_{n1},t_{n2},\cdots,t_{ni})\\&=(t_3,t_{25},t_9,t_{14})\cup\varnothing\\E_\text{d}&=R(r_i,r_j,\cdots,r_k)\cup R_c(r_{c1},r_{c2},\cdots,r_{ci})\\&=(r_1,r_4)\cup\varnothing\end{aligned}$$

弹性调度结果为

资源 $r_1$ 增加任务：$\{t_3,t_{25}\}$

资源 $r_4$ 增加任务：$\{t_9,t_{14}\}$

如果采用完全重调度方案，变化的任务数为 21，$\Delta=\Delta=(\beta_{\psi x},\beta_{\psi x+1})=\sum\limits_{v\in A}|\beta_{\psi x}(v)-\beta_{\psi x+1}(v)|=58.33\%$，而采用弹性调度方案，变化的任务数为 4，变化的比例 $\Delta=11.11\%$。我们应用弹性调度方法，做了测试计算，如表 6.4 所示，并与完全重调度方法进行了比较，考察指标是在相同的算法终止条件下任务的变化率。从仿真实验的结果来看，弹性调度方法对于保证初始调度方案的稳定性具有较明显的效果。

**表 6.4　测试结果对比表**

| 资源数 | 任务数 | 完全重调度 | 弹性调度 |
|---|---|---|---|
| 3 | 15 | 53.3% | 20% |
| | 60 | 71.6% | 25% |
| | 130 | 38.4% | 17.7% |
| | 240 | 37.5% | 16.25% |
| | 360 | 39.7% | 11.9% |
| | 500 | 71% | 24% |
| 5 | 30 | 60% | 13.3% |
| | 50 | 24% | 6% |
| | 90 | 41.1% | 10% |
| | 200 | 49.5% | 11.5% |
| | 400 | 58.25% | 11.75% |
| | 600 | 57.5% | 12.2% |
| 8 | 60 | 56.7% | 8.3% |
| | 90 | 45.5% | 7.7% |
| | 130 | 24.6% | 4.8% |
| | 200 | 61.5% | 9.5% |
| | 400 | 80.2% | 12.75% |
| | 550 | 42% | 8.9% |

(2) 需求变更弹性调度(Requirements-Change ERS，RERS)。假设在时刻 $t=01:10:00$ 插入 3 个新任务 $T'=(t'_1, t'_2, t'_3)$ 且交货期 $T_Q$ 保持不变：

$$E_s=T(t_1, t_j, \cdots, t_k) \cup T_n(t_{n1}, t_{n2}, \cdots, t_{ni})$$

根据资源数量的弹性变化公式计算 $R_m$ 个数，在计算过程取任务分配到资源 $R_k$ 上带来的损益系数为 $c_t=45$，则

$$\frac{\sum_{i=1}^{k} c_i}{\sum_{t=1}^{k} c_t}=0.7627$$

将 $k=1$，2，3，4，5 依次代入得到表6.5。由于 $\sum_{i=1}^{k} c_i / \sum_{t=1}^{k} c_t$ 落在区间(0.672～6.535)之间，故 $k^*=6$，即 $R_m=6$，需要增加一个资源才能满足在 $T_Q$ 时间内完成任务。

表 6.5 损益计算表

| 检验数 $k$ | $\sum_{t=1}^{k} L_t(k)$ | $\sum_{t=1}^{k} L_t(k) - \sum_{t=1}^{k+1} L(k+1) \sim \sum_{t=1}^{k} L_t(k-1) - \sum_{t=1}^{t=1} L_t(k)$ | 总损益 |
|---|---|---|---|
| 1 | $\infty$ | | $\infty$ |
| 2 | 33.55 | 23.89～$\infty$ | 232.41 |
| 3 | 12.531 | 20.672～23.89 | 118.65 |
| 4 | 11.582 | 16.236～20.672 | 85.65 |
| 5 | 9.356 | 6.535～16.236 | 35 |
| 6 | 5.25 | 0.672～6.535 | 12 |
| 7 | 2.786 | 0.356～0.672 | 23 |
| 8 | 1.785 | 0.176～0.356 | 35 |

故

$$E_s = T(t_i, t_j, \cdots, t_k) \cup T_n(t_{n1}, t_{n2}, \cdots, t_{ni}) = \varnothing \cup (t'_1, t'_2, t'_3)$$

$$E_d = R(r_i, r_j, \cdots, r_k) \cup R_c(r_{c1}, r_{c2}, \cdots, r_{ci}) = R(r_1, r_2, \cdots, r_5) \cup R_c(r_{c1})$$

弹性调度结果为

资源 $r_{c1}$ 则增加任务：$\{t'_2, t'_3\}$

资源 $r_4$ 则增加任务：$\{t'_2\}$

其它结果则按照原计划继续执行。

# 第 7 章

# 云制造多粒度访问控制策略研究

## 7.1 引　　言

云制造多粒度是指以松散耦合的服务及其组合来满足按需服务的要求。美国国家标准与技术研究院 NIST 将多粒度的按需服务列入云计算的五大特征之中。多粒度与很多问题相关，如多粒度资源调度、多粒度工作流管理等，多粒度访问控制是其中的重要内容。访问控制是云制造基础架构的核心，直接决定着对云制造服务的有效、安全访问，影响到系统的资源管理、任务管理、安全等多个环节，进而影响到系统的有效性、可用性。云制造中的多粒度访问控制面向制造资源及协同过程，具有类型多、结构复杂、变粒度、规模化、弹性服务等复杂特性，云制造对访问控制的动态性、完整性、机密性、时效性等方面提出了更高的要求，需要开展云制造环境下多粒度服务访问控制的研究。本章主要围绕无约束和容量约束下的云制造多粒度访问控制策略进行研究。

## 7.2 无约束云制造多粒度访问控制策略研究

### 7.2.1 云制造访问控制授权问题分析

云制造访问控制是以多粒度资源属性为目标的动态授权问题，是一个寻求多目标最优授权路径的复杂问题，核心是寻找用户“角色组合—权限组合—多粒度资源”属性的最优多目标授权迁移路径问题，其结构如图 7.1 所示，“角色—角色”、“权限—权限”之间存在着继承关系，用户—角色，角色—权限，权限—资源属性之间存在着分配关系，多粒度资源属性之间存在着粗/细粒度分层关系。

云制造访问控制具有以下特征：

(1) 四层映射关系。

传统的基于角色的访问控制思想是建立“用户—角色—资源”的三层映射关系，在云制造中，对资源的访问不再是“可/否”的简单的授权问题，而是针对不同粒度资源属性的“可/否”授权，因此，云制造中的访问控制的核心问题则是建立“用户—角色—权限—资源属性”四层映射关系。

(2) 多粒度资源属性。

云制造中资源以粗细不同粒度满足用户的按需服务，用户对资源的访问控制其实质就是对资源多粒度属性的访问控制，粒度之间具有独立性、包容性、重叠性等特点。

(3) 角色继承与权限继承。

云制造所涉及的资源属性、权限、角色类型多且数量庞大，相互间的关联关系复杂。因此，云制造的访问控制需要角色继承与权限继承，将角色和权限进行分级，子角色/子权限可以继承父角色/父权限的所有权限/资源属性。

(4) 组合角色与组合权限。

在云制造中，单一的角色/权限或角色/权限继承均无法满足用户大量、复杂的多粒度资源属性需求。因此，必须通过角色或权限的组合，向用户提供多角色、多权限授权，以满足用户的访问控制能力。

(5) 容量约束问题。

容量约束是指在授权迁移过程中，相对于多目标数目而言，角色、权限、资源属性等存在着最大允许授权容量。

(6) 多目标问题。

云制造中用户一般是同时选择多个不同粒度的资源属性作为需求目标，因此，云制造访问控制是一个多目标问题，是寻求满足多目标多粒度资源属性的最简授权策略。

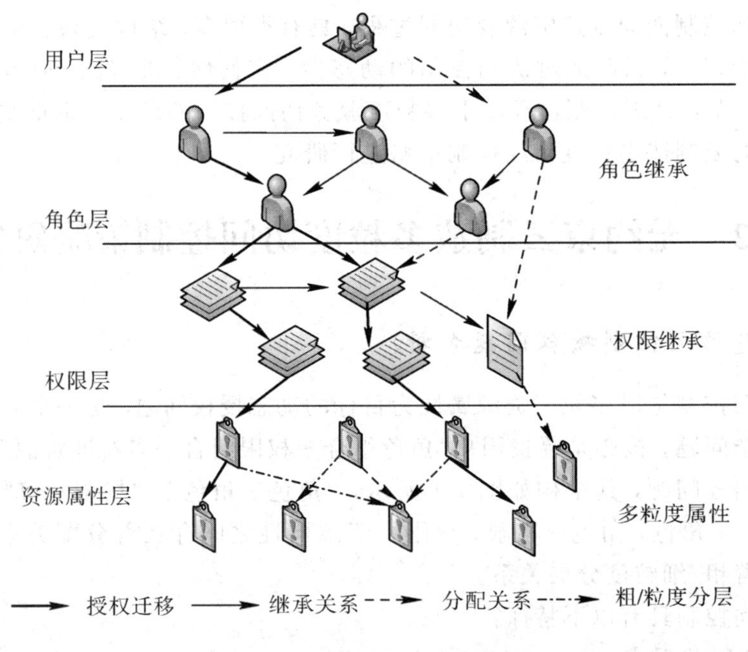


图 7.1　云制造访问控制结构

### 7.2.2　云制造多粒度资源访问控制模型

针对云制造访问控制的特殊性，以 ABAC 为基础，建立云制造多粒度资源访问控制模型(Multi－Granularity Access Control，MGAC)如图 7.2 所示。MGAC 中，用户从服务资源提供的多粒度属性集 $S$ 中选择与需求相适应的多粒度资源属性，构成访问控制目标集 $T$，经过决策，动态的建立“用户—角色—权限—资源”属性的授权分配策略。由于角色集与权限集中都存在分层及继承关系，角色集与权限集，权限集与资源属性集间包含着复杂的多对多关联，因此，访问控制策略的目标是寻找满足目标集 $T$ 的最简授权覆盖图及授权迁移路径。

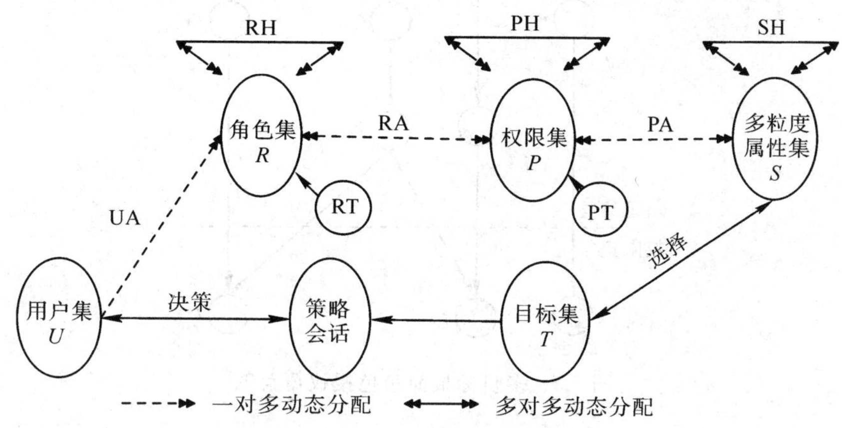


图 7.2　云制造多粒度资源访问控制模型

在 MGAC 中，MGAC=($U$，$R$，$P$，$S$，$T$，RT，PT)，其中，$U$ 是用户集，$R$ 是角色集，$P$ 是权限集，$S$ 是服务资源属性集，$T$ 是目标集，RT 是角色迁移，PT 是授权迁移，相关定义如下：

**定义 7.1**　MGAC 分配与继承关系。

(1) 用户分配关系是用户到角色的一对多映射关系，记为 UA，UA$\subset U\times R$，若 $u\mapsto r_1$，则存在 $u$ 对 $r_1$ 的分配关系；

(2) 角色分配关系是角色到权限的多对多映射关系，记为 RA，RA$\subset R\times P$，若 $r_1\mapsto p_1$，则存在 $r_1$ 对 $p_1$ 的分配关系；

(3) 权限分配关系是权限到资源属性的多对多映射关系，记为 PA，PA$\subset P\times S$，若 $p_1\mapsto s_1$，则存在 $p_1$ 对 $s_1$ 的分配关系；

(4) 角色继承关系是角色的偏序层次关系，记为 RH，RH$\subset R\times R$，若 $r_2\prec r_1$，则 $r_1$ 为父角色，$r_2$ 为子角色；

(5) 权限继承关系是权限的偏序层次关系，记为 PH，PH$\subset P\times P$，若 $p_2\prec p_1$，则 $p_1$ 为父权限，$p_2$ 为子权限；

(6) 属性分层关系是多粒度资源属性的偏序层次关系，记为 SH，SH$\subset S\times S$，若 $S_2\prec S_1$，则 $S_1$ 为父属性，$S_2$ 为子属性，若属性集 $S_1\cap S_2=\varnothing$，则称 $S_1$ 与 $S_2$ 是独立的，若 $S_1\cap S_2\neq\varnothing$，则称 $S_1$ 与 $S_2$ 是部分重叠的。

**定义 7.2**　授权覆盖图与最简授权覆盖图。

对于 RT，在 MGAC 执行授权的过程中，通过角色组合与角色继承，进行授权迁移。映射所有目标权限所对应的无序角色集合，称为角色授权覆盖图 RG，其中，具有角色集数最小的授权覆盖集合称为最简角色授权覆盖 MRG，对于 PT，类似的有用户授权覆盖图 UG 和最简用户授权覆盖图 MUG，权限授权覆盖图 PG 和最简权限授权覆盖图 MPG。以 MRG 为例，如图 7.3 所示。

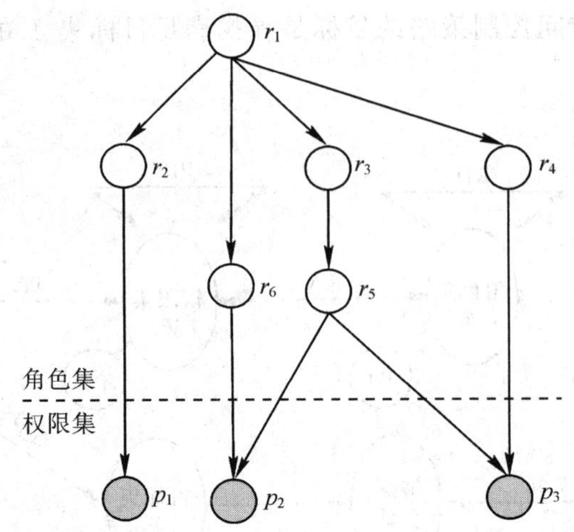


图 7.3　多目标最简角色授权覆盖图

对于单目标权限 $pi$，设从起始点到达 $pi$ 的第 $j$ $(j=1,2,\cdots,h)$ 个授权覆盖图为 $RG_j^{pi}$，则所有 $RG_j^{pi}$ 中顶点数目最少的为 MRG，即：

$$MRG=\min(RG_j^{pi}) \tag{7.1}$$

以图 7.3 为例有：

(1) 目标权限为$\{p_1\}$时，$RG_1^{p1}=\{r_1,r_2\}$，MRG=RG

(2) 目标权限为$\{p_2\}$时，$RG_1^{p2}=\{r_1,r_6\}$，$RG_2^{p2}=\{r_1,r_3,r_5\}$，$MRG=RG_1^{p2}$

(3) 目标权限为$\{p_3\}$时，$RG_1^{p3}=\{r_1,r_4\}$，$RG_2^{p3}=\{r_1,r_3,r_5\}$，$MRG=RG_1^{p3}$

对于多目标权限，设目标权限数为 $n$，令：

$$\begin{aligned} H &= \mathop{\times}_{i=1}^{n} RG^i = \{\langle RG_1^1, RG_1^2, \cdots, RG_1^n \rangle, \cdots, \langle RG_{g1}^1, RG_{g2}^2, \cdots, RG_{gn}^n \rangle\} \\ &= \{H_1, H_2, \cdots, H_k\} \end{aligned} \tag{7.2}$$

其中：$k=\prod_{i=1}^{n} g_i$，$RG^i$ 表示第 $i$ 个目标所有 RG，$g_i$ 表示第 $i$ 个目标的所有 RG 数目。令：

$$D_k = \bigcup H_k \tag{7.3}$$

$$MRG=\min_{1\leqslant t\leqslant k}(D_t) \tag{7.4}$$

例如：

目标权限为$\{p_1,p_2\}$时，$MRG=\{r_1,r_2,r_6\}$

目标权限为$\{p_1,p_3\}$时，$MRG=\{r_1,r_2,r_4\}$

目标权限为$\{p_2,p_3\}$时，$MRG=\{r_1,r_3,r_5\}$或$MRG=\{r_1,r_4,r_6\}$

目标权限为$\{p_1,p_2,p_3\}$时，$MRG=\{r_1,r_2,r_3,r_5\}$或$MRG=\{r_1,r_2,r_4,r_6\}$

对于存在多解的情况，可以依据容量约束或时间约束进行选择，如果都满足约束条件，则随机选择。

**定义 7.3**　迁移路径与最短迁移路径。

在授权覆盖图中，RG/PG 与 MRG/MPG 是无序集合，考虑到角色/权限继承及分配，以每个独立目标为终点，建立有序集合 MRE/MPE，由用户—角色继承/组合—权限继承/组合—粗细粒度属性组成的有序连接关系称为迁移路径，最简授权覆盖图中的有序连接关系称为最短迁移路径。

如图 7.3 中，当目标权限为$\{p_1, p_2\}$时，

$MRE=\{r_1, r_2, r_6\}$，

$MRE^{p1}=\{r_1, r_2\}$，

$MRE^{p2}=\{r_1, r_6\}$，

$p1$ 的最短迁移路径为 $r_1 \rightarrow r_2 \rightarrow p1$

$p2$ 的最短迁移路径为 $r_1 \rightarrow r_6 \rightarrow p2$

### 7.2.3　多粒度访问控制有向图

可以将多粒度资源访问控制模型转换为有向图，将用户、角色、权限和属性转换为有向图的顶点，将分配关系及继承关系转换为有向图的边，设：用户数为 $u$，角色数为 $r$，权限数为 $p$，属性数为 $S$，这里仅以单用户为对象，即 $u=1$。

**定义 7.4**　多粒度访问控制有向图。

多粒度访问控制有向图

$$E=(V, A)$$

其中：

$V=\{v_1, v_2, \cdots, v_m\}$是 $E$ 中所有顶点集合，

$m=u+r+p+s$，

$A=\{a_1, a_2, \cdots, a_n\}$是 $E$ 中边的集合，当$\exists v_i \mapsto v_j$ 或 $v_j \prec v_i$ 时，存在一条有向边$a_{ij}=(v_i, v_j)$。

根据多粒度资源访问控制模型，有向图 $E$ 有如下性质：

(1) $E$ 为无环有向图。

(2) 不存在从用户顶点到权限顶点和角色顶点到属性顶点构成的有向边。

(3) 若有向边$(v_i, v_j)$为分配关系，即 $v_i \mapsto v_j$，则对于 $v_j$ 所有的继承顶点 $v_s$，即 $v_s \prec v_i$，都存在有向边$(v_s, v_j)$。

(4) 有向边的权值均为 1。

多粒度资源访问控制模型的求解就是以多粒度资源属性选择为目标，寻求从起始的用户顶点到多目标属性顶点的最少顶点的集合，并确定授权迁移路径。

### 7.2.4　基于 K-最短路的无约束访问控制模型求解

MGAC 有向图的求解思路是：分别对多粒度目标中的目标 $t_i(i=1, 2, \cdots, m)$，利用最简路径算法(即 Dijkstra 算法)，获得从起始点到目标 $t_i$ 的 $K$ 条最短路集合 $Path^{t_i}$，对所有目标的每条 $Path_k^{t_i}$，进行笛卡尔积运算，取顶点数最小的集合作为最简授权集合，在最简授权集合下，目标 $t_i$ 的顶点序偶顺序即为授权路径。

**1. Dijkstra 算法**

Dijkstra 算法是典型的最短路径算法，算法思想是：将 $E$ 中顶点集合 $V$ 分成两组，第一组为已求出最短路径的顶点集合(用 $S_v$ 表示，初始时 $S_v$ 中只有一个源点 $S_1$，以后每求得一条最短路径，就加入到集合 $S_v$ 中，直到全部顶点都加入到 $S_v$ 中，算法结束)，第二组为其余未确定最短路径的顶点集合(用 $U_v$ 表示)，按最短路径长度的递增次序依次把第二

组的顶点加入 $S_v$ 中。在加入的过程中，总保持从源点 $S_1$ 到 $S_v$ 中各顶点的最短路径长度不大于从源点 $S_v$ 到 $U_v$ 中任何顶点的最短路径长度。此外，每个顶点对应一个距离，$S_v$ 中的顶点的距离就是从 $S_1$ 到此顶点的最短路径长度，$U_v$ 中的顶点的距离是从 $S_1$ 到目标顶点(只包括 $S_v$ 中的顶点为中间顶点)的当前最短路径长度。

**2. 基于 Dijkstra 算法的 $K$ –最短路算法**

基于 Dijkstra 的 $K$ –最短路算法的流程图如图 7.4 所示，基本思想是：对有向图 $E$ 建立顶点关联矩阵 $G$，对每个目标 $t_i$，利用 Dijkstra 算法获得从起始点 $S_1$ 到目标 $t_i$ 的第 1 条最短路径 $\text{Path}_1^{t_i}$，设临时路径目标集 $\text{TPath}^{t_i}=\text{Path}_1^{t_i}$，从 $\text{TPath}_1^{t_i}$ 中取出并删除第 1 条路径 $p$，从 $p$ 中所有的边中选择其中的最短边 $a_s$，将边 $a_s$ 从 $E$ 中删除，形成新的关联矩阵 $G$，在新的有向图下，利用 Dijkstra 算法，找到从起始点 $S_1$ 到目标 $t_i$ 的第 2 条最短路径 $\text{Path}_2^{t_i}$，循环进行直到找到 $k$ 条最短路，若 $p$ 中的所有边都处理后，仍未达到 $k$ 条最短路的要求，则从 $\text{Path}_1^{t_i}$ 中取出第 2 条路径作为 $\text{TPath}^{t_i}$，重复上述过程，直到找到 $k$ 条最短路。

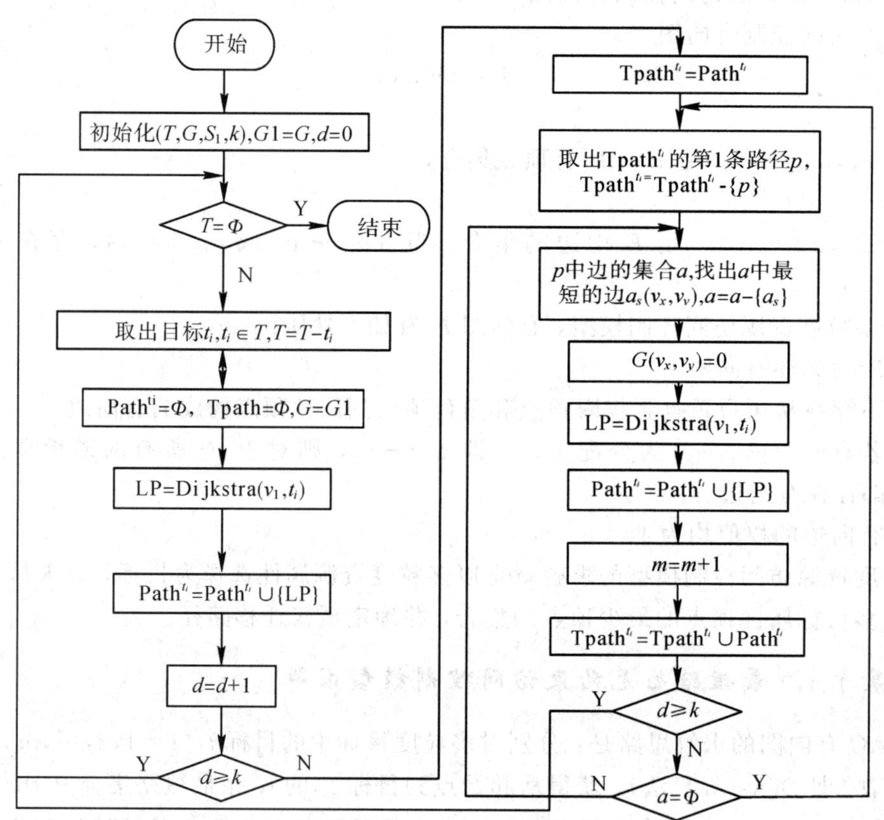


图 7.4 多目标 $K$ –最短路算法流程图

**3. 多粒度的最简授权集合及授权路径**

在获得了目标 $t_i$ 的 $K$ –最短路后，进行如下操作：

$$H=\mathop{\times}_{i=1}^{m}\text{Path}^{t_i}=\{\langle \text{Path}_1^{t_1},\text{Path}_1^{t_2},\cdots,\text{Path}_1^{t_m}\rangle,\langle \text{Path}_2^{t_1},\text{Path}_2^{t_2},\cdots,\text{Path}_2^{t_m}\rangle,\cdots,\langle \text{Path}_k^{t_1},\text{Path}_k^{t_2},\cdots,\text{Path}_k^{t_m}\rangle\}=\{H_1,H_2,\cdots,H_f\} \tag{7.5}$$

其中：$Path_k^{t_i}$ 为目标 $t_i$ 的第 $k$ 条最短路径。

在 $H$ 中，集合中顶点数最小的即为最简授权集合，即：

$H_{\min}=\min\{H_1,H_2,\cdots,H_f\}$，其中：$f=k^m$，若目标 $t_i$ 的最多最短路径数数目小于 $k$，则：$f=\prod_{i=1}^{n}t_i^r$，其中 $t_i^r$ 为目标 $t_i$ 的最多最短路径数目。

授权路径 $P^{t_i}=v_1\rightarrow v_p\rightarrow\cdots\rightarrow v_{ti}$，其中：$v_p\in H_{\min}$。

### 7.2.5　算例及性能分析

**1. 实例验证**

设：有向图 $E$ 如图 7.5 所示，起始点为 $v_1$，目标集合 $T=\{v_6,v_7\}$，$k=3$。

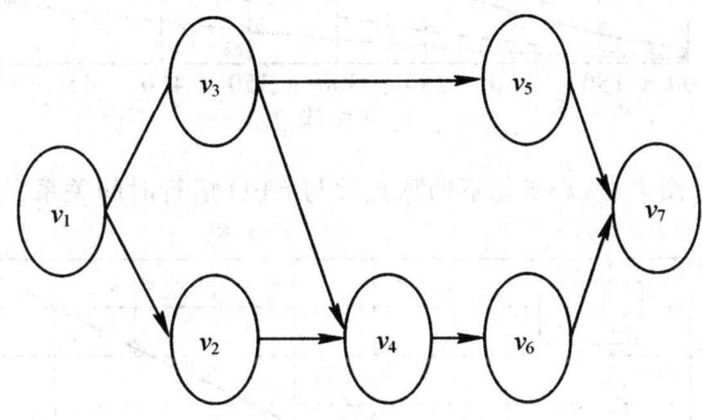


图 7.5　算法示例

对于 $v_6$：

$Path_1^{v6}=\{v_1,v_2,v_4,v_6\}$，$Path_2^{v6}=\{v_1,v_3,v_4,v_6\}$。

对于 $v_7$：

$Path_1^{v7}=\{v_1,v_3,v_5,v_7\}$，$Path_2^{v7}=\{v_1,v_3,v_4,v_6,v_7\}$，

$Path_3^{v7}=\{v_1,v_2,v_4,v_6,v_7\}$，$H=\{H_1,H_2,H_3,H_4,H_5,H_6\}$。

其中：

$H_1=\{v_1,v_2,v_3,v_4,v_5,v_6,v_7\}$，

$H_2=\{v_1,v_2,v_3,v_4,v_6,v_7\}$，

$H_3=\{v_1,v_2,v_4,v_6,v_7\}$，

$H_4=\{v_1,v_2,v_3,v_4,v_5,v_7\}$，

$H_5=\{v_1,v_3,v_4,v_6,v_7\}$，

$H_6=\{v_1,v_2,v_3,v_4,v_6,v_7\}$。

$H_3$ 和 $H_5$ 顶点数相同，无约束情况下随机取，设取 $H_3$，最简授权图为

$$H_{\min}=H_3=\{v_1,v_2,v_4,v_6,v_7\}$$

最简授权路径：

对于 $v_6$：$P^{v6}=v_1\rightarrow v_2\rightarrow v_4\rightarrow v_6$

对于 $v_7$：$P^{v7}=v_1\rightarrow v_2\rightarrow v_4\rightarrow v_6\rightarrow v_7$

**2. 算法性能分析**

算法分析采用的实验环境为 Intel Pentium Dual T3200 CPU 2GHz，2G 内存，Windows XP，MATLAB 编程环境。

图 7.6 所示为 $k$ 变化下的顶点数与 CPU 运行时间关系，从图 7.6 中可以看出，随着 $k$ 及顶点数的增大，CPU 运行时间增大；图 7.7 所示为 $k$ 变化下的目标数与 CPU 运行时间关系，从图 7.7 中可以看出，随着 $k$ 及目标数的增大，CPU 运行时间增大。

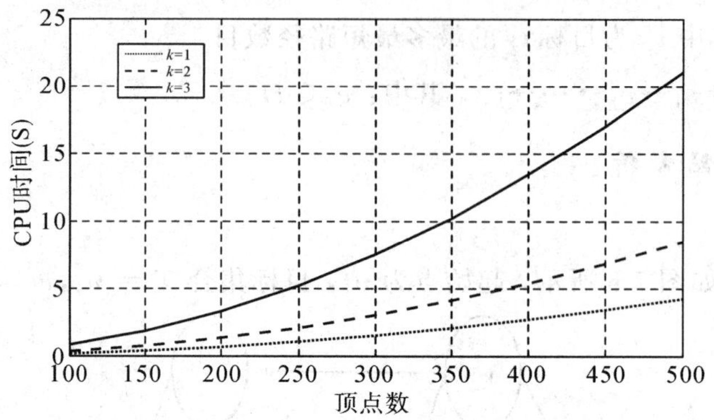


图 7.6 $k$ 变化下的顶点数与 CPU 运行时间关系

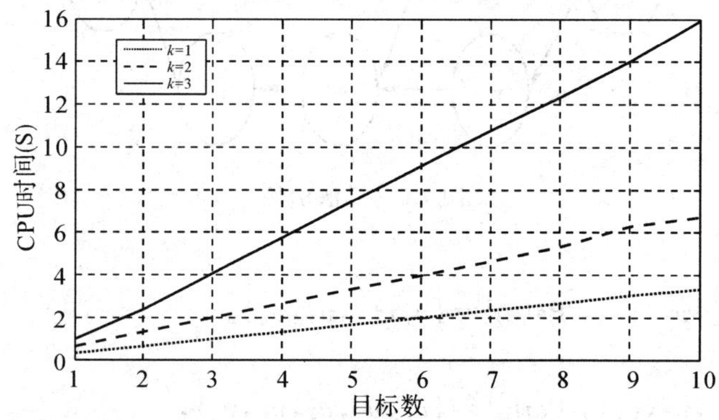


图 7.7 $k$ 变化下的目标数与 CPU 运行时间关系

## 7.3 容量约束下的云制造多粒度访问控制策略研究

### 7.3.1 多粒度访问控制策略中的约束性分析

KSR 算法是在假设无任何约束条件下的访问控制策略，但是，在实际情况下一般受到容量及时间等因素的约束限制，它主要讨论了容量约束条件下的云制造多粒度访问控制策略。

容量约束是指对于角色、权限及属性等节点而言，最大允许授权的目标数量是有限的，这是受到系统的复杂性、控制性、响应性等方面的制约所造成的，对于一个目标而言，当期望的授权节点已经达到最大允许容量时，该节点对于新目标已不能完成授权；时间约束是指在进行角色继承、角色—权限分配、权限继承、权限—属性分配的过程中，不同授权节点之间存在着授权迁移时间的不同，因此，有时间约束问题存在，在此通过假定有向图所有边的权值为 1 来表示无时间约束限制。

对于容量约束而言，KSR 算法已不能完全适应，这是因为 Dijkstra 算法在寻找目标过程中主要以边的权值及顶点间的连接关系来进行分析的，不考虑节点的容量问题，因此，我们提出了一种新的方法面向扇点的多粒度(Fan Oriented Multi-Granularity，FOMG)访问控制算法。

容量约束下的多粒度访问控制策略具有如下特殊性：

(1) 目标具有优先级。在容量允许的情况下，对于多目标属性而言，授权节点优先选择目标属性优先级高的进行授权，若达到最大容量后，则不再对优先级低的目标进行授权。

(2) 可能出现部分目标无解的情况。当授权节点达到最大允许容量后，部分目标将选择其它的授权节点，当所有期望的授权节点都达到最大允许容量后，部分目标就无法完成授权，授权无解。

### 7.3.2　基本定义

**定义 7.5**　对于顶点 $v$，若顶点 $v$ 的出度 $d^{+}(v)>1$，称 $v$ 为扇出点。扇出点集合矩阵记为 $FO=\{fo_1,fo_2,\cdots,fo_c\}$，其中 $c$ 为扇出点数目。

**定义 7.6**　对于顶点 $v$，若顶点 $v$ 的入度 $d^{-}(v)>1$，称 $v$ 为扇入点。扇入点集合矩阵记为 $FI=\{fi_1,fi_2,\cdots,fi_l\}$，其中 $l$ 为扇入点数目。

**定义 7.7**　对于顶点 $v$，若顶点 $v$ 的出度 $d^{+}(v)=1$，并且入度 $d^{-}(v)=1$，称 $v$ 为自由点。自由点集合矩阵记为 $\mathbf{FR}=\{fr_1,fr_2,\cdots,fr_b\}$，其中 $b$ 为自由点数目。

**定义 7.8**　多属性目标集合 $T=\{t_1,t_2,\cdots,t_n\}$，$n$ 为选择的多粒度资源属性数目，$t_j$ 为第 $j$ 个目标。

**定义 7.9**　覆盖数矩阵 $\boldsymbol{Z}=[Z_i,j]_{m\times n}$，$m$ 是有向图 $E$ 中总的顶点数，$n$ 是目标数，$z_{i,j}$ 表示第 $i$ 个顶点到 $t_j$ 目标的顶点覆盖数，$z_i$ 表示 $Z$ 的第 $i$ 行，初始时 $Z$ 置为∞。

**定义 7.10**　顶点深度矩阵 $\boldsymbol{Q}=[q_i]_{m\times 1}$，$q_i$ 表示第 $i$ 个顶点的深度，起始顶点的深度为 1，有：

$$q_i=\begin{cases} q_j+1 & \exists\, v_j \mapsto v_i \text{ 或 } v_i \prec v_j \\ \max\limits_{1\leqslant j\leqslant w}(q_j+1) & \exists\limits_{1\leqslant j\leqslant w}(v_j \mapsto v_i)\text{或 } v_i \prec v_j \end{cases} \tag{7.6}$$

其中，$w$ 为顶点 $i$ 的父顶点的数目。

**定义 7.11**　顶点关联矩阵 $\boldsymbol{G}=[g_{i,j}]_{m\times m}$，$m$ 是有向图 $E$ 中总的顶点数，$n$ 是目标数，$g_{i,j}$ 表示第 $i$ 个顶点到第 $j$ 个顶点的连接关系，有：

$$g_{i,j}=\begin{cases} 0 & i=j \\ 1 & \exists\, a_{ij} \\ \text{inf} & \text{other} \end{cases} \tag{7.7}$$

**定义 7.12**　容量矩阵 $\mathbf{Ca}=[\mathrm{Ca}_i]_{m\times 1}$，$\mathrm{Ca}_i$ 为 $v_i$ 的容量，最大允许容量矩阵 $\mathbf{Mca}=[\mathrm{Mca}_i]_{m\times 1}$，$\mathrm{Mca}_i$ 为 $v_i$ 的最大允许容量。

### 7.3.3　容量约束下的云制造多粒度访问控制算法

**1. 原始目标激活**

选定多目标属性顶点，构建多属性原始目标集合 $T$，临时目标集 $L$，令 $L=T$，激活是

将覆盖数矩阵 对应的数置 0，即：

$$\mathbf{Z}_{i,j}=\begin{cases}0 & i=t_j\\ \infty & \text{other}\end{cases} \tag{7.8}$$

**例 7.1** 有向图如图 7.8 所示。

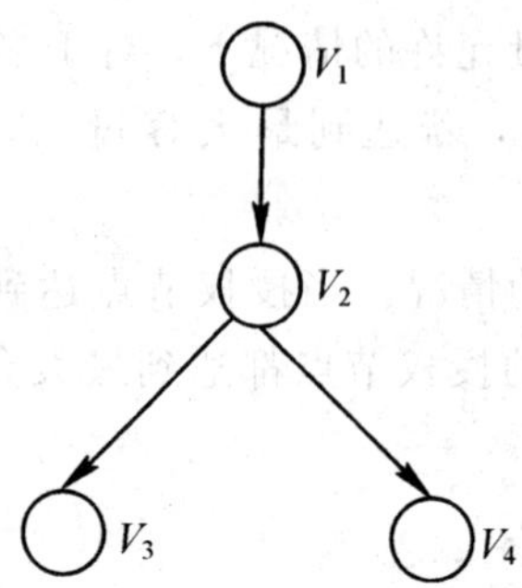


图 7.8 原始目标激活示意图

初始时，

$$\mathbf{Z}=\begin{bmatrix}\infty & \infty & \infty & \infty\\ \infty & \infty & \infty & \infty\\ \infty & \infty & \infty & \infty\\ \infty & \infty & \infty & \infty\end{bmatrix}$$

当 $T=\{v_3\}$时，激活后，有：

$$\mathbf{Z}=\begin{bmatrix}\infty & \infty & \infty & \infty\\ \infty & \infty & \infty & \infty\\ \infty & \infty & 0 & \infty\\ \infty & \infty & \infty & \infty\end{bmatrix}$$

**2. 原始目标回推**

回推是指对有向图的一条边 $a(v_i, v_j)$，沿着有向边方向向相反的方向进行推演操作，即从终点 $v_j$ 向起点 $V_i$ 的逆向推演过程。对于激活后的原始目标，一次性对所有目标回推一步。对于原始目标集 $T$ 中的目标，有：

$$z_{y,j}=\begin{cases}z_{j,j}+1 & \exists v_y \mapsto v_j \text{ 或 } v_j \prec v_y\\ \infty & \text{other}\end{cases} \tag{7.9}$$

当原始目标回推后，需要进行目标集的更新，采用如下公式：

$$L=L-T=\varnothing \tag{7.10}$$

$$L=L\cup\{t'_j\} \tag{7.11}$$

其中，$t'_j$ 表示 $t_j$ 的父顶点。

**例 7.2** 对于图 7.8 而言，当 $T=\{v_3\}$时，回推后，有：

$$\mathbf{Z}=\begin{bmatrix}\infty & \infty & \infty & \infty\\ \infty & \infty & 1 & \infty\\ \infty & \infty & 0 & \infty\\ \infty & \infty & \infty & \infty\end{bmatrix}$$

当 $T=\{v_2,v_3\}$时，回推后，有：

$$\mathbf{Z}=\begin{bmatrix} \infty & 1 & \infty & \infty \\ \infty & 0 & 1 & \infty \\ \infty & \infty & 0 & \infty \\ \infty & \infty & \infty & \infty \end{bmatrix}$$

**3. 新目标的选择**

对于临时目标集 $L$ 中的目标，一次仅对一个目标回推，首先需要选择待回推的新目标，选择的规则如下：

**规则 7.1**　最远顶点选取规则：对于 $L$ 中的任意两个目标 $l_i$，$l_j$，其对应的顶点深度分别为 $q_i$，$q_j$，如果 $q_i>q_j$，则选取的新目标 $x=l_i$；

**规则 7.2**　自由顶点选取规则：若 $q_i=q_j$，且 $l_i\in \mathrm{FR}$，$l_j\notin \mathrm{FR}$，则选取的新目标$x=l_i$；

**规则 7.3**　扇出顶点最少未知数选取规则：当 $q_i=q_j$，且 $l_i\in \mathrm{FO}$，$l_j\in \mathrm{FO}$，若 $l_i$，$l_j$ 对应的 $z_i$，$z_j$ 中值为“∞”的数目分别为 $\mathrm{inf}_i$，$\mathrm{inf}_j$，如果 $\mathrm{inf}_i<\mathrm{inf}_j$，则选取的新目标$x=l_i$；

**规则 7.4**　扇出顶点最小和选取规则：当 $q_i=q_j$，且 $l_i\in \mathrm{FO}$，$l_i\in \mathrm{FQ}$，$\mathrm{inf}_i=\mathrm{inf}_j$，若 $l_i$，$l_j$ 对应的 $z_i$，$z_j$ 中除去值为“∞”外的其余数值和分别为 $sum_i$，$sum_j$，如果 $sum_i<sum_j$，则选取的新目标 $x=l_i$；

**规则 7.5**　随机选取规则，不满足上述规则的，则随机选取新目标。

**例 7.3**　设目标顶点 $l_1$，$l_2$ 均为扇出点，条件 $z_1$、$z_2$、$q_1$、$q_2$，及选取的新目标如表 7.1 所示。

**表 7.1　新目标选择规则示例表**

| $z_1$ | $q_1$ | $z_2$ | $q_2$ | $x$ |
|---|---|---|---|---|
| [∞ 1 ∞] | 5 | [∞ 1 1] | 4 | $l_1$ |
| [∞ 1 ∞] | 5 | [∞ 1 1] | 5 | $l_2$ |
| [∞ 1 2] | 5 | [∞ 1 1] | 5 | $l_2$ |
| [∞ 1 2] | 5 | [∞ 1 2] | 5 | $l_1$ 或 $l_2$ |

**4. 新目标的回推**

**定义 7.13**　回推终止条件：当前回推目标 $l_j$ 的父顶点 $l'_j$ 满足式(7.12)或 $l'_j$ 为起始点时，本次回推终止。

$$l'_j\in \mathrm{FO} \tag{7.12}$$

对于临时目标集 $L$ 中的目标，进行式(7.12)～式(7.14)的回推计算，当满足回推终止条件时，本次回推终止，选择新的目标进行新的回推过程。

$$L=L-\{l_j\} \tag{7.13}$$

$$L=L\cup\{l'_j\} \tag{7.14}$$

$$z_y=\begin{cases} z_j+1 & l_y=l'_j \\ \infty & \text{other} \end{cases} \tag{7.15}$$

当非扇入点 $l_j$ 进行回推时，持续进行式(7.12)～式(7.14)的计算，直至满足回推终止条件时终止回推。

当扇入点 $l_j$ 进行回推时，随机选择 $l_j$ 中的一个扇入分支进行回推，直至满足回推终止条件时，再进行下一个扇入分支的回推，当所有分支都回推完成后，本次回推终止。

**5. 扇出点覆盖数的叠加**

由于扇出点存在多个扇出分支，当这些扇出分支回推至扇出点时，会涉及到扇出点的覆盖数叠加问题，设顶点 $l_i$ 和 $l_j$ 有共同的父顶点 $l_k$，叠加的规则如下：

**规则 7.6** 当 $\inf_i < \inf_j$ 时，将 $z_i$ 中的非"∞"项值赋予 $z_k$ 的对应项，将 $z_i$ 的"∞"项与 $z_j$ 的对应项作"取小"运算后的值赋予 $z_k$ 的剩余项。

**规则 7.7** 当 $\inf_i = \inf_j$ 时，且 $sum_i < sum_j$，将 $z_i$ 中的非"∞"项值赋予 $z_k$ 的对应项，将 $z_i$ 的"∞"项与 $z_j$ 的对应项作"取小"运算后的值赋予 $z_k$ 的剩余项。

**规则 7.8** 当 $\inf_i = \inf_j$ 时，且 $sum_i = sum_j$，随机，$z_k = z_i$ 或者 $z_k = z_j$。

**规则 7.9** 当 $\inf_i = \inf_j$ 时，且 $sum_i < sum_j$，$z_k = \min(z_i, z_j)$，即将 $z_i$ 的与 $z_j$ 的所有项作"取小"运算。

**规则 7.10** 当 $\inf_i = \inf_j = 0$，且 $sum_i = sum_j$，随机，$z_k = z_i$ 或者 $z_k = z_j$。

**例 7.4** 设目标顶点 $l_1$，$l_2$ 的覆盖数矩阵为 $z_1$、$z_2$，其共同父顶点(扇出点)$l_3$ 的覆盖数叠加结果 $z_3$ 如表 7.2 所示。

**表 7.2 扇出点覆盖数叠加规则示例**

| $z_1$ | $z_2$ | $z_3$ |
|---|---|---|
| [1 ∞ ∞] | [2 1 ∞] | [2 1 ∞] |
| [1 ∞ ∞] | [∞ 1 2] | [1 1 2] |
| [1 ∞ ∞] | [∞ ∞ 2] | [1 ∞ 2] |
| [1 2 ∞] | [1 ∞ 2] | $z_1$ 或 $z_2$ 随机 |
| [1 2 1] | [2 1 1] | [1 1 1] |
| [1 2 1] | [1 2 1] | $z_1$ 或 $z_2$ 随机 |

**6. 求解授权覆盖图的算法流程图**

(1) 算法的主流程图。

算法的主流程如图 7.9 所示，回推算法流程图如图 7.10 所示。

STEP1：选择多粒度资源属性，形成目标集 $T$；

STEP2：激活目标集 $T$、临时目标集 $L$、覆盖数矩阵 $Z$，顶点关联矩阵 $G$ 初始化；

STEP3：目标集 $T$ 全部目标一次性回推 1 步；

STEP4：判断临时目标集 $L$ 是否为空，若是，转 STEP6，否则，转 STEP5；

STEP5：目标回推算法；

STEP6：授权迁移路径确认算法；

STEP7：结束。

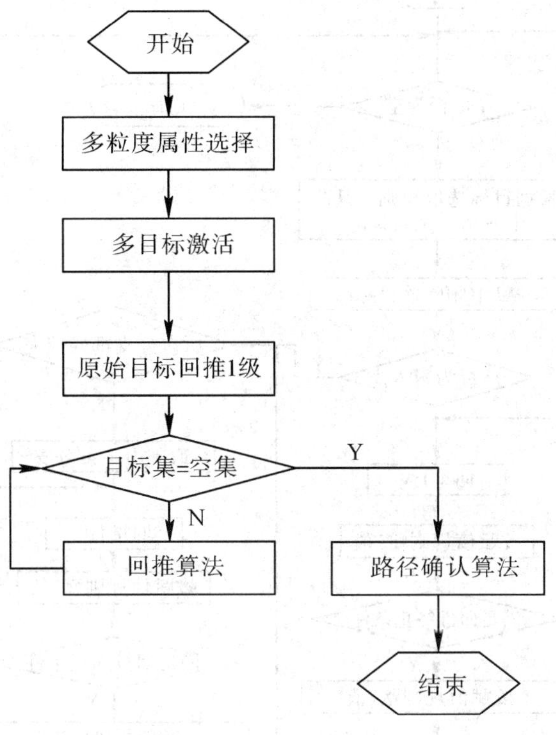


图 7.9　算法主流程图

（2）回推算法。

回推算法流程图如图 7.10 所示，具体流程如下：

STEP1：选择多粒度资源属性，形成目标集 $T$；

STEP2：激活目标集 $T$，全部目标一次性回推 1 步，父顶点加入临时目标集 $L$，覆盖数矩阵 $Z$ 赋值；

STEP3：判断临时目标集 $L$ 是否为空，若是，转 STEP5，否则，转 STEP4；

STEP4：回推算法；

STEP4.1：判断 $L$ 是否为空，若是，转 STEP5，否则，转 STEP4.2；

STEP4.2：根据目标选取规则，从 $L$ 取新目标 $i$；

STEP4.3：在 $L$ 中删除目标 $i$；

STEP4.4：判断是否为扇入点，若是，转 STEP4.8，否则转 STEP4.5；

STEP4.5：持续回推，并按赋值规则赋 $Z$ 值，至满足回推终止条件；

STEP4.6：当满足回推终止条件时，将父顶点加入 $L$，并按赋值规则赋 $Z$ 值

STEP4.7：转至 STEP3；

STEP4.8：分别对每个扇入分支重复 STEP4.5 和 STEP4.6，直至所有分支处理完毕，转 STEP3；

STEP5：结束。

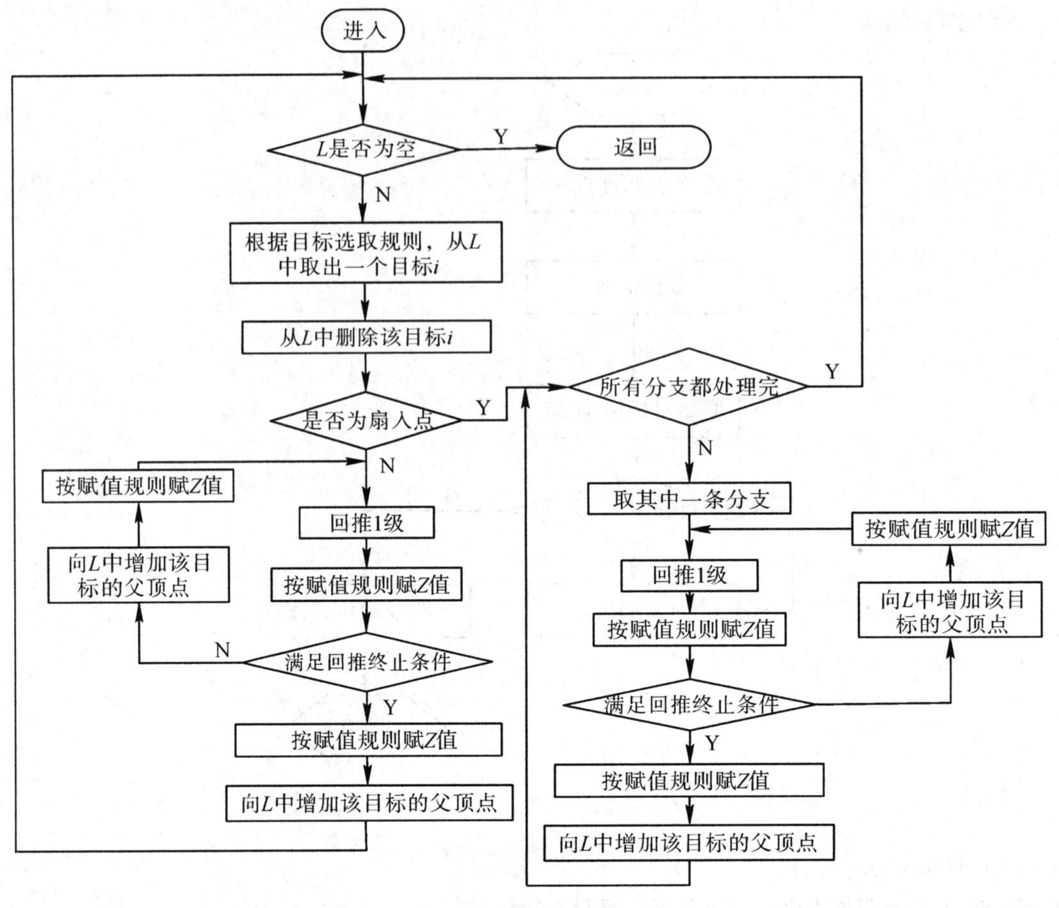


图 7.10　回推算法流程图

**7. 容量约束下的授权迁移路径确认算法**

通过上述算法可以获得从顶点到多粒度资源属性多目标的最简授权覆盖图及覆盖数矩阵 $Z$，可以通过对 $Z$ 矩阵和顶点关联矩阵 $G$ 的分析，获得容量约束下每个目标的最短路径及多目标最简授权覆盖集，具体过程如下。

(1) 目标优先级。

由于受到容量约束，角色、权限、资源属性需要优先满足高优先级的目标授权。因此，需要对覆盖数矩阵 $\boldsymbol{Z}$ 按照目标优先级进行调整，设：目标 $t_i$，$t_j$ 的优先级分别为 $a_i$，$a_j$，$\boldsymbol{Z}$ 矩阵的第 $i$ 列和第 $j$ 列分别为 $z_i$，$z_j$，调整后的 $\boldsymbol{Z}$ 满足如下条件：

目标优先级条件：当 $i<j$ 时，目标的优先级顺序为 $a_i>a_j$。

(2) 顶点访问重复矩阵。

定义顶点访问重复矩阵 $\boldsymbol{K}$：

$$K=\sum_{i=1}^{n} K_i$$

其中，$K_i$ 为目标 $t_i$ 的顶点访问重复矩阵，$K_i=[k_{u,v}]_{m\times n}$，$k_{u,v}$ 按照如下算法生成：

$k_i=0$，$s_1=z_{i,1}$，$u=1$；

while s1！=0

```
s2 = zi,1 - 1;
s1 = s2;
v = (find zi == s2);
for each u
for each v
ku,v = ku,v + 1;
u = v;
end each v
end each u
end while
```

在确定了 **K** 矩阵后，通过对 **G** 矩阵的比较，进行 **K** 矩阵的整理，即在有向图 $E$ 中不存在连接线边的两个顶点，对应 **K** 矩阵中的值为 0；

(3) 授权迁移路径确认算法。

授权迁移路径确认算法的基本思想是：按照优先级由高到低的顺序依次确定所有目标的授权迁移路径，在路径点的确认过程中，满足如下规则：

**规则 7.11**　在满足容量约束的前提下，优先选择高优先级目标授权路径已经确定的顶点，其次根据顶点访问矩阵，选择顶点访问重复数最大的顶点；

**规则 7.12**　对于顶点的容量已经达到最大容量的顶点，从有向图 $E$ 中，删除该顶点及所有扇入、扇出分支，生成新的有向图 $E'$，且将 **K** 矩阵的该顶点相应的行置 0；

**规则 7.13**　在有向图 $E'$ 下，若存在部分目标集 $T'$ 获取最短路径失败时，可在有向图 $E'$ 及 $T'$ 下，重新建立 3.2 节的最简覆盖图，并进行授权迁移路径确认算法；

授权迁移路径确认算法具体流程如下所示：

STEP1：初始化 $Z$，$E$，$T$；

STEP2：根据 $Z$，计算 **K** 矩阵；

STEP3：若 $Z$ 不为空集，在 $Z$ 中取优先级最高的目标 $t_i$ 对应的列 $S_i$，取 $u$ 等于 **K** 中第 $S_i$ 列大于 1 的行号，否则，转 STEP5；

STEP3.1：若 $u$ 的元素等于 1，分析是否满足容量约束，即 $\mathrm{Ca}(u)+1\leqslant \mathrm{Mca}(u)$，若满足，添加 $u$ 到回溯点集合，$\mathrm{Ca}(u)=\mathrm{Ca}(u)+1$，转 STEP4，若不满足，按照规则 7 进行处理，转 STEP3；

STEP3.2：若 $u$ 的元素数目大于 1，则选择高优先级目标已确认的顶点元素 $u_m$，判断是否满足容量约束要求，若满足，添加 $u_m$ 到回溯点集合，$\mathrm{Ca}(u_m)=\mathrm{Ca}(u_m)+1$，转 STEP4，若不满足，按照规则 7 进行处理，转 STEP3.3；

STEP3.3：选择 $k_{u,ti}$ 中最大的行 $u_m$，分析是否满足容量约束，若满足，添加 $u_m$ 到回溯点集合，$\mathrm{Ca}(u_m)=\mathrm{Ca}(u_m)+1$，转 STEP4，若不满足，按照规则 7 进行处理，转 STEP3；

STEP3.4：若 $u$ 为空集，取回溯点集合的最新值，若回溯点为目标 $t_i$，转 STEP5，否则，从回溯点集合中删除该点，并按规则 7 对回溯点处理，转 STEP3；

STEP4：若 $u_m$ 不等于 1，设 $S_i=u_m$，将 $u_m$ 加入路径 $t_i$ 对应的路径 roadi 中，转 STEP3，若 $u_m$ 等于 1，在 $Z$ 中删除目标 $t_i$ 对应的列，转 STEP3；

STEP5：将 $t_i$ 加入到 $T'$集合中，根据新的有向图 $E'$，根据规则 8 进行，转 STEP1，若

所有 $T'$ 均无法获得路径，则转 STEP6，并记录无法授权目标，否则，重复进行 STEP5；

STEP6：结束。

### 7.3.4 算例及性能分析

**1. 算法示例**

设 $u=1$，$a=2$，$p=3$，$s=2$，总顶点数 $m=7$，有向图如图 7.11 所示。

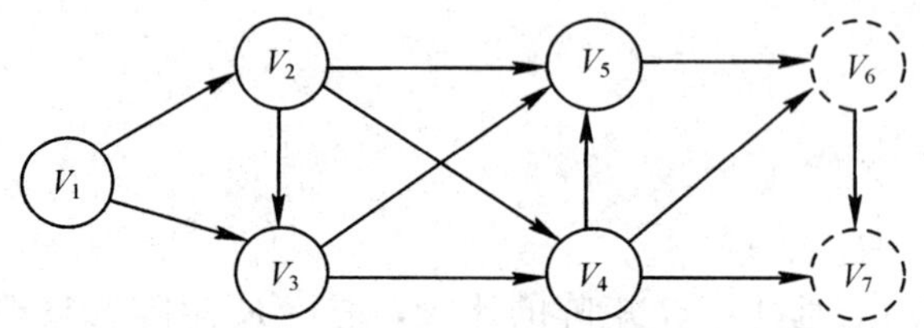


图 7.11 算法示例有向图

设 $T=\{v_6, v_7\}$，$FO=\{v_2, v_3, v_4\}$，$FI=\{v_3, v_4, v_5, v_6, v_7\}$

$$
\boldsymbol{G}=\begin{bmatrix}
0 & 1 & 1 & \infty & \infty & \infty & \infty \\
\infty & 0 & 1 & 1 & 1 & \infty & \infty \\
\infty & \infty & 0 & 1 & 1 & \infty & \infty \\
\infty & \infty & \infty & 0 & 1 & 1 & 1 \\
\infty & \infty & \infty & \infty & 0 & 1 & 0 \\
\infty & \infty & \infty & \infty & \infty & 0 & 1 \\
\infty & \infty & \infty & \infty & \infty & \infty & 0
\end{bmatrix}
$$

$$
\boldsymbol{Z}=\begin{bmatrix}
3 & 3 \\
2 & 2 \\
2 & 2 \\
1 & 1 \\
1 & 2 \\
0 & 1 \\
\infty & 0
\end{bmatrix}
$$

$$
\boldsymbol{K}=\begin{bmatrix}
0 & 2 & 2 & 0 & 0 & 0 & 0 \\
0 & 0 & 0 & 2 & 1 & 0 & 0 \\
0 & 0 & 0 & 2 & 1 & 0 & 0 \\
0 & 0 & 0 & 0 & 0 & 1 & 1 \\
0 & 0 & 0 & 0 & 0 & 1 & 0 \\
0 & 0 & 0 & 0 & 0 & 0 & 1 \\
0 & 0 & 0 & 0 & 0 & 0 & 0
\end{bmatrix}
$$

因此，最简授权覆盖图 $ME=\{v_1, v_2, v_5, v_6, v_7\}$，进行路径确认过程如下：

(1) 均满足最大容量约束情况。

根据路径确认算法有：$v_6: v_1 \to v_2 \to v_5 \to v_6$，$v_7: v_1 \to v_2 \to v_5 \to v_6 \to v_7$

(2) 容量约束情况。

设：初始 $Ca=[0\ \ 0\ \ 0\ \ 0\ \ 0\ \ 0\ \ 0]^{T}$，$Mca=[2\ \ 2\ \ 2\ \ 2\ \ 1\ \ 2\ \ 2]^{T}$

根据路径确认算法有：$v_6: v_1 \to v_2 \to v_5 \to v_6$，$v_7: v_1 \to v_2 \to v_4 \to v_6 \to v_7$

(3) 容量约束情况下：

设：初始 $Ca = [0\ \ 0\ \ 1\ \ 0\ \ 0\ \ 0\ \ 0]^T$，$Mca = [2\ \ 1\ \ 1\ \ 2\ \ 1\ \ 2\ \ 2]^T$

根据路径确认算法有：$v_6: v_1 \to v_2 \to v_5 \to v_6$，$v_7$ 无解。

**2. 算法性能分析**

(1) 算法实验环境。

算法分析采用的实验环境为 Intel Pentium Dual T3200 CPU 2GHz，2G 内存，Windows XP，MATLAB 编程环境。

(2) 无约束单目标下的算法分析。

假设有向图均满足容量约束，对于单粒度属性，FOMG 就转化为求解单目标最短路径问题，可以与现有最短路径算法进行比较。

① 目标深度与 CPU 运行时间关系。

随机生成满足 FOMG 的有向图，总顶点数取 100，目标数为 1，随机生成目标顶点，独立运算 20 次，取本文算法与 Dijkstra 算法的 CPU 运行时间平均值进行比较，如图 7.12 所示，可以看出：随着目标深度的增加，本文算法的 CPU 运行时间增加，而 Dijkstra 算法的 CPU 运行时间基本保持稳定；在目标深度小于 62.4%时，本文算法比 Dijkstra 算法的 CPU 运行时间少，具有较快的寻优效率，而当目标深度大于 62.4%时，Dijkstra 算法性能较优。

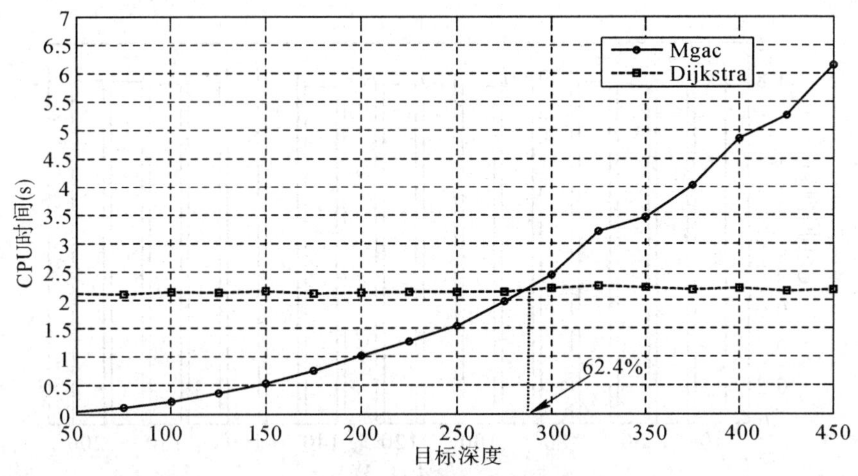


图 7.12　不同目标深度的算法性能比较

② 顶点数与 CPU 运行时间关系。

为了表达目标深度的影响，定义目标深度比 $R_t$：

$$R_t = \frac{T_d}{\mathrm{MT}_d} \times 100\%$$

其中：$T_d$ 是目标深度，$\mathrm{MT}_d$ 是最大顶点深度。

图 7.13 所示为顶点数与 CPU 运行关系，从图中可以看出，在 FOMG 算法中，随着顶点数的增大，运行时间增加，同时，随着 $R_t$ 的增大，运行时间增加，在 Dijkstra 算法中，随着顶点数的增大，运行时间增加，但是，$R_t$ 的影响非常微弱。在 $R_t = 0.5$ 和 $R_t = 0.3$ 时，FOMG 算法比 Dijkstra 算法效率高，而当 $R_t = 0.7$ 时，Dijkstra 算法运行效率较高。

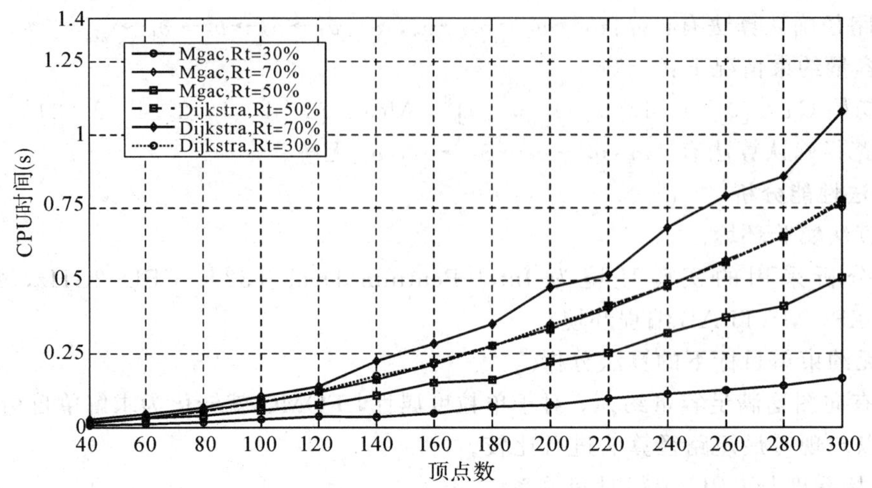


图 7.13　顶点数与 CPU 运行时间的关系

③ 扇出点数与 CPU 运行时间关系。

设 $R_t=50\%$，顶点数 $m=500$ 时，FOMG 算法中扇出点数与 CPU 运行时间关系如图 7.14 所示，可以看出，扇出点的数目对 CPU 运行时间的影响较小，最大波动幅度在 7.8%。

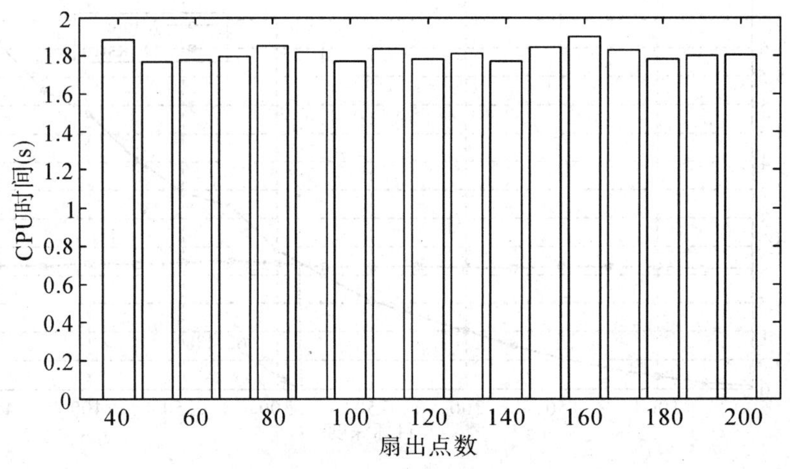


图 7.14　扇出点数与 CPU 运行时间关系

④ 单目标最短路径算法比较。

将 FOMG 算法、Dijkstra 算法及 Flord 算法进行比较如表 7.3 所示，随机生成有向图及目标顶点，在 100、200、500、1000 和 2500 总顶点数下，独立进行 20 次运算，表中的各项为 20 次的平均值。

通过表 7.3 可以看出，本文算法在较少的顶点数下，与 Dijkstra 算法及 Flord 算法性能相近，但是，随着顶点数目的增加及深度的增加，CPU 运行时间增加，在目标深度较小(约 $R_t<60\%$)时，本文算法优于 Dijkstra 算法及 Flord 算法，而目标深度较大时，本文算法优于 Flord 算法，但弱于 Dijkstra 算法。

表 7.3　不同算法单目标 CPU 运行时间比较

| 顶点数 | 用户数 | 角色数 | 权限数 | 属性数 | 边数 | 扇出点数 | 扇入点数 | 最大深度 | 目标深度 | Dijkstra/s | Flord/s | 本文/s |
|---|---|---|---|---|---|---|---|---|---|---|---|---|
| 100 | 1 | 20 | 35 | 44 | 1996 | 96 | 95 | 60 | 40 | 0.08 | 0.11 | 0.08 |
| 200 | 1 | 50 | 40 | 109 | 6104 | 190 | 193 | 118 | 65 | 0.30 | 0.82 | 0.29 |
| 500 | 1 | 30 | 72 | 397 | 62481 | 497 | 497 | 287 | 151 | 2.07 | 14.46 | 1.98 |
| 1000 | 1 | 60 | 120 | 819 | 249001 | 996 | 992 | 572 | 353 | 8.88 | 115.75 | 11.93 |

(3) 容量约束下的 FOMG 算法性能分析。

设多目标的平均深度比 $R_t$ 为

$$\overline{R_t}=\frac{\sum_{i=1}^{n}T_{di}/MT_d}{n}\times 100\%$$

其中，$n$ 为目标数。$T_{di}$是目标 $t_i$ 的深度，$MT_d$ 是最大顶点深度。

① 未达到最大允许容量下的算法比较。

未达到最大允许容量即为无约束条件下的多目标问题，为与文献[20]MOLA 算法和文献[21]MOSPEA 作比较，实验环境改为 Pentium Ⅳ，512M 内存，Windows 2000 下，与文献[20]的 MOLA 算法和文献[21]MOSPEA 作比较，实验比较结果如表 7.4 所示，KSR 算法中的 $k=2$，从表中可以看到，本文算法在目标深度较小(约$\overline{R_t}=50\%$)时，相比较 KSR 算法，具有较快的 CPU 运行效率，而在目标深度较大(约$\overline{R_t}=90\%$)时，相比较 KSR 算法较慢，因此，可以得到结论：容量约束下的 FOMG 算法也适用于无约束条件，对于无约束问题，当目标深度较小时(约$\overline{R_t}<60\%$)，采用 KSR 算法，当目标深度较大时(约$\overline{R_t}>60\%$)，采用 FOMG 算法。对于有容量约束问题，只能采用 FOMG 算法。

表 7.4　不同算法多目标 CPU 运行时间比较

| 顶点数 | 边数 | 最大深度 | 扇出点 | 扇入点 | 目标数 | MOLA/s | MOSPEA/s | $\overline{R_t}$ | KSR 算法 | 本文算法/s |
|---|---|---|---|---|---|---|---|---|---|---|
| 250 | 15422 | 140 | 246 | 245 | 3 | 9.9 | 6.7 | 0.5 | 2.51 | 1.76 |
| 250 | 15422 | 140 | 246 | 245 | 3 | 9.9 | 6.7 | 0.9 | 2.51 | 2.61 |
| 500 | 62291 | 292 | 497 | 495 | 3 | 30.2 | 28.9 | 0.5 | 7.8 | 6.05 |
| 500 | 62291 | 292 | 497 | 495 | 3 | 30.2 | 28.9 | 0.9 | 7.8 | 8.25 |
| 1000 | 249643 | 585 | 996 | 997 | 3 | 127.2 | 60.2 | 0.5 | 27.2 | 21.38 |
| 1000 | 249643 | 585 | 996 | 997 | 3 | 127.2 | 60.2 | 0.9 | 27.2 | 32.76 |

② 容量约束的算法分析。

在平均深度比$\overline{R_t}=50\%$，随机生成有向图 $E$ 时，容量约束下的算法性能如表 7.5 所示，其中：迭代次数指以符合规则 8 的条件而进行的求解次数，$\mu$ 为平均可用容量比，$Ca_i$

为初始时顶点 $i$ 的已用容量，即：

$$\mu=\frac{\sum_{i=1}^{m}(\mathrm{Mca}_i-\mathrm{Ca}_i)}{m\times n}\times 100\%$$

**表 7.5　容量约束下的算法性能分析**

| 顶点数 | 扇出点 | 扇入点 | 目标数 | $\mu$ | 有解目标数 | 无解目标数 | 迭代次数 | 运行时间/s |
|---|---|---|---|---|---|---|---|---|
| 250 | 246 | 245 | 10 | 0.25 | 10 | 0 | 2 | 4.4 |
| 250 | 246 | 245 | 10 | 0.75 | 10 | 0 | 1 | 1.53 |
| 250 | 246 | 245 | 20 | 0.75 | 19 | 1 | 2 | 3.91 |
| 500 | 497 | 495 | 10 | 0.75 | 10 | 0 | 1 | 6.51 |
| 500 | 497 | 495 | 10 | 0.85 | 10 | 0 | 1 | 6.48 |
| 500 | 497 | 495 | 20 | 0.75 | 20 | 0 | 1 | 6.81 |
| 1000 | 996 | 997 | 30 | 0.83 | 30 | 0 | 1 | 24.61 |
| 1000 | 996 | 997 | 50 | 0.7 | 50 | 0 | 1 | 35.04 |

从表 7.5 可以看出，平均可用容量比对路径确认的求解有直接影响，当平均可用容量比较低时，容易出现一次迭代无法获取路径解的情况，需要根据 $E'$ 进行二次或多次迭代，进而影响 CPU 运行时间，同时，在平均可用容量比相同时，运行时间会随着目标数、顶点数的增多而增长。

通过算法性能分析，可以看出：

（1）当选择的资源属性为单目标时，问题的求解就转化为单目标的最短路径问题，通过与 Dijkstra 算法及 Flord 算法比较，本文算法性能优于 Flord 算法，在深度＜60％时，比 Dijkstra 算法性能较优。

（2）当选择的资源属性为多目标时，通过与 MOLA 算法和 MOSPEA 比较，本算法也具有较好的运算时间。

（3）本文算法同时适用于单目标与多目标问题，具有面向云制造大型、复杂多目标、多粒度问题求解的能力。

（4）本文有向图中的边的权值均为 1，经过扩展后，可以适应于任意权值的更复杂授权问题。

# 第 8 章

# 云 打 印

## 8.1 引　　言

随着网络技术的发展，打印设备从单机打印进入网络打印时代。在此基础上演化出云打印模式，它是基于网络打印的一种服务模式，也是云制造在打印领域的一种应用。云打印是在按需服务(pay - as - you - go)理念的基础上，基于云计算技术和云制造的基本思想发展起来的新兴打印模式。

## 8.2 云打印的演化路径

打印模式的发展随着信息技术的不断发展而前进，由高成本单一打印向便捷化、网络化、低成本、开放性的方向发展，由资源的集中管理转变成资源的分散管理，由单一的设备层信息转变成横向发展的系统层、平台层，多样式标准转变成统一标准，有约束性服务转变成按需服务。打印模式发展路径如图 8.1 所示。

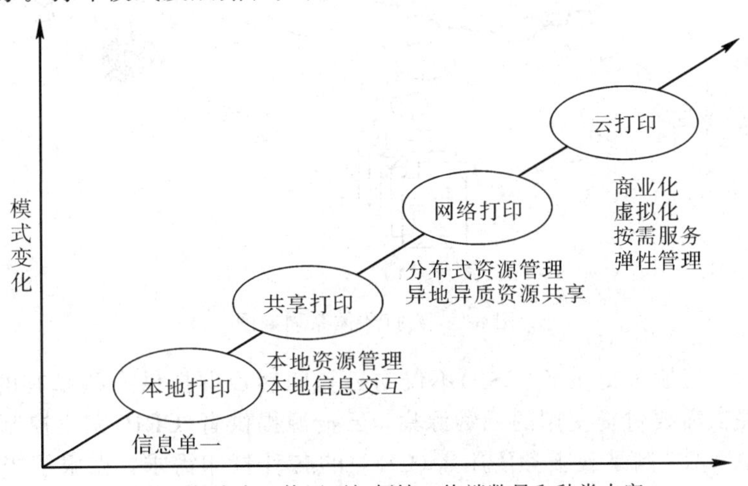


图 8.1　打印模式的演化路径

云打印是一种结合先进的网络技术，嵌入式技术以及信息技术的服务平台，用户需求与打印资源在云打印服务平台上智能快速匹配，形成新型的网络化打印模式。云打印是将云制造核心意义及框架与现有的网络打印模式结合并推广应用后，即以“按需服务”为中心思想，通过不同终端对物理资源集的查询使用，将物理打印资源集高度共享与打印任务统一管理作为目的，用云打印服务器连接跨区域、多种类的打印资源集，以云打印服务平台为匹配中心，统一、集中的智能化管理和经营，是一种面向服务、高效低耗的网络化、便捷化打印新模式和技术。

## 8.3 云打印体系结构分析

根据云打印含义，我们提出了一个面向多用户、能够提供集团商务应用与个体私人应用的云打印系统，如图 8.2 所示。云打印系统由云服务提供商 CSP、云服务使用者 CSC 和云资源提供者 CRP 组成。云资源供应者将打印资源和打印能力上传到云打印服务平台，客户通过各种终端将打印任务发布到云服务提供商提供的云打印服务平台上，在云服务综合管理技术、地理信息系统(Geographic Information System，GIS)应用和服务品质协议(Service - Level Agreement，SLA)技术等技术的支持下匹配打印资源与打印需求，并结合实际需求请求其它服务完成打印周期。

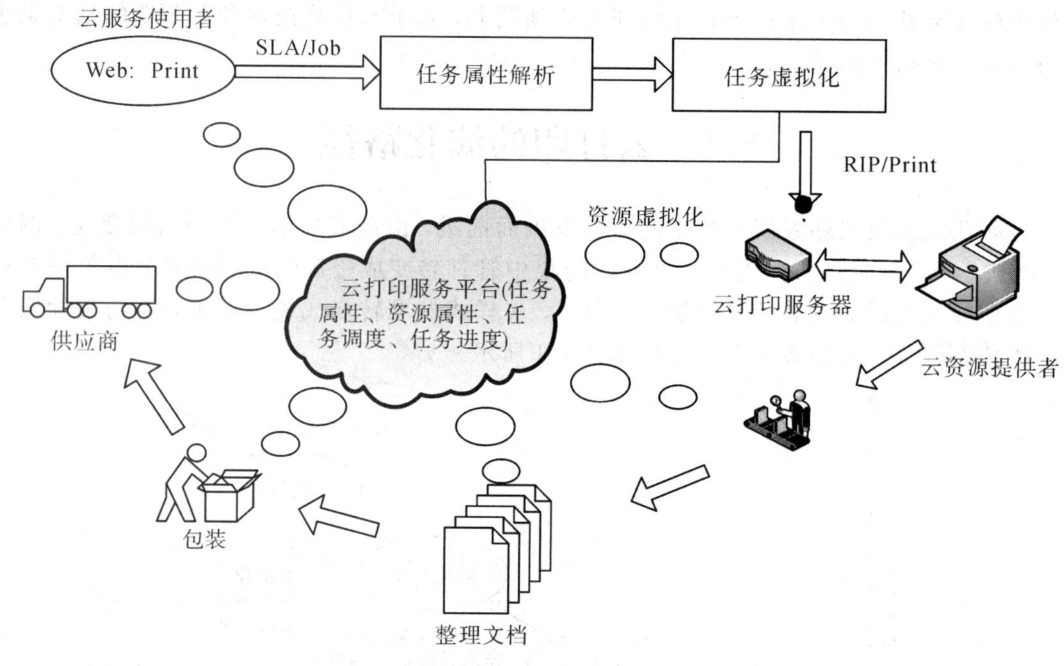


图 8.2　云打印体系周期图

在该体系中，云服务提供商(CSP)不仅向云打印客户群提供一些私有的、独享的物理打印资源，还提供需要付费使用的云资源集，云资源提供者(CRP)完全控制其提供的云资源集。CSP 联接 CRP 满足云服务使用者(CSC)的各种打印需求，克服了当前网络打印只能对私有打印机进行打印的缺点。在任意打印资源节点出错时，CSP 资源共享及智能调度服务可以不中断任务过程，连贯性地解决问题。

云打印系统体系的研发、试用、推广和商用是一项全面的过程，许多主要性技术问题有待解决。云打印体系架构是在分析打印行业服务的需求与实现应用推广的基础上，应用竖向结构搭建平台和结合实际应用等进行开发和设计，初步规划云打印服务平台的架构。综合网络化打印、云制造服务平台等发展现状和云打印服务平台的含义，我们提出了一种云打印服务体系架构。如图 8.3 所示。该架构主要包括以下五个层次：

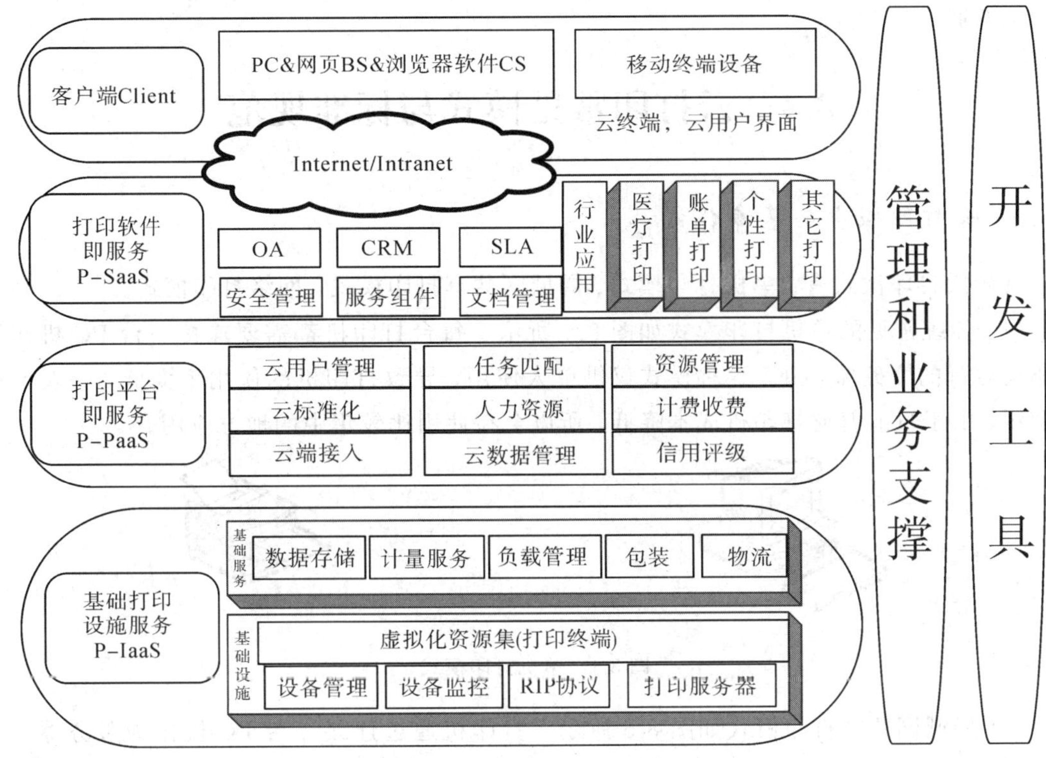


图 8.3　云打印系统体系架构

(1) 平台环境构造层：包括提供云打印服务平台的软件、数据库等原始框架，还为平台运行提供保护、数据监测、模块支持等功能，提供一系列的资源集能够支持客户端层、软件即服务层、平台即服务层、基础设施即服务的层正常运行，包括各个服务层的接入、组织、协调，对硬件服务器等的维护和社区环境的创建。

(2) 客户端层：用户可以通过 B/S 结构(Browser/Server，浏览器/服务器模式)或者 C/S 结构(Client/Server，客户/服务器模式)等不同的方式注册、访问和使用云打印系统平台，可提供打印需求的即时发布，任务周期全过程可视化，拥有参与行业评价、快速响应任务变更等功能。

(3) 软件即服务层：软件即服务层面向多向企业用户集，是业务模型块与服务构件块的中间转换层，通过对不同行业的用户提供的任务需求进行解析，由此建立与实际需求相符的、粗细粒度不同的服务模块，能够快速的响应供不同的业务模型调用。

(4) 平台即服务层：平台即服务层将接入网络的各类打印资源汇聚，通过云打印服务定义工具将虚拟资源封装发布成云资源，为用户发布的需求提供智能搜索匹配，提供任务调度、资源调度等服务，引导用户需求与云资源的智能匹配，追踪并记录管理交易过程，并作信用评价。向云服务运营商提供用户管理、数据管理、资源定价、计费收费等服务。

(5) 基础设施即服务层：基础设施即服务层包括各种基础服务与基础资源设施，通过统一注册发布工具，形成标准的云单元，普通的物理打印资源通过基于嵌入式开发的云打印服务器将其标准化、端口化、虚拟化后连接到云打印服务平台之上，实现打印物理资源的全面互联。

## 8.4 云打印常见模式与标准规范

### 8.4.1 云打印服务的基本模式

现阶段打印模式有：单机打印模式、局域网共享打印模式、网络打印模式。

（1）传统常见的单机打印模式如图 8.4 所示。每台打印机都需要连接一台 PC 机作为其驱动运行的服务器，由于这种模式仅供单人使用，导致打印机的使用率太低，一般不推崇使用，由于目前普通打印机成本降低，所以会在使用比较集中的地方应用。

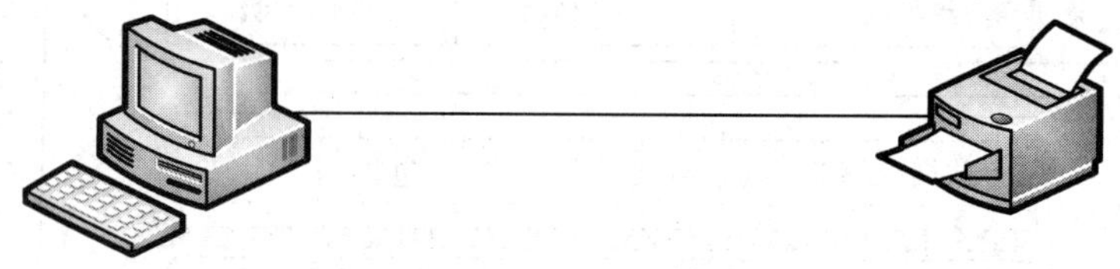

图 8.4 单机打印模式

（2）局域网共享打印模式如图 8.5 所示。打印机通过连接一台 PC 机作为服务器，通过局域网共享方式对局域网内安装有该打印机型号驱动程序的用户机提供有限的打印服务。该模式下的打印机拥有较快的响应能力、处理能力、较高的打印资源使用率等优势，但是该模式只能用于局域网且人数有一定的限制，并且服务器的 PC 机也不能关机，从而造成能源浪费。

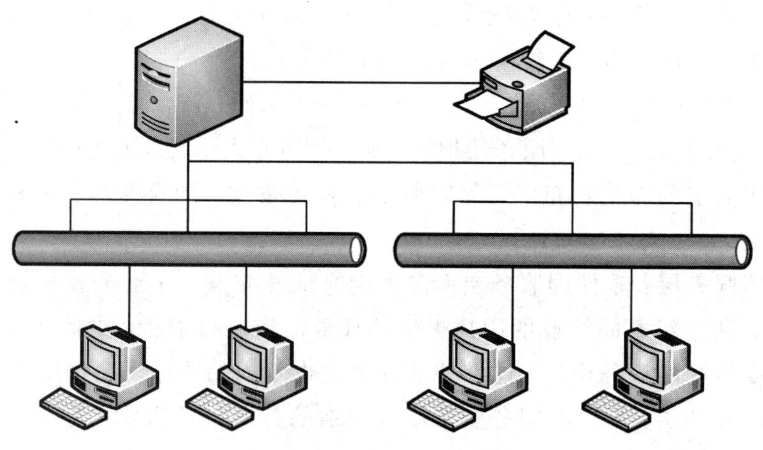

图 8.5 局域网打印模式

（3）网络打印模式如图 8.6 所示。使用者能够在网页上直接对网络数据进行打印，但是仍然需要安装对应于打印资源的驱动程序。该模式下打印需要简单维护，数据修改需要改变网页内容，具有方便的群体共享，较强的功能模块延展等优点。然而，该模式需要租用网络服务器，成本较大且利用率不高。

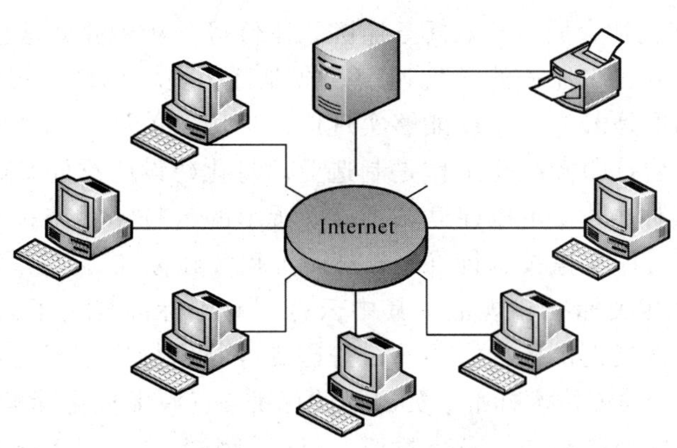


图 8.6　网络打印模式

云打印与常规网络打印的主要差异如表 8.1 所示。

**表 8.1　云打印与网络打印的相异性比较**

| 比较项目 | 网络打印 | 云打印 |
| --- | --- | --- |
| 目标 | 资源共享、协同 | 资源共享、协同工作和资源增效 |
| 平台开放性 | 相对封闭 | 高度开放 |
| 可扩展性 | 扩展性差 | 一切能封装和虚拟化的都可作为制造云服务进行加入 |
| 需求响应 | 定制化 | 动态配置、按需使用 |
| 技术支持 | 各厂商有各自的标准 | Service、云计算、物联网、虚拟化 |
| 系统平台 | 各厂商有各自的平台 | 统一的云制造服务平台 |
| 实施时间 | 实施周期长 | 快速部署实施 |
| 用户参与度 | 用户参与度较高 | 用户参与度低，只需要按需要提交任务 |
| 管理域 | 单域 | 单域/多域 |
| 资源共享模型 | 虚拟组织 | 虚拟化 |
| 应用领域 | 办公应用 | 商务应用 |
| 资源节点 | 自治资源 | 自治资源/租赁资源 |
| 任务 | 单类型任务 | 多类型任务 |
| 安全环境 | 低 | 高 |
| 费用 | 高 | 按需计费 |
| 稳定性 | 低 | 高 |
| 服务提供者 | 私有资源 | 私有资源/公有资源 |
| 自治性 | 完全自治 | 有限自治 |
| 角色 | SC、SP | CSP、CSC、CRP |

### 8.4.2　云打印标准及规范研究分析

在云打印系统的运行中，包含大量异构的、动态的任务和资源信息，提示云打印服务平台的运行需要处理包括合同签订、任务监控、评价等各种数据，这些数据具有杂乱和不标准的特点，严重影响打印任务的分配速度、物理打印资源的统一分配管理和高度共享。因此，规范的行业标准是云打印系统能够实现广泛应用的关键。标准和规范是云打印发挥其价值的必要基础，云打印标准化工作是制造业信息化建设的重要基础性工作之一。

从云打印系统整体出发，可以建立如图 8.7 所示的云打印系统标准及规范体系，包括云打印基础标准、云打印支撑技术标准、云打印工程实施标准、云打印质量/测评标准、云打印运营服务标准等相关标准和规范。其中云打印基础标准规范了云打印的功能、术语、体系等标准，为行业发展提供标准指导。云打印支撑技术标准是云打印标准的核心，主要包括 Web 服务标准、SOA 技术标准、资源描述标准、资源虚拟化标准、服务描述标准、资源互操作性标准、访问控制标准、安全框架、云打印服务器等。Web 服务标准和 SOA 技术标准通过规范云打印服务平台服务提高不同平台间的互操作性。资源描述标准和虚拟化标准可有效避免因不同平台而重复描述及虚拟带来的资源浪费。云打印工程实施标准为实现云打印应用提供基础指导。云打印质量/测评标准及云打印运营服务标准规范了行业服务标准，保障云打印行业持续健康发展。

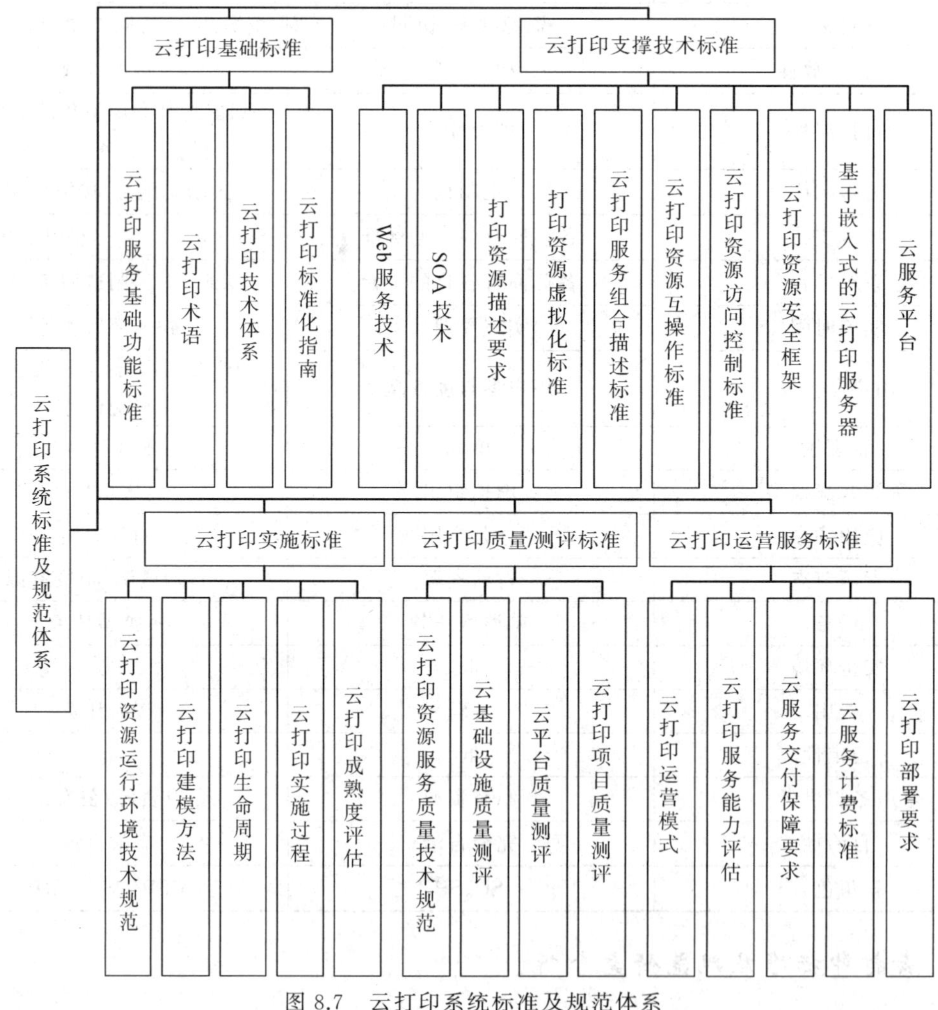

图 8.7　云打印系统标准及规范体系

# 8.5　基于 QoS 的打印服务调度分析研究

## 8.5.1　云打印服务调度分析

云打印环境中的云打印任务是分散的，即时性比较强。云打印资源是异构的、分散的、多样化的，其中云打印资源由云资源提供者提供，通过基于云打印服务器标准化、端口化物理打印资源使其具有云资源相应的能力，由多个云打印子资源组合构成的打印服务子集，能够满足不同类型、多数量任务的同时响应需求。但是，在打印行业中，常常有庞大的云资源提供者提供的云服务有非常相似甚至相同的价格与类似的服务。因此，如何让云打印服务使用者能够从中选择到便捷、满足 QoS 要求且较合适的云资源服务，同时对云打印资源提供者来说，云打印服务平台的调度如何能够提供实时性较强、负载均衡的调度，成为云打印服务调度技术的重要问题。

云打印资源调度的主要由资源的属性、用户需求、使用方式以及在打印活动中发挥的作用决定。以云打印服务平台的打印资源为例，物理打印资源都作为一种打印服务资源（云资源或云服务），在云打印服务中，云打印资源调度具有如下特征：

（1）打印资源具有容量约束。打印活动根据资源的来源，分为私有资源和共享资源两种，对于私有打印资源，打印资源的容量为 1，对于共享的打印资源，其容量为打印资源在同一时间内所能承担的最大打印任务数目，私有资源和共享资源都有容量约束。

（2）打印资源具有多功能打印能力。在云打印中，分散的物理打印子资源可以通过弹性配置形成资源集，集中的物理打印资源集不仅提高了打印能力，还承担多种类打印任务责任。

（3）打印资源有一定排序要求。在满足容量约束的基础上，私有和共享的云打印资源都会存在打印任务队列，队列的长度是根据各个打印资源上被分配的打印任务的大小而决定的。

（4）不同打印资源具有不同的 QoS 能力。不同的打印资源有着打印速度、地理位置、打印成本等多种 QoS 能力的区别，在根据云服务使用者提交的基本需求进行打印资源配置时，在满足 QoS 的前提下，还需综合分析该资源的任务队列状态、地域位置、负荷均衡等因素。

（5）打印任务过程是一个泊松过程。打印任务从需求提交开始到任务结束是一个随机事件，其中具有泊松过程的平稳性、稀有性、无后效性和微分性特征。

由于云打印资源具有多样化打印能力以及不同打印资源具有不同的 QoS 能力，设定如图 8.8 所示的基于 QoS 的云资源模型。云打印资源的属性可以分为时间属性、负载属性、成本属性、服务属性、匹配度属性和能力属性，同时每个资源属性又包括许多性能指标。

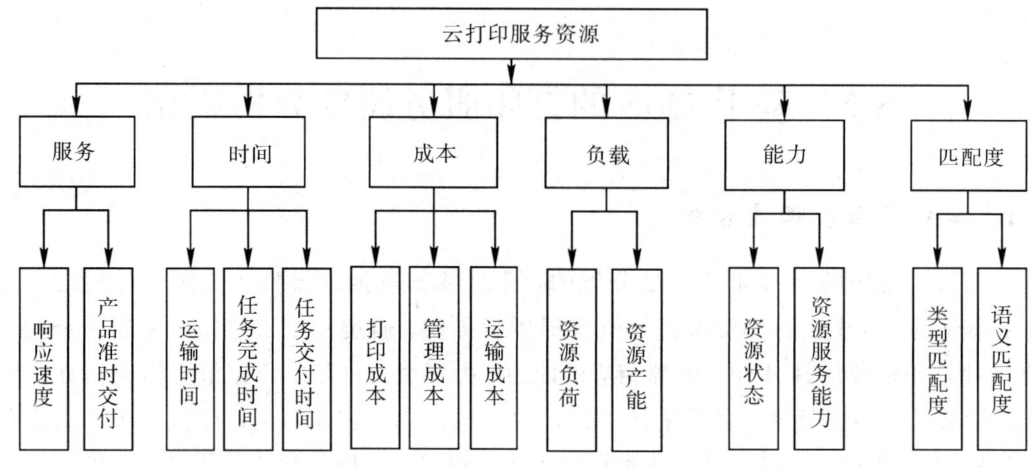


图 8.8　基于 QoS 的云资源模型

### 8.5.2　基于 QoS 的打印服务调度技术研究

云打印服务调度的核心思想可以概括为：以事件为参考前提、以任务需求为导向、以打印能力为判别标准、以相同打印能力负载均衡为目标。该思想包括以下几个重点内容：

(1) 以事件为前提、以任务需求为导向。以事件为方向标使单一云打印服务配置开始于事件建立，结束于事件的过程，并以事件执行过程中的具体状态为依据进行配置调整。

(2) 以打印能力为判别标准，为了平台的易用性和需求方更为清晰地表达打印需求，当云打印服务使用者向云打印服务平台提出打印服务需求时，仍然会根据打印活动发送请求。当打印请求进入云打印服务平台并且内容形成事件并进行子任务分解时，打印能力便成为打印服务配置时的判别标准，以打印能力为核心内容的打印服务也成为了相应服务配置的调度单位。通过对物理打印资源打印能力的分析来配置方案是事件导向的云打印服务配置的重要手段。

(3) 以相同打印能力负载均衡为目标。云打印服务平台在进行制造云服务配置、异常情况调整、打印冲突消解时需要本着相同制造能力负载均衡的配置目标，最重要的是多个任务在一个资源集分配给多个子资源的时候，尽量保证提供相同或相似制造能力的打印云服务，承担尽可能平均的打印任务从而保证云打印应用的效益。

结合云打印资源的特征，给出云打印服务以事件完成为导向的流程图如图 8.9 所示。

云打印服务消费者提交的打印任务，通过服务需求分解模块分解为若干一定粒度的子任务 $RQ_{mx}$，$m, x=(1,2,\cdots,)$，$m$ 为任务数，$x$ 为任务的种类，$n$ 为打印资源集的数量，$y$ 表示的是一个资源集中有 $y$ 个子资源。用户将任务请求发送到资源调度器，资源调度器通过服务管理进行初步的静态属性资源匹配，获得满足制造需求静态属性的 $n$ 个打印资源，每个资源处会分配若干个任务，再通过算法计算把若干任务分配到子资源进行打印。资源调度过程分为任务分配和资源选择两个过程，任务分配是通过层层约束筛选，实现将任务 $R_i(i=1, 2, \cdots m)$分配至打印资源 $M$，资源选择是实现打印资源对打印任务的较优分配。

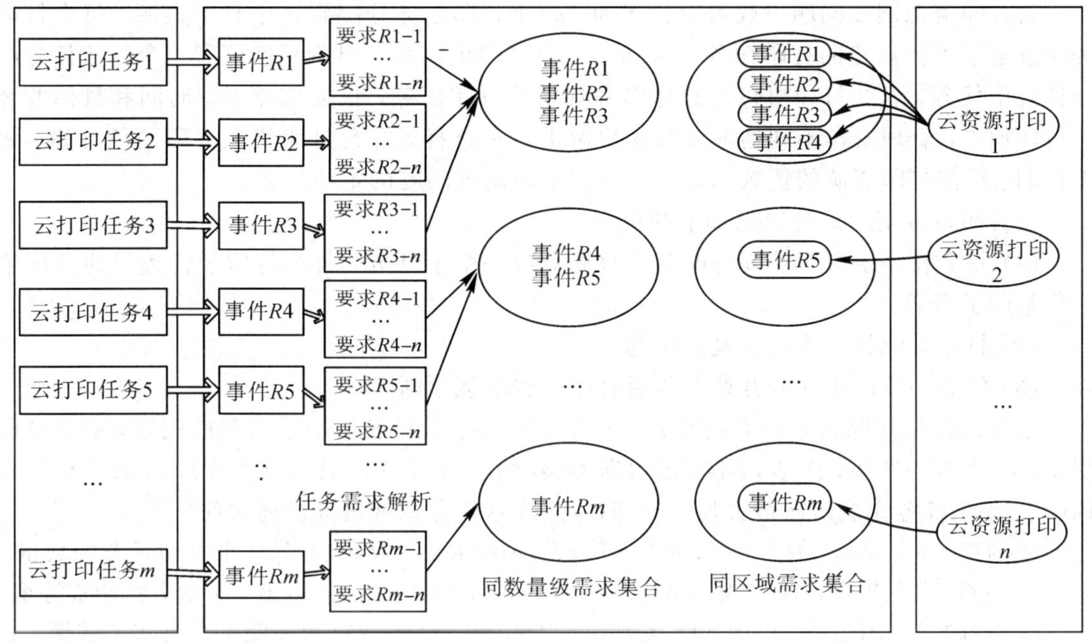


图 8.9　以事件完成为导向

**1. 云打印任务需求等级设定**

在常规的打印中，对个人用户打印机使用者的问卷调查显示：超过 84%的用户主要打印的是文本文档，40%的用户还用到打印照片的功能。企业用户的打印需求中，45%考虑的是打印速度，40%考虑的是打印便捷性等。因此，在云打印资源调度过程中，对于共享式资源任务优先级问题，通过设定资源等级选取云资源的方法设定如下任务需求等级策略，如图 8.10 所示。

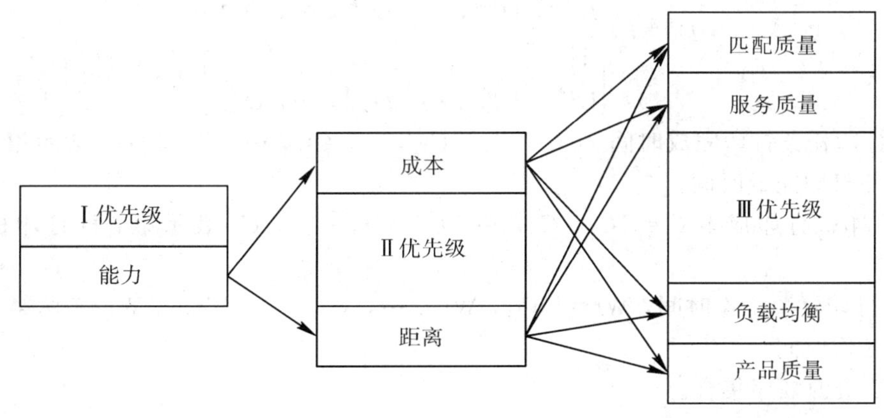


图 8.10　云打印资源等级示意图

提出基于云资源服务质量的调度技术，在调度过程中，云打印服务平台会根据云打印服务使用者提供的打印需求属性与云资源提供者提供的物理打印资源属性进行匹配调度。

**2. 云打印服务配置模型建立**

云打印资源调度问题一般可以描述为：$m$ 个打印任务分配到 $n$ 个打印资源，每个打印资源确定了不同规格的打印任务的时间。一台打印机在某一时刻只能打印一个打印任务的一种规格任务，有些打印机可以打印多种规格的打印任务，根据任务等待时间和具体的客户打印地点，合理安排不同地域并给客户做出多种选择，每台打印机上打印的任务量、成本控制、平衡打印资源的负载问题是云打印资源调度问题的重要问题。

云打印资源调度需要满足如下约束：

（1）每个打印子资源在同一时刻内只能对应一个子任务，每个打印子任务只能分配给一个打印子资源。

（2）打印资源的工作速率是一定的。

（3）任意一打印子任务开始打印后打印过程不能中断。

定义云打印资源服务子集矩阵 $\boldsymbol{E}$，包含 $n/m/A/B$ 来表示基本的调度问题，$n$ 个打印资源，$m$ 个打印任务，$A$ 表示不同的打印类型(例如 $A0$，$A1$，$A3$，$A4$ 等)，$B$ 表示调度目标($C_{\max}$表示任务完成所需最大加工时间，$I_{\max}$表示任务调度最大流通时间)。

$R$：打印任务集合，$R=\{R_1, R_2, \cdots, R_i, \cdots, R_m\}$，$R_i$ 表示第 $i$ 个打印任务的数量。

$M$：打印资源集合，$M=\{M_1, M_2, \cdots, M_i, \cdots, M_n\}$，$M_i$ 表示第 $i$ 个地方打印资源集。

$Q$：打印子资源集合，$Q=\{Q_1, Q_2, \cdots, R_j, \cdots, Q_y\}$，$Q_j$ 表示第 $j$ 台打印子资源，总共有 $y$ 台。

RQ：打印子资源集合，$\mathrm{RQ}_{mj}$ 表示第 $m$ 个任务在 $j$ 子资源运行。

$$\mathrm{RQ}=\begin{Bmatrix}\mathrm{RQ}_{11}, \mathrm{RQ}_{12}, \cdots, \mathrm{RQ}_{1j}, \cdots, \mathrm{RQ}_{1y} \\ \mathrm{RQ}_{21}, \mathrm{RQ}_{22}, \cdots, \mathrm{RQ}_{2j}, \cdots, \mathrm{RQ}_{2y} \\ \mathrm{RQ}_{m1}, \mathrm{RQ}_{m2}, \cdots, \mathrm{RQ}_{mj}, \cdots, \mathrm{RQ}_{my}\end{Bmatrix} \tag{8.1}$$

$D$：打印任务与云资源距离集合，$D_{ij}^{RM}$ 表示第 $i$ 种打印任务与第 $j$ 个云资源集之间的距离。

$$D^{\mathrm{RM}}=\begin{Bmatrix}D_{11}^{\mathrm{RM}}, D_{12}^{\mathrm{RM}}, \cdots, D_{1j}^{\mathrm{RM}}, \cdots, D_{1n}^{\mathrm{RM}} \\ D_{21}^{\mathrm{RM}}, D_{22}^{\mathrm{RM}}, \cdots, D_{2j}^{\mathrm{RM}}, \cdots, D_{2n}^{\mathrm{RM}} \\ \vdots \\ D_{m1}^{\mathrm{RM}}, D_{m2}^{\mathrm{RM}}, \cdots, D_{mj}^{\mathrm{RM}}, \cdots, D_{mn}^{\mathrm{RM}}\end{Bmatrix} \tag{8.2}$$

Ct：打印任务打印完成时间，$\mathrm{Ct}=\{\mathrm{Ct}_1, \mathrm{Ct}_2, \cdots, \mathrm{Ct}_i, \cdots, \mathrm{Ct}_m\}$，$Ct_i$ 表示第 $i$ 种打印任务所需的打印完成时间。

$C$：打印机打印成本 $C=\{C_1, C_2, \cdots, C_i, \cdots, C_n\}$，$C_i$ 表示第 $i$ 种打印机的打印成本。

Wt：打印资源工作时间，$\mathrm{Wt}=\{\mathrm{Wt}_1, \mathrm{Wt}_2, \cdots, \mathrm{Wt}_i, \cdots, \mathrm{Wt}_n\}$，$\mathrm{Wt}_i$ 表示第 $i$ 个打印子资源的工作时间。

$\mathrm{RM}^k$：资源顺序集合。

$$\mathrm{RM}^k=\begin{Bmatrix}\mathrm{RM}_{11}^k, \mathrm{RM}_{12}^k, \cdots, \mathrm{RM}_{1j}^k, \cdots, \mathrm{RM}_{1y}^k \\ \mathrm{RM}_{21}^k, \mathrm{RM}_{22}^k, \cdots, \mathrm{RM}_{2j}^k, \cdots, \mathrm{RM}_{2y}^k \\ \vdots \\ \mathrm{RM}_{n1}^k, \mathrm{RM}_{n2}^k, \cdots, \mathrm{RM}_{nj}^k, \cdots, \mathrm{RM}_{ny}^k\end{Bmatrix} \tag{8.3}$$

$RM^k(i,j)$表示加工第 $i$ 个打印任务的第 $k$ 个打印资源集的第 $j$ 个子资源进行打印的序号，$RM^k(i,*)$表示第 $i$ 个任务在第 $k$ 个打印资源集的各个子资源打印时的排列，$RM^k(*,j)$表示所有打印任务在第 $k$ 个打印资源集上第 $j$ 个子资源的顺序排列。$RM^k t$：任务在 $k$ 资源集处打印完成所需的时间矩阵。$RM^k t(i,j)$表示在第 $k$ 个资源集第 $j$ 个任务在第 $i$ 个打印子资源打印需要的时间值，$RM^k t(i,*)$表示的是在第 $k$ 个资源集所分配的所有打印任务在第 $i$ 个打印子资源上打印的时间值队列，$RM^k t(*,j)$表示在第 $k$ 个资源集第 $j$ 个打印任务上所有打印子资源上打印的时间队列。

**3. 云打印资源调度算法**

影响资源调度问题的因素有很多种，对于当前打印分配情况，正常情况下有：打印任务的提交时间，交货时间，提交任务地点，打印地点，资源打印能力，打印顺序，打印任务数量，费用的要求等的限制。有些限制是一定要遵循的，例如打印资源的打印速度，打印资源的地理位置，打印任务的交货时间，打印资源的打印能力等，而有些约束条件只要达到一定的满意程度就可以，比如打印资源对应的费用等。同时，还会出现资源突然不能正常工作，客户提交的打印任务变化等随机性比较强的状况。

针对打印任务数量繁多，数量普遍较小，即时性比较强的对象进行算法设计，结合最短路径算法设计一个根据任务需求属性与资源属性匹配的算法，能够最快速度最短距离把 $k$ 资源集附近的仕务分配给 $k$ 资源集，然后对于多个任务与 $k$ 资源集的多个子资源之间的调度，结合 Min－min 算法与 Max－min 算法的优点，通过遗传算法计算得出打印任务综合时间最短模型，同时按照距离近远给出客户多种选择，引入三种目标模型：

(1) 任务完成时间最短模型。

任务完成时间是指所有任务打印完需要的时间，表示的是其中在某个资源上最大完成时间。判定调度方法优劣汰最根本指标即该模型，并且也是判定其它调度最常见的指标。任务完成的时间越小则调度性能越好，函数值也最小，即

$$\min\chi_1=\min\left(\sum_{j=1}^{n}C_j\right) \tag{8.4}$$

(2) 打印费用最少的模型。

所有云服务使用者与云资源提供者都会关注打印费用，对于订单数量较多、交货期比较长的使用者来说，是一个重要的参考因素。

$$\min\chi_2=\min\left(\sum_{j=1}^{n}Ct_j\right) \tag{8.5}$$

(3) 单位时间 $t$ 内设备负载率最大模型。

设备能否充分利用，直接关系到云资源提供者的效益。提高资源的使用率，也就是降低成本。因此，负载率也是云打印调度的重要参考因素。

$$\max\chi_3=\max\left(\sum Wt_i/t\right) \tag{8.6}$$

此处的输入与输出由下图 8.11 表示。其中包括客户提交的任务数量，任务种类和客户地理位置等信息。云资源提供商需要提供云资源的地理位置，资源的能力，资源的状态和资源的数量等信息，云服务商接受这些云用户与云资源提供的信息，以属性为导向，如何高效便捷地完成资源调度成为本章研究的核心问题。根据调度模型、遗传算法和用户需求计算出最优调度结果。

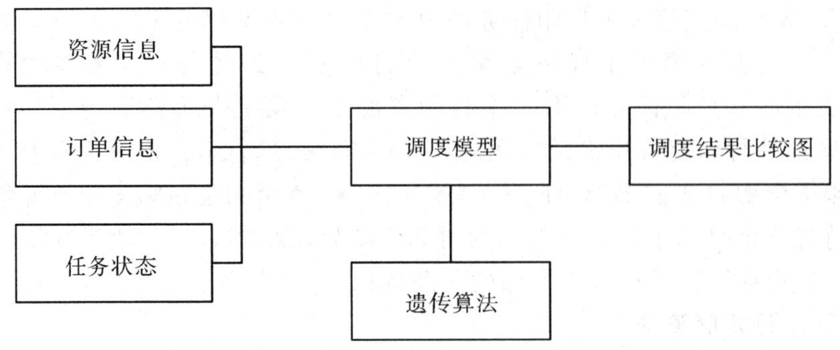


图 8.11　模型的输入和输出

(1) 根据云服务使用者和云资源提供者给出的属性信息，以云服务使用者与云资源提供商之间的距离与任务数量为主要需求导向，分配打印任务，通过打印资源提供的能力，计算出每个任务打印在每个打印资源打印所需的时间。如图 8.12 所示。

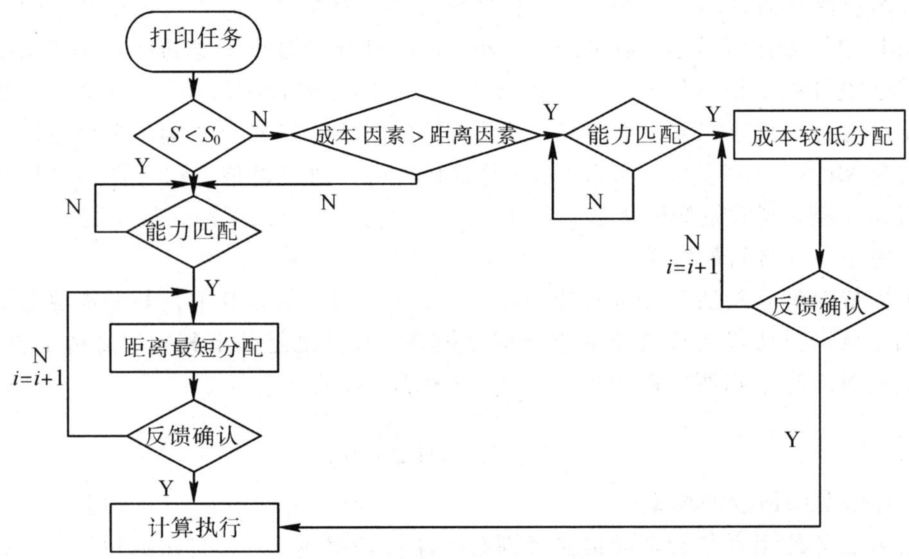


图 8.12　任务匹配图

(2) 当云打印服务平台在 $k$ 资源集处分配 $n$ 个打印任务后，根据计算模型公式 8.7，其中 $y$ 为在 $k$ 处有 $y$ 个子资源。假设任务基数较小，不支持任务分解且分开打印，则一个打印任务只能同时在一个打印资源进行，则提出一个应用方法并使用遗传算法，能够实现打印任务综合完成时间最短且负载均衡。

$$\mathrm{RM}^k t = \begin{Bmatrix} \mathrm{RM}^k t_{11}, \mathrm{RM}^k t_{12}, \cdots, \mathrm{RM}^k t_{1j}, \cdots, \mathrm{RM}^k t_{1y} \\ \mathrm{RM}^k t_{21}, \mathrm{RM}^k t_{22}, \cdots, \mathrm{RM}^k t_{2j}, \cdots, \mathrm{RM}^k t_{2y} \\ \cdots \\ \mathrm{RM}^k t_{n1}, \mathrm{RM}^k t_{n2}, \cdots, \mathrm{RM}^k t_{nj}, \cdots, \mathrm{RM}^k t_{ny} \end{Bmatrix} \tag{8.7}$$

(3) 由于每个打印任务都有可能在任意一个打印资源打印，则第 $i$ 个打印任务的打印时间可以为 $\{Rt_{i1}, Rt_{i2} \cdots Rt_{ij} \cdots Rt_{in}\}$，则形成最初基因群，确定种群的大小、删选的策略、迭代次数等。

(4) 根据提交的约束来确定优化目标，对每个染色体进行评定。

(5) 删选出满足评定的基因，加入精英基因库。

(6) 对精英基因库中的基因进行遗传算法计算出下一代种群。

(7) 在新一代精英基因库中继续通过计算资源的负载进行比较，得出较为优化的结果。当得出的结果没有满足条件时会重新开始步骤(5)。

遗传算法的思路基本流程如图 8.13 所示。

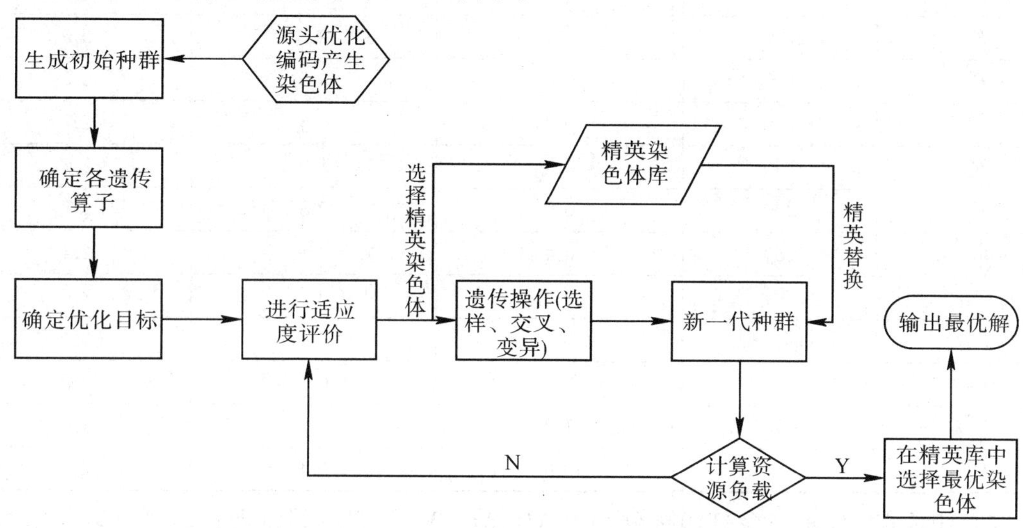


图 8.13　遗传算法基本流程

### 8.5.3　实验验证

**1. 实验环境**

算法分析采用的实验环境为 Intel Core2 CPU 2.2GHz，4G 内存，Windows 7，MATLAB 2012 编程环境。

**2. 算法性能分析**

本实验以提交打印为实例，以桂林市某地区的几个打印地点与价格标准为例，其中包括对应地址的价格、地址、打印机的速度等。如下表 8.2 所示。

**表 8.2　各个打印资源集的属性表**

| 编号 | 地址 | A4 成本 |
|---|---|---|
| M1 | 桂林市七星区金鸡路 1 号文印店 | 0.2 元/张 |
| M2 | 桂林市七星区金鸡路 17 号文印店 | 0.2 元/张 |
| M3 | 桂林市秀峰区环城北路文印店 | 0.15 元/张 |

根据用户的基本需求，并且为了简化实验，抽取其中较为重要、影响比较大的性能指标进行设定，并具体设定第一个打印资源集即 $M_1$ 的资源属性与服务配置。如表 8.2、表 8.3所示，其中包括打印的任务需求(数量、格式)、打印的地址等。$S_0$ 设置为 500，即超过 500 张成本为优先选择级别，反之则以最短距离为优先选择级别。

**表 8.3　各个打印任务的属性表**

| 任务编号 | A4/张 | 距离 $M_1$/km | 距离 $M_2$/km | 距离 $M_3$/km |
|---|---|---|---|---|
| $R_1$ | 20 | 0.5 | 1.0 | 2.7 |
| $R_2$ | 40 | 0.2 | 1.0 | 2.6 |
| $R_3$ | 60 | 0.3 | 0.9 | 2.8 |
| $R_4$ | 80 | 0.5 | 0.7 | 2.4 |
| $R_5$ | 100 | 0.4 | 0.8 | 2.0 |
| $R_6$ | 120 | 0.1 | 0.5 | 2.5 |
| $R_7$ | 140 | 0.2 | 0.6 | 2.7 |
| $R_8$ | 160 | 0.4 | 1.0 | 2.6 |
| $R_9$ | 200 | 0.5 | 0.8 | 2.7 |
| $R_{10}$ | 180 | 0.4 | 0.7 | 2.4 |
| $R_{11}$ | 50 | 0.6 | 0.5 | 2.6 |
| $R_{12}$ | 70 | 0.8 | 0.4 | 3.4 |
| $R_{13}$ | 80 | 0.9 | 0.1 | 3.5 |
| $R_{14}$ | 140 | 1.2 | 0.2 | 3.0 |
| $R_{15}$ | 2000 | 0.6 | 0.4 | 2.5 |

在打印地点 $M_1$ 的三台打印机分别为 $M_1^1$,$M_2^1$,$M_3^1$。假设其每台打印机选取的基本资源属性如下表 8.4 所示。

**表 8.4　处各个打印机的属性表**

| 打印机编号 | $V_{A4}$ |
|---|---|
| $M_1^1$ | 40 张/分 |
| $M_2^1$ | 35 张/分 |
| $M_3^1$ | 30 张/分 |

通过任务匹配图的选择计算，把任务 $R_{1-10}$ 分配到打印地点 $M_1$。任务数量最多的 $R_{15}$ 则分配到了 $M_3$ 打印地点。以打印地点 $M_1$ 处为例，在知道每台打印机的基本属性基础上，根据式(8.7)计算出每个任务分别在每台打印机上完成打印所需的具体时间矩阵，如下表 8.5 所示。

**表 8.5　$M_1$ 处各个任务打印所需时间表**

| | $R_1$ | $R_2$ | $R_3$ | $R_4$ | $R_5$ | $R_6$ | $R_7$ | $R_8$ | $R_9$ | $R_{10}$ |
|---|---|---|---|---|---|---|---|---|---|---|
| $M_1$ | 0.50 | 1.00 | 1.50 | 2.00 | 2.50 | 3.00 | 3.50 | 4.00 | 5.00 | 4.50 |
| $M_2$ | 0.58 | 1.15 | 1.72 | 2.29 | 2.86 | 3.43 | 4.00 | 4.58 | 5.72 | 5.15 |
| $M_3$ | 0.67 | 1.34 | 2.00 | 2.67 | 3.34 | 4.00 | 4.67 | 5.34 | 6.67 | 6.00 |

这里采用遗传算法对数据进行处理，目的是求解所有任务完成的最短时间，由于每个打印任务只能同时在一台打印机上进行打印，则每次选择在每列中只有一个数据是有效

的，避免同一个任务在多台打印机同时进行，根据以上要求建立矩阵模型，运用遗传算法计算得出较优解。

如图 8.14 所示为 min－min 算法与遗传算法在资源调度下的最短完成时间比较，从图中可知 min－min 算法的最短完成时间较大，其调度性能最好，并且随着打印任务数量的增加，min－min 算法所需时间大幅增加，遗传算法的优势越来越明显。遗传算法采用种群规模为 30，迭代次数为 50。

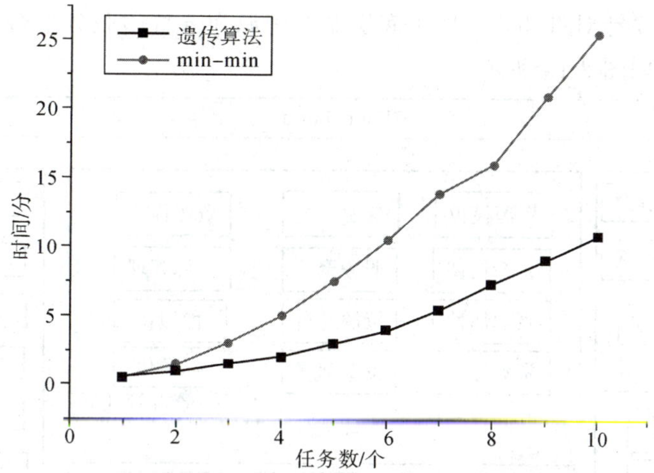


图 8.14　两种算法在聚合资源下任务完成最短时间对比图

如图 8.15 所示，为该模型分别在遗传算法与 min－min 算法的下资源负载率 $\varphi$ 的比较，定义资源负载率为

$$\varphi=\frac{\sum \mathrm{RM}^{k} t_{ij}}{T} \tag{8.8}$$

其中 $\sum \mathrm{RM}^{k} t_{ij}$ 表示在 $k$ 打印地点，任务 $i$ 在子资源 $j$ 处的打印时间，$T$ 表示所有子资源的任务完成最短时间和。遗传算法的负载率较均衡且负载均很高，min－min 算法的负载均偏低。遗传算法能够较好解决打印资源的资源负载。

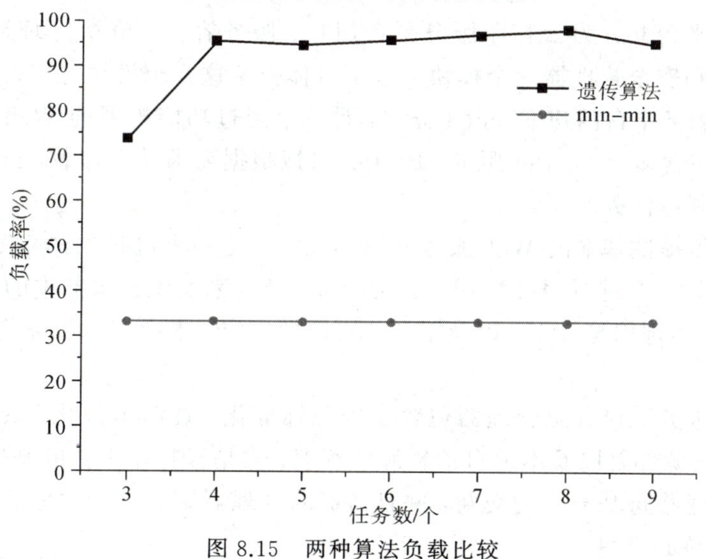


图 8.15　两种算法负载比较

# 8.6 云打印服务平台及云打印服务器设计

## 8.6.1 云打印服务平台设计

### 1. 云打印系统的总体结构设计

本平台开发主要针对打印，实现了底层制造资源为云打印服务平台的设计与开发。平台的功能模块框架如图 8.16 所示。

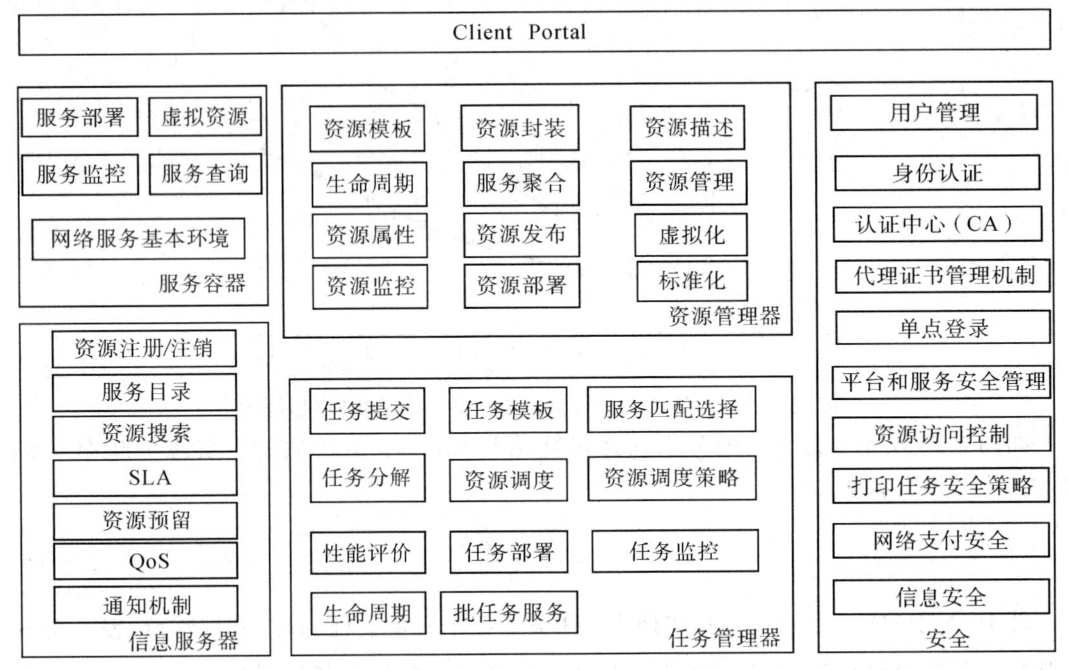


图 8.16　云打印服务平台功能模块框架图

云打印服务平台共分为云打印服务平台门户、服务容器、资源管理器、任务管理器、信息服务管理器和安全管理器六个模块。以下具体介绍这几个模块。

（1）云打印服务平台门户 Client Portal，是一个经过功能扩展的 Web 服务器，并且能够独立运行，它包含多个 Portlet 服务，Portlet 可以根据需求动态加载，云服务使用者通过 Portal 完成协同制造任务。

（2）服务容器提供基本的 Web 服务支撑功能，它是一个可扩展的 Web 服务容器。服务容器需部署到每一个进行服务交互的云资源节点上，来实现云服务中的基本 SOAP 消息管理及 Web 服务的调用与管理，以及服务与资源的绑定，虚拟资源服务化、资源状态监控等核心的功能。

（3）云打印服务平台资源管理器包含了资源标准化、资源虚拟化、资源描述、资源发布、资源监控、资源部署以及本地自治资源的管理，它是云打印平台的基础模块。

（4）任务管理器同 Portal 的交互，并且与资源管理器结合运行，是云打印服务平台中完成协同打印的核心模块。

(5) 信息服务管理器是云打印平台中信息集中模块，以统一形式提供网络服务的注册、发布、服务匹配、服务检索以及资源状态的采集，同时，它还是协同打印过程中协商和协调的重要依据。

(6) 安全管理为云打印服务平台提供了包含用户管理模块、身份认证模块、代理证书管理模块、网络支付安全模块、隐私保护模块、服务安全管理模块及用户访问控制模块等具有安全保护功能的重要模块。用户管理模块进行用户信息的查询、修改以及权限管理等；代理证书管理模块在任务管理器、网络服务及用户之间进行信任关系传递。认证中心(CA)向云服务使用者、云服务器等实体提供基本的安全保证，通过颁发安全证书来实现；服务安全管理通过消息与会话过程中的安全实现，保证服务过程的安全性。

本章云打印服务平台的主要设计思想有：云资源提供者在本地注册资源，通过云打印服务器标准化、虚拟化打印物理资源，资源服务将创建一个实例，并将该实例的端点引用(EPR)和相关资源状态注册进本地索引服务。客户通过软件或者 Web 登录云服务提供 Portal 后，提交需要的任务和加工文件。加工文件是一个由云服务使用者的工业设计软件导出的具有通用交换格式的输出文件。当确定了适用的资源后，开始按照生产流程进行签约、交易、打印、汇报进度等工作。

**2. 云打印服务平台客户端界面设计与实现**

云打印服务消费者(CSC)通过 Internet 登录云打印平台界面，如图 8.17 所示。

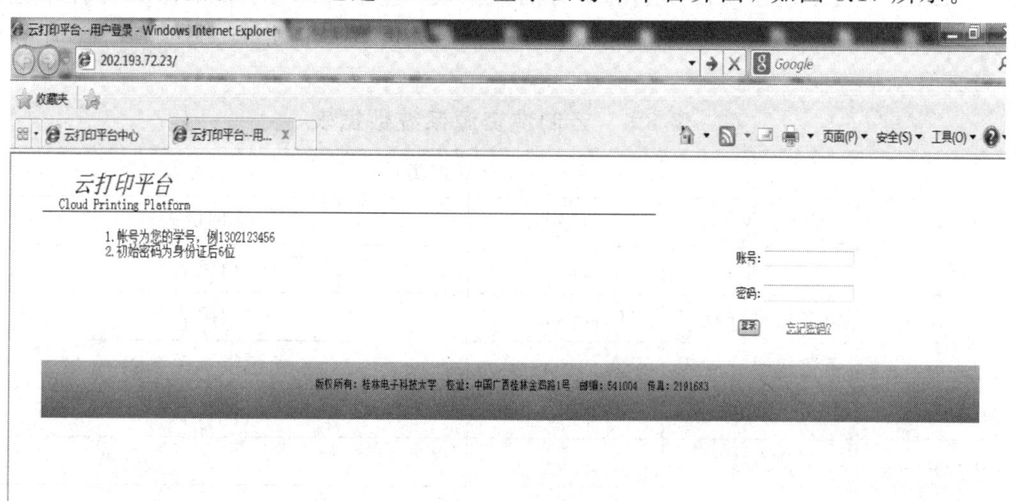


图 8.17　云打印平台界面

用户在登录系统后可以在服务任务界面输入需求，如图 8.18 所示，以打印 100 张 A4 纸为例，CSC 在任务界面输入如下产品需求信息：① 相应格式的文档数量，② 用户所在位置，③ 选择需要打印的内容，④ 其他要求，⑤ 取货方式选择。因为打印行业的特点，CSC 在提交任务时除了任务相关描述，还需要另外提交所需打印的文档(PDF 格式最佳)。云打印服务商根据 CSC 提供的文件要求、数量与地理位置将任务进行解析事件化。CSP 根据上述打印任务的信息确定打印的地点、子资源的确定、价格的确定等要求。经云打印服务平台解析调度，反馈给客户准确规范的选择，可以给客户提供 2～3 个较好的方案选择确认。经 CSC 确认任务解析结果无误后，同意任务，进入服务签约环节并进行打印任务。

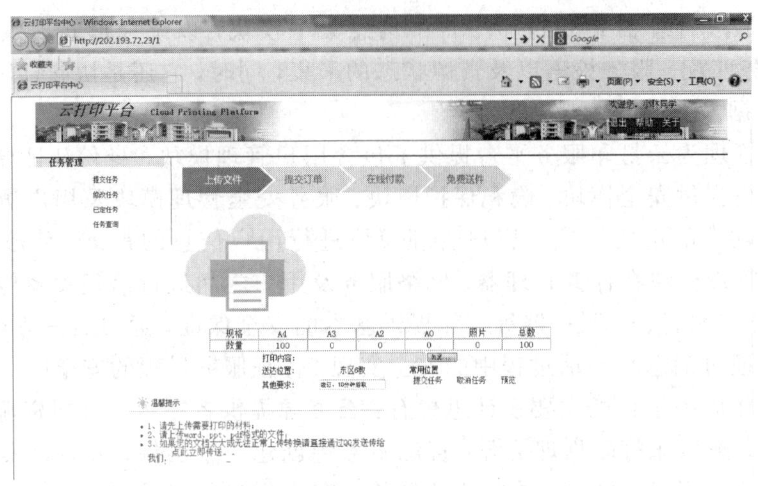

图 8.18　云打印平台任务需求界面

**3. 数据库设计**

针对上文所述的数据库的几个重要功能，在原型系统平台数据库服务器开发过程中，分别建立了系统和安全管理类、资源管理类、任务管理类中相应的数据表，如表 8.6 所示，此表中列出了平台系统中所涉及到的所有的数据表，包括 CRP、CSP、CSC 三种角色的数据表，打印行业中的各种设备资源表以及和任务相关的提交任务表、小任务表、任务分解表等各种表项。

**表 8.6　云制造资源系统数据表**

| 系统与安全管理类 | | | |
|---|---|---|---|
| CRP | 资源提供者表 | CSP | 管理员表 |
| CSC | 资源使用者表 | Roles | 角色表 |
| User_Role | 用户角色分配表 | Permissions | 权限表 |
| Role_Permission | 角色权限分配表 | Role_Hierarchy | 角色继承关系表 |
| Watch_table | 监控表 | Appraise | 评价表 |
| Message | 信息表 | | |
| 资源管理类 | | | |
| Location information | 位置信息表 | | |
| Packer | 包装机表 | Packerin | 包装机临时表 |
| Print | 打印机表 | Trimmer | 裁纸机表 |
| Printlin | 打印机临时表 | Trimmerlin | 裁纸机临时表 |
| 任务管理类 | | | |
| File_register | 文档任务分解表 | Small_task_attribute | 小任务表 |
| Book_register | 书本任务分解表 | Grid | 数据分解表 |
| Task_attribute | 提交任务表 | | |

### 8.6.2　云打印服务器设计

本节主要研究的云打印服务器是云打印服务的基础，是云打印物理资源标准化、虚拟化的重要技术支持，其涉及技术包括：标准化资源技术、便捷化入网技术、资源状态获取技术、标准化管理技术和嵌入式系统管理技术。

(1) 标准化资源技术针对当前国内的打印行业，传统 USB 打印机比较多，网络打印机被应用于少数的商业和办公场合，云打印服务器配置 4 个 USB 端口，可以连接多台打印资源，并在实际操作中得到验证。

(2) 便捷化入网技术以摆脱目前“PC 机为服务载体”的控制、入网和使用模式，为云打印提供更加便捷的访问接入云端模式，通过对 RIP(路由信息协议)的研究，初步实现普通打印机接入云平台，实现服务访问智能化、自动化，并在实际操作中得到验证。

(3) 资源状态获取技术针对打印驱动都是国外技术，通过分析打印原理，结合 Linux 系统下打印驱动的兼容性，解析打印机内核驱动源码及 USB 协议规定获取打印机状态，包括打印机的出纸、墨盒、通信问题，实现云平台对打印机的实时监控和管理技术，并在实际操作中得到验证。

(4) 标准化管理技术根据分析嵌入式打印机的打印实现原理，如图 8.19 所示，选取统一的方式与标准实现嵌入式打印，同时规范了打印文档的格式，便捷了文档的描述，加快了打印的速度，提高打印效率，并在实际操作中得到验证。

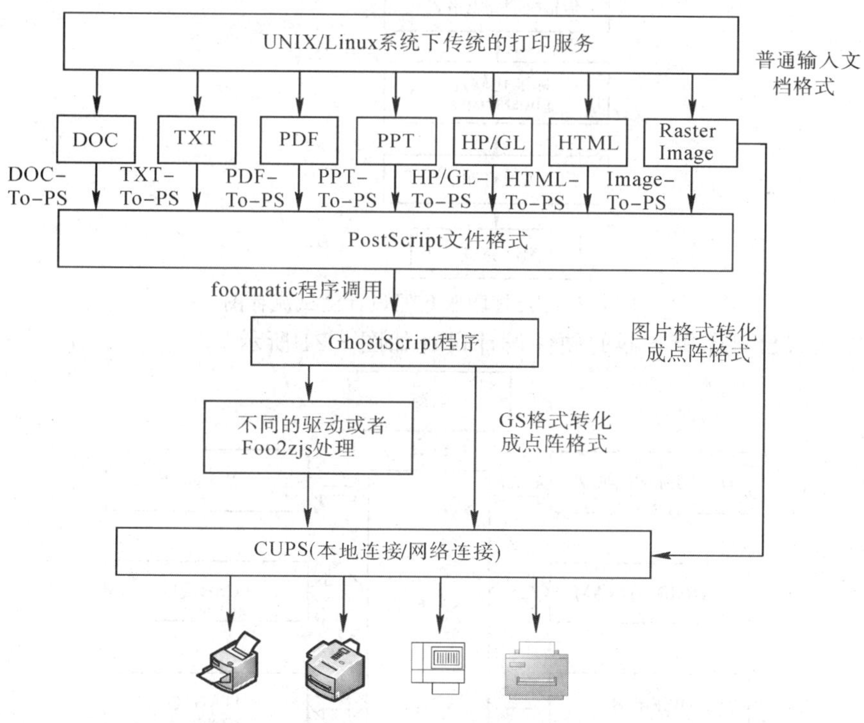


图 8.19　嵌入式打印原理

(5) 嵌入式系统管理技术针对打印任务调度过程中可能出现的问题，综合了应用 QT 开发框架等技术，研究提出云打印服务器上的界面管理框架，能使资源管理者对打印资源实现完全控制。在此研究基础上，提出的具体设计方案如图 8.20 所示。

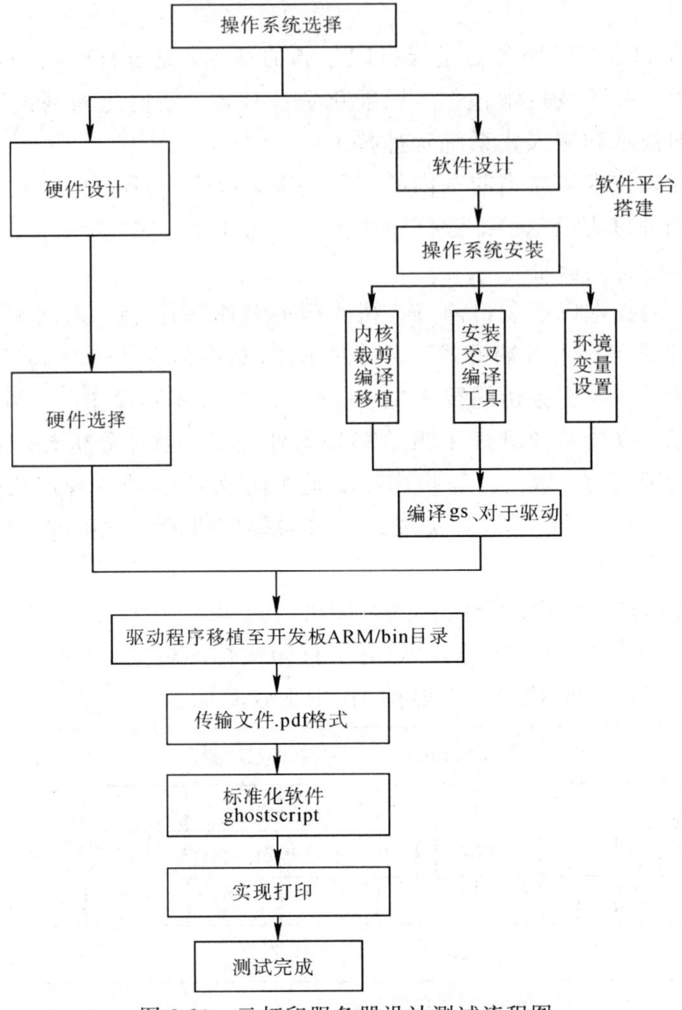


图 8.20　云打印服务器设计测试流程图

基于嵌入式云打印服务器的硬件设计设计如图 8.21 所示。

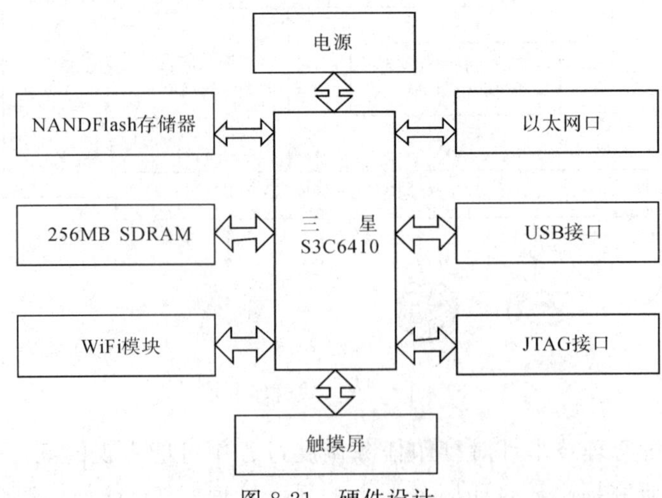


图 8.21　硬件设计

### 8.6.3　云打印终端的开发基本流程

图 8.22 展示了嵌入式打印服务软件开发的三个基本流程：嵌入式 Linux 主机端开发环境的建立、嵌入式开发板端平台环境的搭建，以及基于嵌入式 Linux 操作系统的应用程序设计。

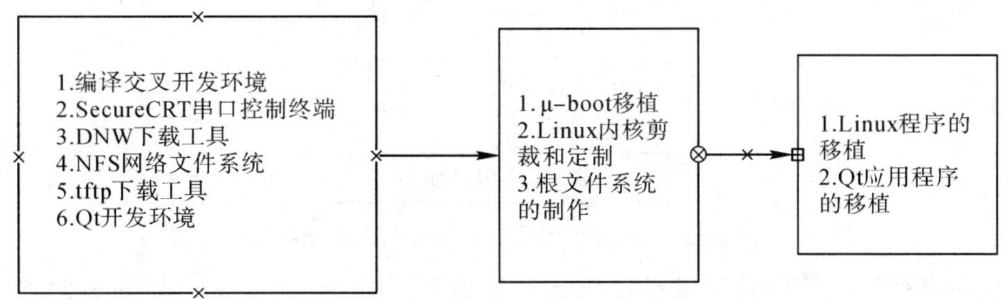


图 8.22　软件开发流程图

首先，建立嵌入式开发环境，为嵌入式开发做准备，包括：编译交叉开发工具链，这个是主机开发嵌入式平台的各种软件的基础，用交叉编译工具编译之后的软件才能在嵌入式平台上使用；安装 Secure CRT 和 DNW 工具，用串口来观察嵌入式平台的状态，以及控制嵌入式平台的运行，用 USB 下载工具 DNW，进行数据的交换；构建 NFS 网络文件系统，更加方便快速的向嵌入式平台拷贝文件，提供开发调试效率；搭建 TFTP 开发环境，由于 TFTP 服务速度远远高于使用 DNW 工具，所以一般选择在开发板上成功启动 $\mu$ - boot 之后，使用 TFTP 服务来传递数据；建立 QT 开发环境，为客户端的设计开发提供图形界面操作。

其次，搭建嵌入式平台，主要后续的程序开发，调试，运行提供支持，包括：Boot Loader 的移植、配置和编译 Linux 内核、根文件系统 ROOTFS 的制作。Boot Loader 主要工作是：初始化硬件设备、为操作系统启动分配硬件资源，然后加载操作系统内核，引导操作系统的启动。Linux 内核的配置和编译主要是只保留最终嵌入式系统需要的功能，去掉所有不需要的选项，来尽可能的减少 Linux 内核的体积。制作根文件系统，是为了将文件和数据组织起来，提供给系统来使用、查询和存取，提高操作系统的效率。

最后，设计嵌入式应用程序，主要是嵌入式 Linux 下打印服务的实现以及 QT 集成开发环境下的程序编写。本文主要需要完成的是在嵌入式环境下驱动 USB 打印机实现打印功能，包含了 USB 打印机的驱动加载，读写设备驱动，控制打印机工作。QT 图形界面主要是在嵌入式开发板上的人机交互界面的设计，在开发板上，实现提取本机文件，显示当前目录可打印文件，自动加载 USB，将文件打印，查看打印历史等功能，通过多个窗口分别实现这些功能。

### 8.6.4　测试与结果

由嵌入式打印原理图可知，在 Linux 系统中，用于打印接口的核心是 PostScript 语言。由于一般常见的打印机为了降低制造成本，都不会安装 PostScript 语言解析器，因此无论什么品牌什么型号的打印资源都需要将传统常见的打印文档转化为 PostScript 语言后，再经过 Ghostscript 驱动程序将该语言转化成点阵模式驱动打印机打印出来的。因此必须要用到 Ghostscript 程序。本设计的设计方案如图 8.23 所示。

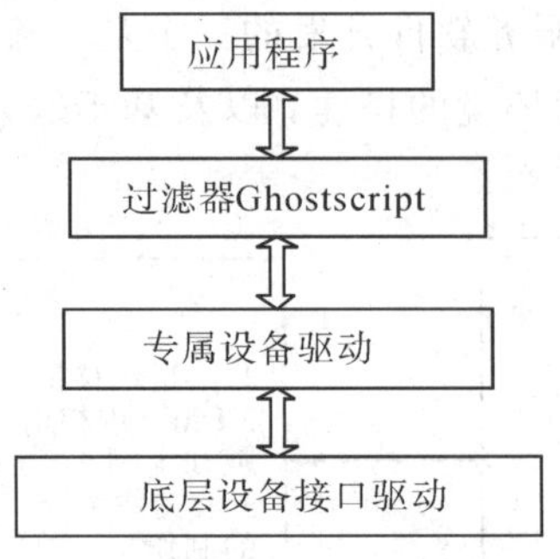


图 8.23　ARM 控制打印机实现打印的架构图

本次测试使用的打印机型号是比较常见的惠普的 Laseijet 1020。如图 8.24 所示。此型号打印机还比较特殊，打印流比较不一样，不能对 PostScript 语言做出直接的反馈，还需要通过 foo2zjs 驱动处理得出可以识别的打印流。

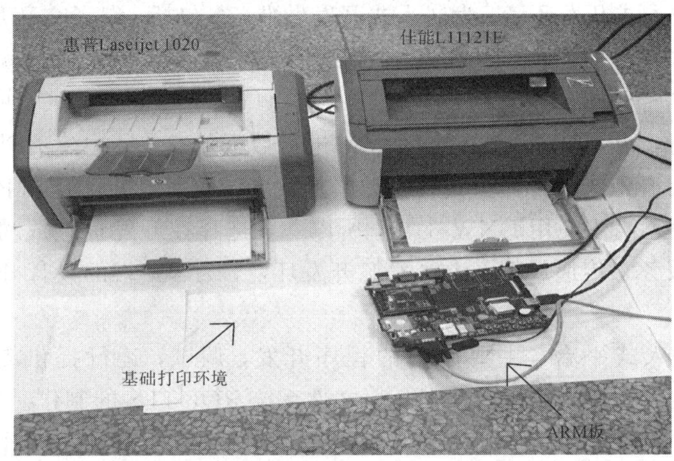


图 8.24　实验测试环境

本次测试使用的打印机驱动安装在 ARM 开发板上，通过传输打印文档至开发板驱动打印机打印，以便捷、小巧、节能的开发板代替 PC 机作为服务器，如图 8.25 所示。

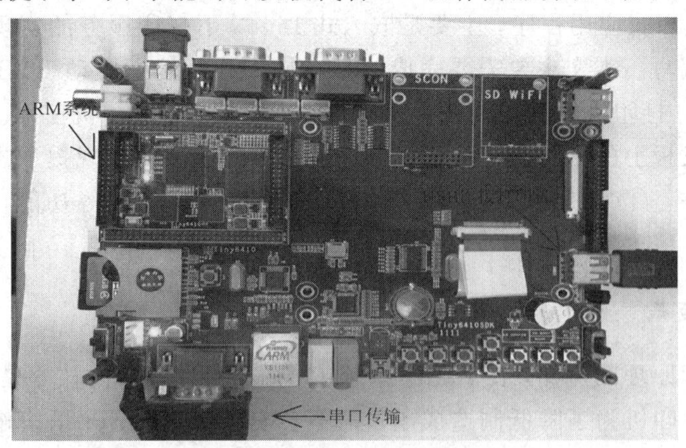


图 8.25　测试的 ARM 开发板

实际测试 ARM 开发板驱动控制以惠普 Laseijet 1020 打印机为例的软件架构主要分为如下四个层次：

(1) 普通常见的打印机都只有 USB 接口，也是通过 USB 口来驱动打印机的，由于之前内核的编译过程中已加入了 USB 接口驱动模块，则该打印机在通过 USB 连接到 ARM 板的时能自动进行识别。

(2) 由于不同型号不同品牌的打印机在不同操作系统下的驱动程序是不一样的，所以仍然需要下载该打印机在 Linux 系统下的驱动程序。Linux 下所有可用的打印驱动可以在 http://www.linuxprinting.org/网站搜索下载。

(3) 所有的打印任务在传输给开发板后，其格式都需要通过过滤器转化成(.ps)格式文件，然后通过 ghostscript 软件再将其转化为点阵式的.pbm 格式文件发送给打印机进行打印。

(4) 应用程序开发的功能主要有调用打印命令调用打印文件实现打印。还可有一些其他的扩展功能，包括打印任务格式的标准化转化，打印任务查询等。

在本试验中，编译的软件是 ghostscript 的 9.04 版本。结果如图 8.26 所示。

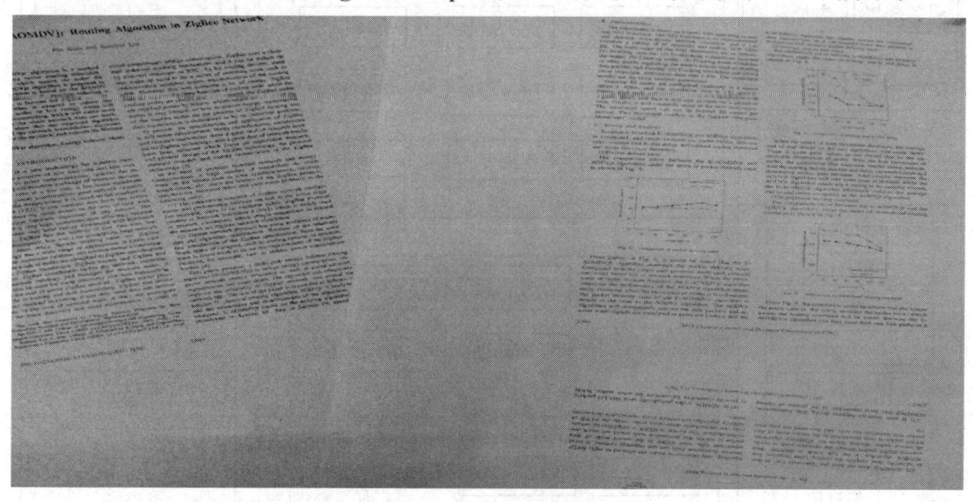

图 8.26　打印机结果

# 第 9 章

# 云制造平台框架与设计

## 9.1 云制造平台框架

本平台主要针对 MAaaS 应用，实现了电子产品组装行业云制造网络协同平台的设计与开发。平台的功能模块框架如图 9.1 所示。

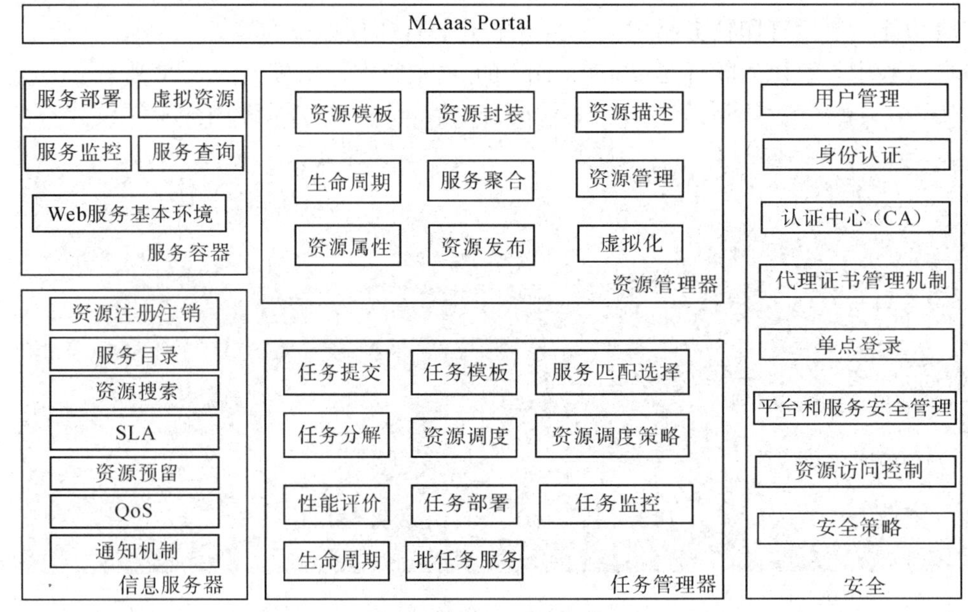


图 9.1　云制造平台功能模块框架

按照云资源提供者、云服务消费者、云服务提供者三种角色，相应的功能有以下几种：

(1) 云资源提供者模块。包括租赁协商、资源注册/注销、Portal、资源描述及描述模板、资源生命周期管理、服务等级协商(服务端)、服务预留(服务端)、安全管理等。这些软件模块经过合理部署后进行协同工作，与云服务提供者的自治资源共同成为云制造系统资源共享和协同制造的云节点。

(2) 云服务消费者模块。包括用户注册/注销、Portal、任务描述、资源搜索、资源调度、任务监控、任务生命周期管理、服务等级协商(需求端)、服务预留(服务端)、通知机制等。

(3) 云服务提供者模块。包括平台的安装、部署与配置、资源模板设计、资源虚拟化、资源封装与注册、服务部署、服务策略设计与修改、Portal 开发、访问控制机制等。

云制造平台共分为云制造平台门户、服务容器、资源管理器、任务管理器、服务管理器和安全管理器六个模块。

(1) 云制造平台门户 MAaaS portal。这是一个可以独立运行的、经过功能扩展的 Web 服务器，包含多个 Portlet 服务，Portlet 可以根据需求动态加载，云服务消费者通过 Portal 完成协同制造。

(2) 服务容器是一个扩展的 Web 服务容器，提供基本的 Web 服务支撑功能。服务容器需要部署到每个进行服务交互的云节点上，实现云服务的基本 SOAP 消息处理，基本的 Web 服务管理和调用，服务与资源绑定，生命周期管理，基于 Ant 的部署，虚拟资源服务化、资源状态监控等核心功能。

(3) 资源管理器包括资源模板、资源封装、资源描述、生命周期、资源属性、服务组、资源发布和本地自治资源管理，是云制造平台的基础模块，通过 Portal 实现资源的云服务，与任务管理器相通信，实现制造任务的协同工作。

(4) 任务管理器是云制造平台中完成协同制造任务的核心模块，同 Portal 交互，并与资源管理器结合起来运行，以 SOAP 消息的形式接受用户提交的各类作业请求，并根据服务管理器的服务策略和信息，完成服务选择及资源调度，同时，还实现任务的生命周期管理及任务状态监控。

(5) 服务管理器是云制造平台中的核心服务之一，它以统一的形式提供网络服务的注册、发布、服务检索、服务匹配以及资源状态收集，同时，承担协同制造过程中的协商与协调，如资源预留、服务等级协商等，标识服务质量要求并实现监控与通知。

(6) 安全管理为云制造系统提供安全保护功能，包括用户管理、身份认证、代理证书管理、服务过程安全管理、用户访问控制等。用户管理进行用户的注册、注销、查询、资料修改、权限配置等，认证中心(CA)向云服务消费者、服务器、服务等安全实体颁发证书，为系统安全提供基础保证，代理证书管理机制允许在用户、网络服务、任务管理器之间传递信任关系，服务过程安全管理通过消息与会话的安全实现，保证服务过程的安全性，同时通过安全策略实现用户的访问控制。

### 9.1.1　模块间关系

在 Portal、资源管理器、服务管理器、任务管理器、服务容器和安全管理器之间存在着多种交互，如图 9.2 所示。

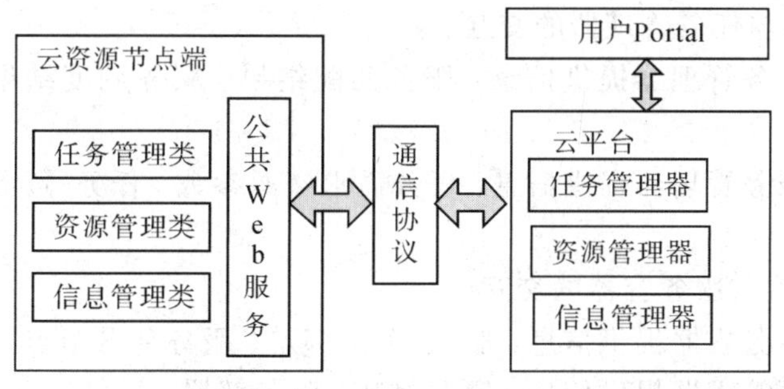


图 9.2　功能模块间的交互关系

(1) 资源管理器与服务管理器的交互。

资源管理器向服务管理器提供信息：资源状态、资源属性、资源描述、SLA 结果、服务预留结果。

服务管理器向资源管理器提供信息：SLA 请求、资源预留请求、资源通知策略、资源状态更新请求。

(2) 资源管理器与 Portal 的交互。

Portal 向资源管理器提供信息：提交资源注册请求、提交资源更新请求、提交资源查询、浏览请求、提交任务 QoS 请求、提交任务通知策略请求。

资源管理器向 Portal 提供以下信息：绑定资源列表、资源状态。

(3) 资源管理器与任务管理器的交互。

资源管理器向任务管理器提供信息：资源生命周期、服务组及服务绑定、任务执行状态。任务管理器向资源管理器提供信息：任务描述、任务 QoS 要求、资源调度、任务执行请求、任务监控策略。

(4) 服务管理器与 Portal 的交互。

Portal 向服务管理器提供信息：提交资源注册请求、提交资源更新请求、提交资源查询、浏览请求、提交任务 QoS 请求、提交任务通知策略请求。

服务管理器向 Portal 提供信息：服务状态通知、服务目录。

(5) 任务管理器与 Portal 的交互。

任务管理器向 Portal 提供信息：任务完成结果、务分解列表、资源调度列表。Portal 向任务管理器提供信息：提交任务请求、提交任务描述、提交任务监控请求。任务管理器向 Portal 提供信息：任务完成结果、任务分解列表、资源调度列表。

(6) 服务管理器与服务容器的交互。

服务管理器向服务容器提供信息：资源属性。

服务容器向服务管理器提供信息：资源监控、服务订阅、资源查询结果。

(7) 服务容器与 Portal 的交互。

服务容器向 Portal 提供信息：服务部署。

Portal 向服务容器提供信息：绑定资源列表、资源状态。

(8) 服务容器与任务管理器的交互。

任务管理器向服务容器提供信息：任务执行请求、服务实例、任务部署结果。

服务容器向任务管理器提供信息：任务执行结果、任务工厂、任务部署。

(9) 服务管理器与任务管理器的交互。

服务管理器向任务管理器提供信息：服务匹配结果、服务调度结果、性能评价、任务监控。

任务管理器向服务管理器提供信息：任务需求资源参数、任务-资源绑定、任务执行状态、资源搜索请求。

(10) 资源管理器与服务容器的交互。

资源管理器向服务容器提供信息：服务-资源绑定、服务部署节点。

服务容器向资源管理器提供信息：资源封装、服务部署。

### 9.1.2 平台逻辑结构

在云资源提供者与云服务提供者之间存在着大量的信息交互，如资源描述与共享、任务监控、动态属性变更等，因此，平台中我们设计了两个 Portal，一个是云服务提供者 Portal，实现云服务提供者与云服务消费者之间的交互，另一个是云资源提供者 Portal，实现云服务提供者与云资源提供者之间的交互，如图 9.3 所示。

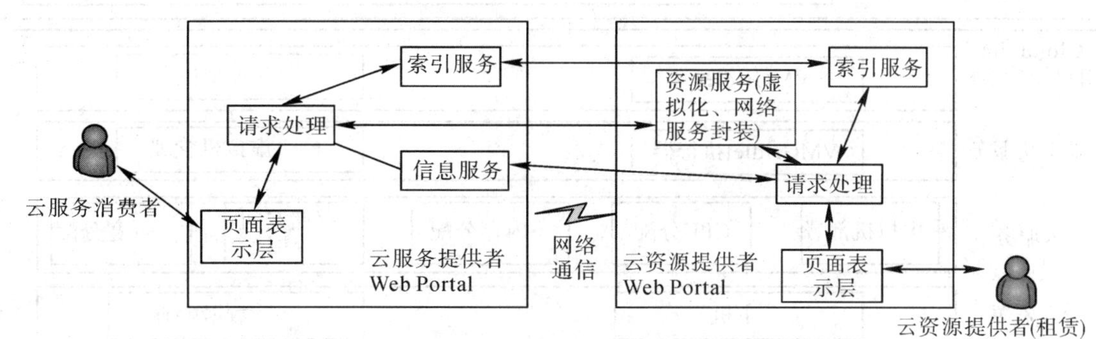


图 9.3　平台逻辑结构

云服务提供者 Portal 执行同云服务消费者交互的功能，包含用户登录，任务提交、索引服务(Index Service)和信息服务(Information Service)等。索引服务用于寻找可用的生产资源，信息服务用于传送租赁协商、生产签约、任务监控等相关信息。

云资源提供者 Portal 部署在云资源提供者一方，实现资源描述、虚拟化、网络服务封装、参数配置、本地索引服务(LocalIndex Service)等内容，对于新增资源、变更资源、租赁协商、任务监控等活动，都提供云资源提供者 Portal 与云服务提供者进行通信。

## 9.2　系统开发环境与工具

### 9.2.1　CloudSim

CloudSim 由澳大利亚墨尔本大学 Raijkumar Buyya 教授领导开发的，它的首要目标是在云基础设施上对不同应用和服务面向的调度和分配策略的性能进行量化和比较，进而为云应用提供仿真平台。基于 CloudSim 1.0 环境，在现有制造网格成果的基础上，进行了系统开发。

CloudSim 采用分层的结构见图 9.4，自底向上分别为 SimJava、GridSim、CloudSim 和用户代码层。SimJava 是离散事件模拟引擎，对事件达到、任务等进行模拟，GridSim 是将网格服务节点转换为云节点，提供云服务平台的资源管理、负载监控、信息服务等，CloudSim 层是核心功能，支持基于云得虚拟化建模和仿真，实现虚拟化、部署、虚拟化管理、动态监测等功能，又包含了云资源层、云服务层、虚拟机服务层、用户接口结构四个子层，用户代码层是 CloudSim 的顶层，该层提供与相关的配置、应用、虚拟机、用户数和应用类型等策略。CloudSim 的体系结构如图 9.4 所示。

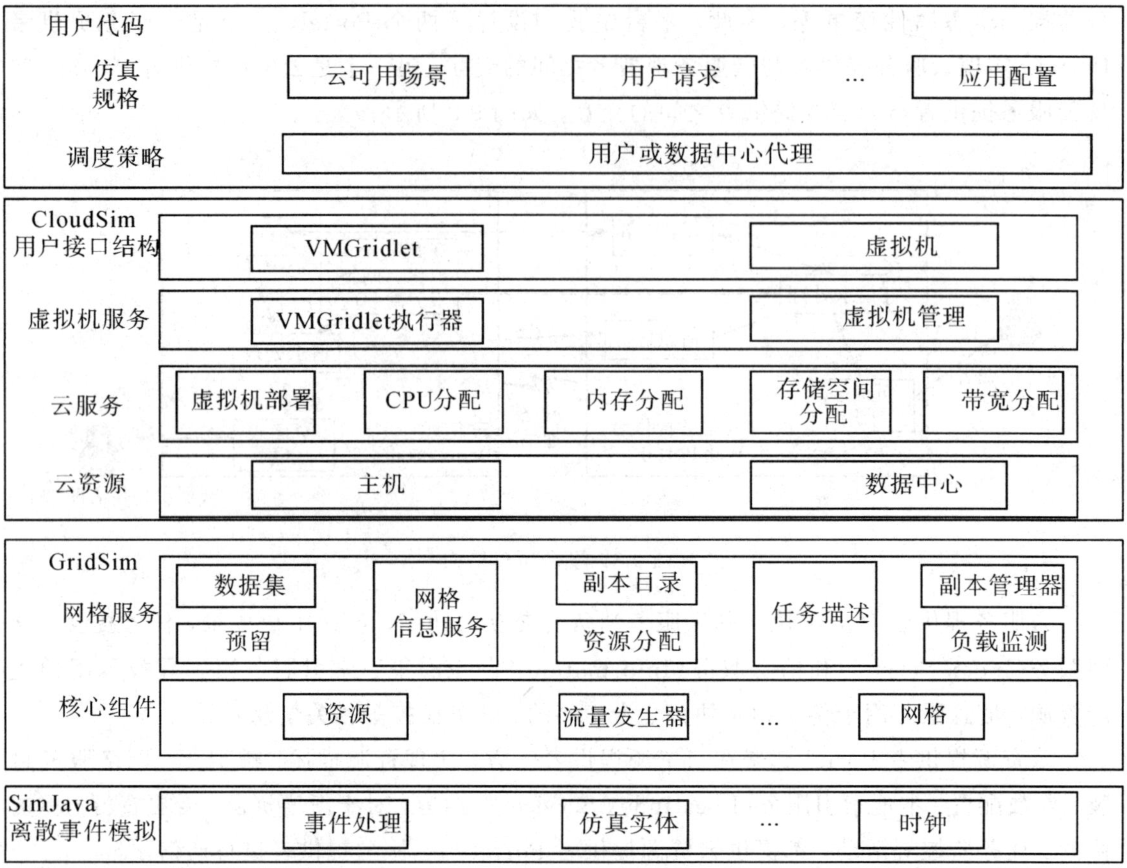

用户代码
仿真规格：云可用场景 | 用户请求 | … | 应用配置
调度策略：用户或数据中心代理

CloudSim
用户接口结构：VMGridlet | 虚拟机
虚拟机服务：VMGridlet执行器 | 虚拟机管理
云服务：虚拟机部署 | CPU分配 | 内存分配 | 存储空间分配 | 带宽分配
云资源：主机 | 数据中心

GridSim
网格服务：数据集 | 预留 | 网格信息服务 | 副本目录 | 资源分配 | 任务描述 | 副本管理器 | 负载监测
核心组件：资源 | 流量发生器 | … | 网格

SimJava
离散事件模拟：事件处理 | 仿真实体 | … | 时钟

图 9.4　CloudSim 的体系结构

### 9.2.2　网络服务开发工具

Eclipse 是一个非常优秀的集成开发环境(IDE)，它支持 Java 语言和多种语言的开发，支持 Windows 平台，是一个用于构建集成 Web 和应用程序开发工具的平台。Eclipse 开发界面如图 9.5 所示。

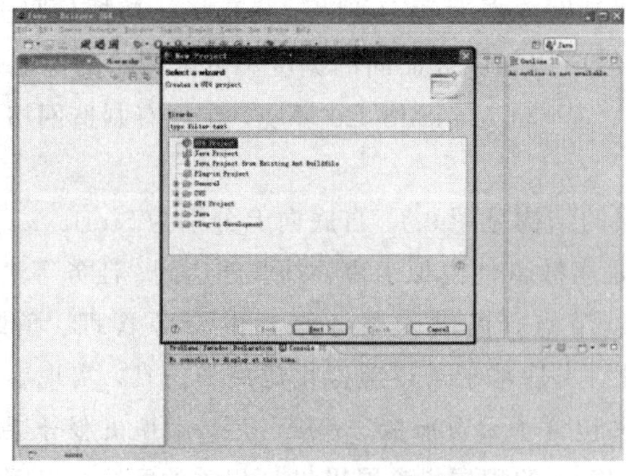

图 9.5　Eclipse 开发界面

## 9.3　模块功能与设计

### 9.3.1　模块功能分析

本系统的基本功能包括账号管理、任务管理、资源管理、系统状态查看、评估管理及消息管理。

**1. 账号管理**

账号管理包括几个功能：账号注册、账号审批、账号(编辑)及账号查询，如图 9.6 所示。

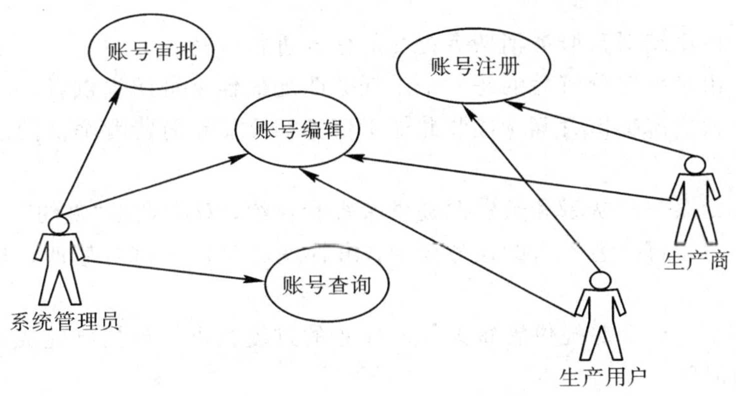


图 9.6　账号管理功能

(1) 管理员的账号管理功能包括账号审批、账号修改和账号查询。

(2) 超级管理员的账号管理功能包括管理员账号的创建和编辑。

(3) 云服务消费者账号注册相关的数据有：账号名、账号类型、真实姓名、电话、E-mail、住址和注册时间。

(4) 云资源提供者账号注册相关的数据有：云服务消费者名、密码、企业名称、法人姓名、企业资质、联系方式、企业地址、E-mail、企业信誉、备注和注册时间。

(5) 管理员账号创建的相关数据有：管理员账号、密码、电话、E-mail、权限和创建时间。

**2. 任务管理**

任务管理功能如图 9.7 所示。包括提交新任务、任务分解、任务分配、任务修改、任务查看、任务确认、任务签约、任务进度提交、任务进度订阅和加工完成确认。

任务提交：提交一个新加工任务。相关数据包括任务加工类型、任务名称、任务描述、任务起始时间、任务结束时间、服务指标、总价、最迟交货期和质量等级。

任务查看：查看任务相关信息。数据包括任务加工类型、任务名称、任务描述、任务起始时间、任务结束时间、服务指标、总价、最迟交货期、质量等级、云资源提供者、任务状态和进度汇报要求。

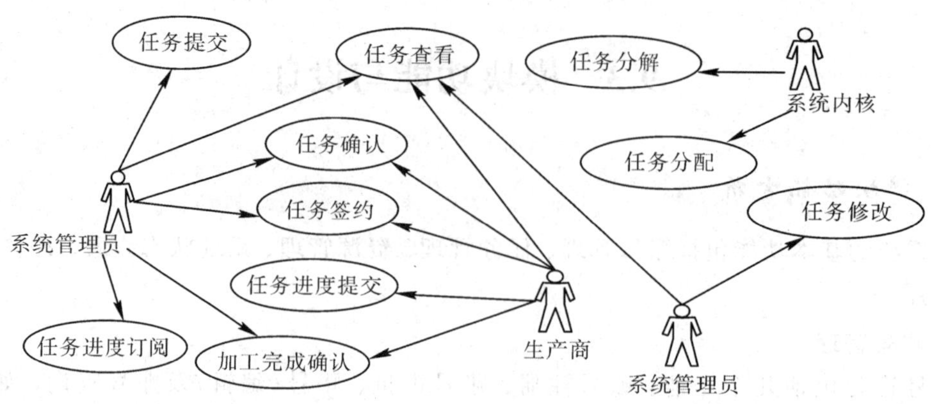


图 9.7 任务管理功能

任务分解：由系统对云服务消费者提交的任务进行分解。

任务分配：由系统对分解后的每一个子任务匹配最佳云资源提供者。

任务确认：云资源提供者确认接收此加工任务，云服务消费者确认同意该云资源提供者的加工。

任务签约：云服务消费者和云资源提供者查看合约，双方点击“签约”。

任务修改：对不可抗力带来的任务变动，由管理员对任务进行修改，改变云资源提供者或取消任务。

任务进度提交：云资源提供者每天录入任务的进度情况，包括已完成加工数量、废品数量、预计完成时间。

任务进度订阅：云服务消费者订阅生产任务的完成情况，满足订阅条件的进度报告将发送到客户消息收件箱。相关数据有订阅类型(按时/按进度)，报告间隔(天)，需报告的进度百分比(如 20%、50%、80%、100%各报告一次)。

加工完成确认：加工完成后，云资源提供者将产品送到物流中心，物流中心将产品送到客户处。双方确认加工完毕。

**3. 资源管理**

资源管理功能如图 9.8 所示。包括设备型号申报、资源注册、资源审核、资源属性修改、资源状态修改和资源查看。

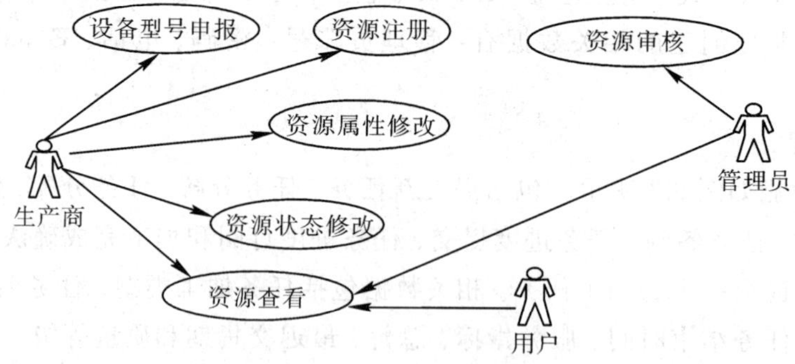


图 9.8 资源管理功能

(1) 设备型号申报。云资源提供者将自己拥有的设备型号进行申报，相关数据包括：设备类型、品牌、设备参数(例如钻孔机参数包括加工尺寸(长、宽)、最小钻孔直径、最大

钻孔直径、定位精度；蚀刻机参数包括蚀刻宽度和加工精度；层压机参数包括最大加工长度和宽度、最大层压层数、层压速度；电路板刻制机包括最大加工尺寸(长、宽)和最小线宽、最小间距；贴片机参数包括贴片精度、贴片速度、贴片范围、最大基板尺寸和其加工能力；印刷机包括最大基板尺寸(长、宽)、印刷精度和最大传送速度；回流炉参数包括温区个数、PCB 最大宽度、加热区长度、最大传送速度、最大工作温度；裁板机参数包括最大加工尺寸(长、宽)、最小裁切厚度、最大裁切厚度)。

(2) 资源注册。云资源提供者将自己拥有的设备进行注册，相关数据参数包括设备型号、设备台数、设备状态、设备可用时间。

(3) 资源审核。对设备型号和加入云的可用设备进行审核。

(4) 资源属性修改。对设备的参数进行修改。

(5) 资源状态修改。修改设备状态为正常、离线、故障、修理中及报废。

(6) 资源查看。查看设备的参数和状态。

**4. 系统状态查看**

系统状态查看如图 9.9 所示。能够查看统计信息、在线节点和在线云服务消费者。

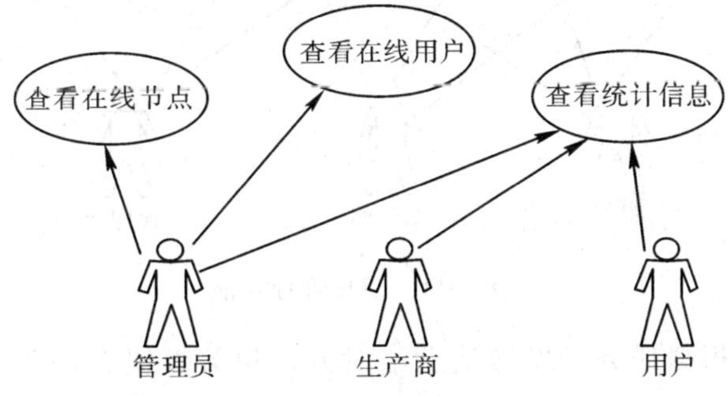


图 9.9　系统状态查看

(1) 统计信息查看包括总节点数、总云服务消费者数、在线节点数、在线云服务消费者数及资源利用率。

(2) 在线节点查看显示企业云服务消费者名、企业资质、企业信誉、企业状态及企业任务一览。

(3) 在线云服务消费者查看显示云服务消费者名、云服务消费者单位及云服务消费者任务一览。

**5. 评估管理**

评估管理组成如图 9.10 所示。包括企业对云服务消费者的评估、云服务消费者对企业的评估以及评估结果查看。

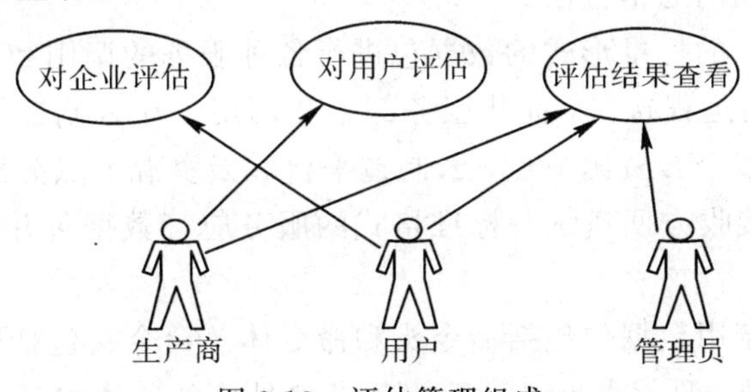


图 9.10　评估管理组成

（1）云服务消费者对企业的评估。云服务消费者根据每个生产任务对企业进行评估。相关数据有：生产任务号、企业号及评估分值。

（2）企业对云服务消费者的评估。企业根据每个生产任务对云服务消费者进行评估。相关数据包括生产任务号、云服务消费者号及评估分值。

（3）评估结果查看。查看企业和云服务消费者的累积评估结果，包括相关数据：好评数、差评数、好评率。

**6. 消息管理**

消息是在任务生产过程中云服务消费者和云资源提供者间的信息交互，因不允许云服务消费者和云资源提供者直接通信，故所有消息都需经过管理员审核。消息管理功能如图9.11所示，包括查看消息、发送消息、审核消息。

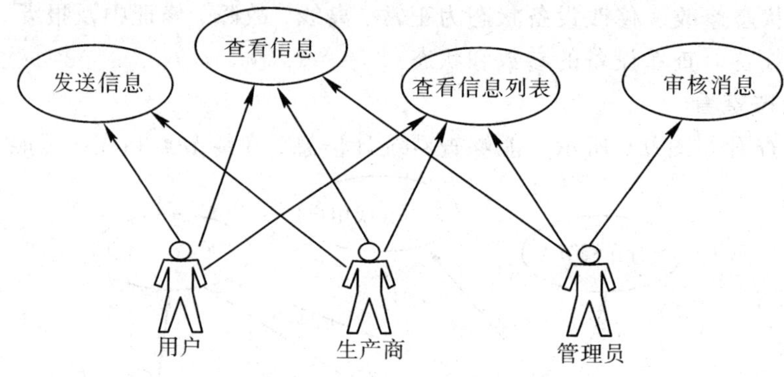


图 9.11　消息管理功能

（1）发送消息。根据任务号发送消息给对方。相关数据有任务号、云服务消费者号、云资源提供者号、消息标题、消息内容、消息时间、是否阅读以及是否审核通过。

（2）查看消息。查看具体的某条消息。相关数据有云服务消费者号、云资源提供者号、消息标题、消息内容、消息时间以及是否阅读。

（3）查看消息列表。相关数据有云服务消费者号、云资源提供者号、消息标题、消息内容、消息时间、是否阅读以及是否审核。

### 9.3.2　云资源节点与云制造平台之间的通信方法

在云服务提供商与云资源提供商之间存在着租赁协商、资源描述、任务调度、动态属性等大量的交互信息，交互信息的通信方法就显得尤为重要，我们开发了一套用于云资源节点与云制造平台之间的通信方法。

通信方法采用统一的标准形式的数据包进行各种服务的调用和服务应答，云资源节点只提供本地接口，无需远程接口，简化服务部署和调用。在云制造平台上有云制造平台及与云制造平台连接的多个云资源节点，云制造平台和云资源节点分别向对方发送标准格式的服务调用数据包，接收方回送统一标准格式的服务应答数据包并执行服务，双方以通信的方式实现服务调用。

标准格式的服务调用数据包包括命令头和命令体。命令头包括顺序排列的命令起始标志、命令代码及序列号、源节点地址、目的节点地址；命令体包括顺序排列的相关参数 1

至参数 $n$、校验码、结束标志；各项之间有间隔符，参数之间有与上述间隔符不同的参数间隔符。

服务应答数据包与服务调用数据包相似，包括应答命令头和应答命令体。应答命令头包括顺序排列的应答起始标志、命令代码及序列号、命令字、源节点地址、目的节点地址；应答命令体包括顺序排列的相关的参数 1 至参数 $m$、校验码、保留位、结束标志；各项之间有间隔符相隔，参数之间用与上述间隔符不同的参数间隔符相隔。命令头主要确定该数据包的通信主体，即服务请求方、接收方及命令字，命令体则为具体的参数。命令起始标志和应答起始标志的字节长度相同，为 4～8 个字节，但二者内容不同，以此判断该数据包是服务调用数据包还是服务应答数据包。

两种数据包的各项内容之间的间隔符可以相同，参数之间的参数间隔符可以相同，结束标志也可相同。

所述节点的地址为长度为 8 个字节的字符串，其范围为 00000000～99999999，规定云制造平台的节点地址为 00000000，各云资源节点的地址从 00000001 开始依次累加。节点在云制造平台注册时，云制造平台为其分配唯一的节点地址，在同一云平台中各云资源节点对应唯一的节点地址，便于云制造平台返回相对应的数据以及对每个节点的数据统计。

命令代码为 $n1$ 个字节，在编写命令字时同时给出命令代码，每个命令字对应唯一的命令代码，$n1$ 为 2～4 个字节，代码后有其序列号 1～2 字节，初始值为 0；当数据包发送超时或接收失败时，均视为服务调用错误，重新发送服务调用数据包。第二次重新发送同一命令时，原命令代码不变，其序列号加 1；当第 $i$ 次发送同一命令时，序列号加 $i$。

命令字是根据云制造的主要服务内容、由双方定义的服务调用主题的字符串。如任务预约、任务签约及完成情况，资源设置，资源属性提交、修改，设备情况通告，提供服务的云服务消费者的信息提交、修改等，定义相应的字符串作为命令字，每一种命令字对应唯一的服务调用功能，各个命令字的字节长度相同，为 12～20 个字节，不足者用空格补齐。为了方便提取命令字和对命令字进行校验，每个命令字还对应唯一的命令代码。

校验码根据常规的校验和算法计算得到，为 1～3 个字节。整个数据包中每个字符的 ASCII 码值累加，累加值模 256，得到校验码。ASCII 码（American Standard Code for Information Interchange）是美国标准信息交换码，为目前全球计算机中用得最广泛的字符集及其编码，由美国国家标准局（ANSI）制定。

所述参数是有关命令字的服务执行时的具体参数，例如监控命令中的生产进度、废品率、预计完成时间、设备故障、预计修复时间等。各命令字对应的多项参数具体代表值和排列顺序，在制定命令字时确定，接收方可按顺序确定各项参数的含义。命令字无对应的参数时，此项为空，即 0 字节。

命令体中还有保留位，保留位为预留的通信位，为 $n2$ 个字节，即 4～10 个字节，不足的用空格补齐。云制造平台采用本通信方法时，可按实际需要设定该保留位。

接收方收到对方发送的数据包后，根据顺序排列的各项，接收方即可解析得到各项具体内容。

本通信方法还规定了云制造平台和云资源节点之间的通信方式，包括主动通信和/或定时通信。

主动通信：当云制造平台或某个云资源节点作为发送端需要调用某项服务时，激活相应的服务调用数据包，并发送一次。相应的云资源节点或云制造平台作为接收方接收后对服务调用数据包进行解析，按照命令字执行相应的服务，并根据服务执行情况返回相应的服务应答数据包。

定时通信：按照云制造平台指定的周期，各云资源节点和云制造平台发送预先设定的服务调用数据包，包括询问是否有新信息、新的订阅请求、汇报本节点设备变化情况、任务进度等。双方对接收的数据包进行解析，得到相应信息，从而达到消息交互的目的。云制造平台由云中各云资源节点定时发送的数据包确定各节点是否在线，云资源节点的定时查询可及时得到云制造平台的订阅通知，并可及时接收有关云资源客户任务的命令信息。

本通信方法规定的通信检错方法为常用的校验和方法，接收方将收到的整个数据包中各个字符的 ASCII 码值进行累加，累加值模 256，计算结果与其中的校验码进行比较，如果相等，视为正确，接收方返回针对所接收数据包的服务应答数据包，服务请求方由此确认本次服务调用成功；若计算结果与命令数据包中的校验码不同，则视为发送失败，即服务调用失败，此时接收方发送通知服务调用失败的服务应答数据包，要求对方重新发送。重新发送的数据包命令头中的命令代码的序列号加 1。

服务请求方的服务调用数据包发送后超过 $t$ 秒未收到应答，视为超时，也视作服务调用失败，重新发送原服务调用数据包，重新发送的服务调用数据包命令头中的命令代码的序列号加 1。$t$ 为 1～10。规定的部分命令字及命令字代码如表 9.1 所示。

**表 9.1　部分命令字及命令字代码**

| 命令字 | 对应的命令功能 | 命令代码 |
|---|---|---|
| Register | 注册云服务消费者基本信息 | 001 |
| Change_info | 修改云服务消费者信息 | 002 |
| Change_New | 提交新信息 | 003 |
| Login | 云服务消费者登陆 | 004 |
| Quit | 退出 | 005 |
| Wait_sign | 预约任务列表 | 100 |
| Wait_Detail | 预约任务详情 | 101 |
| Agreen_wait | 同意预约任务 | 102 |
| Rject_wait | 放弃预约任务 | 103 |
| Delete_task | 删除拒绝任务 | 104 |
| Download | 下载加工文件 | 105 |
| Wait_Detail_s | 同意预约后的任务详情 | 106 |
| Wait_sign1 | 待签任务列表 | 107 |
| Wait1_Detail | 待签任务详情 | 108 |
| Contract | 进行签约 | 109 |
| Queue | 队列任务列表 | 110 |
| Queue_ detail | 队列任务详情 | 111 |

**续表一**

| 命令字 | 对应的命令功能 | 命令代码 |
| --- | --- | --- |
| Queue_produce | 设置开始生产 | 112 |
| Tasking | 生产中任务列表 | 113 |
| Tasking_detail | 生产中任务详情 | 114 |
| Tasting_ed | 设置完成生产 | 115 |
| Monitor_SP | 云资源节点端查询需要监控 | 150 |
| Monitor | 填写监控信息 | 151 |
| Percent | 提交已完成任务 | 152 |
| Waster | 提交废品率 | 153 |
| Daily_monitor | 提交日常监控 | 154 |
| Pro_monitor | 提交进度监控 | 155 |
| Finished | 按照合约提交监控信息 | 156 |
| Exception | 通知设备异常 | 157 |
| Normal | 确认设备恢复正常 | 158 |
| MonitorInfo | 查看历史监控信息 | 159 |
| Alltasked | 已完成任务列表 | 116 |
| Alltaskd_detail | 已完成任务详情 | 117 |
| All_task | 所有任务列表 | 118 |
| Contract _SP | 云资源节点端查看合约内容 | 200 |
| News | 查询系统信息 | 201 |
| Read_news | 读取未读信息 | 202 |
| Delete_news | 删除已读信息 | 203 |
| SC_notice | 订阅通知列表 | 204 |
| Read_notice | 查看订阅通知详情 | 205 |
| Message_SC | 发信息到资源使用者 | 206 |
| Message_ad | 发信息到云制造平台 | 207 |
| SP_news | 查询已发信息 | 208 |
| Delete_SP_news | 删除已发信息 | 209 |
| Register_SMT | 注册表面组装资源 | 300 |
| Register_PCB | 注册印制电路板资源 | 301 |
| Resource_state | 资源状态列表 | 302 |
| Change_equip | 所有设备资源列表 | 303 |

续表二

| 命令字 | 对应的命令功能 | 命令代码 |
|---|---|---|
| Delete_smt | 删除表面组装资源 | 304 |
| SMT_online | 设置表面组装资源共享 | 305 |
| SMT_offline | 设置表面组装资源不共享 | 306 |
| SMT_fault | 设置表面组装资源为故障 | 307 |
| SMT_lifecycle | 设置表面组装资源生命周期 | 308 |
| Change_SMT | 修改表面组装资源属性 | 309 |
| Change_SMT_new | 提交表面组装属性 | 310 |
| PCB_offline | 设置印刷电路板资源不共享 | 311 |
| PCB_fault | 设置印刷电路板资源为故障 | 312 |
| PCB_lifecycle | 设置印刷电路板资源生命周期 | 313 |
| Change_PCB | 修改印刷电路板资源属性 | 314 |
| Change_PCB_new | 提交印刷电路板属性 | 315 |
| Check_print | 申报印刷机设备 | 320 |
| Check_Mounter | 申报贴片机设备 | 321 |
| Check_Reflow | 申报回流焊炉 | 322 |
| Check_Drill | 申报钻孔机设备 | 323 |
| Check_Trimmer | 申报裁扳机设备 | 324 |
| Check_Ethching | 申报蚀刻机设备 | 325 |
| —CheckLaminating | 申报层压机设备 | 326 |
| CheckLithograph | 申报电路板刻机设备 | 327 |
| Appraise_SC | 评价资源使用者 | 328 |
| Query_SC | 查询资源使用者信誉 | 329 |

### 9.3.3 网络服务的设计

**1. 资源服务描述**

在云制造系统中，资源通常与服务绑定在一起，成为一种有状态的服务。服务实现了资源的创建、维护，并提供一些方法来操作和控制资源。根据资源个数的不同，有不同的资源控制方法，如单件模式和工厂模式。单件模式中一个服务对应一个资源，云资源节点网站由云资源提供者维护，一个云资源提供者可能拥有多套设备，以一套设备或生产线作为一个资源，一个服务实际上需要管理多个资源。对于这样的情况，适合使用工厂模式。在工厂模式中，实际使用两个服务来管理资源，一个服务用来创建资源，另一个服务对给定的资源进行管理。

对于电子产品组装的资源，具有类型多、能力差异等特点，可以采用 XML 格式来表示一个资源，资源的各种属性用不同的 XML 标记来表示，而整个 XML 文件的全文是以一个长字符串的形式存储在内存中。

下面以一个例子来说明如何用 XML 来描述一个制造资源：

```
<? xml version="1.0"?>
<ManufacturingResource>
    <ResourceID>00001</ResourceID>
<Name>5 号工厂 4 号线</Name>
<Type>贴片机生产线</Type>
  <MaxLength>250.00</MaxLengtg>
  <Maxwidth>150.00</Maxwidth>
<Productivity>10000</Productivity>
</ManufacturingResource>
```

XML 格式中每一个条目都说明了该资源的一个情况，在大条目中还可以嵌套小条目以实现分级说明，通过为这些设备设定了资源模板，根据模板对储存在长字符串中的设备属性进行解析，从而得知设备的实际工作情况。

**2. 注册资源**

注册资源部分在云资源节点的网站上进行。注册分为以下几步：

(1) 资源管理员通过网页输入相关信息，网页后台调用一个云的客户端程序 Add ProductLine，并传入网页上输入的参数，这些参数包括：生产线的名字，生产线的行业类型，生产线的各项生产参数。其中，各项参数被封装成一个 String，其实质是一段 XML 信息，里面包含多个项。这样做的好处是 XML 里选项的个数可以变化，而对于接口来说，多个项都封装在一个字符串里，便于管理。

(2) AddProductLine 客户端调用 MgResourceManager 服务。该服务位于本机的 Web 容器里，这个服务专门用于管理云的资源。客户端调用 MgResource Manager 服务中的 Add 方法并传入生产线名称、类型和生产参数。

(3) Add 方法创建一个 MgResource 资源并设置其属性，包括生产线名称、类型和以 XML 格式表示的生产参数。

在资源创建完毕后，资源被登记在本地运行的 MgResource Index 服务中，该服务运行在本地，并且记录本机上的资源信息，并提交至索引服务中。生产线资源注册如图 9.12 所示。

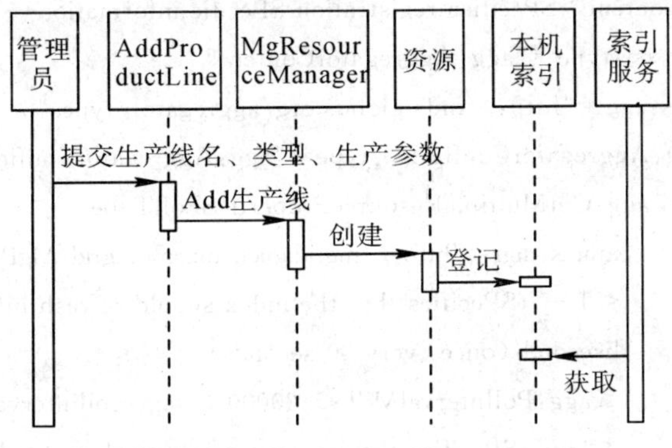


图 9.12　生产线资源注册

**3. 资源匹配**

当云资源提供者在云制造系统内注册了生产线后，该生产线将被门户系统索引和识别。云服务消费者在门户提交了加工任务后，JavaBean 分析云服务消费者的加工文件，提取出其加工参数如最大加工尺寸、精度及间隙等，根据这些信息通过索引服务(Find Resource)找到满足加工需求的资源后，将任务号加入资源的任务列表，如图 9.13 所示。

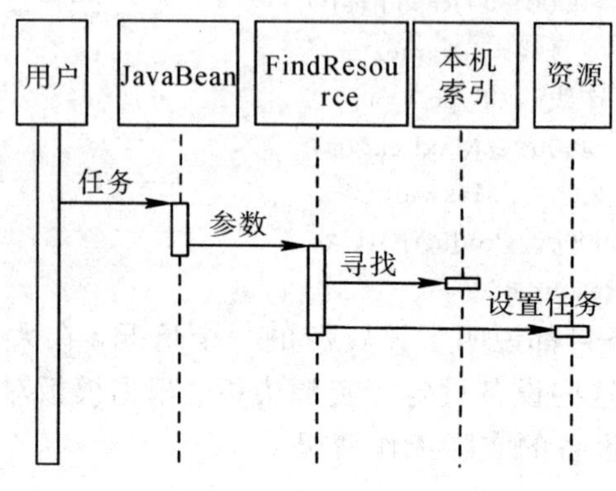


图 9.13 资源匹配

**4. 索引服务的注册**

在一个云资源服务被创建后，为了下次使用，需要将其注册到本地索引，而系统每隔 20 秒，本地索引将信息再更新到门户索引。相关代码如下：

```
<ServiceGroup RegistrationParameters
    xmlns:sgc="http://mds.globus.org/servicegroup/client"
    xmlns:xsd="http://www.w3.org/2001/XMLSCHema"
    xmlns:xsi="http://www.w3.org/2001/XMLSCHema-instance"
    xmlns:wsa="http://SCHemas.xmlsoap.org/ws/2004/03/addressing"
    xmlns:agg="http://mds.globus.org/aggregator/types"
    xmlns="http://mds.gloubus.org/servicegroup/client">
    <1——SPecifies that the registration will be renewde every 30
    seconds——>
    <RefreshlntervalSecs>30</RefreshlntervalSecs>
  <1——<Content>SPecifies registration SPecific information——>
    <Content xsi:type="agg:AggregatorContent"
        xmlns:agg="http://mds.globus.org/aggregator/types">
        <agg:AggregatorConfig xsi:type="agg:AggregatorConfig">
            <agg:GetMultipleResourcePropertieSPollType
                xmlns:mgr="http://mgrid.guet.edu.cm/mgrid/MgResource">
                <1——SPecifies that the index should refresh information every 20000 mil-
                liseconds(once every 20 seconds)——>
                <agg:Pollnterval Millis>20000</agg:pollintervalMills>
                <1——SPecifies the resource property that should be
                aggregated——>
```

```
            <agg:ResourcePropertyNames>mgr:Name</agg:
            ResourcePropertyNames>
            <agg:ResourcePropertyNames>mgr:devices</agg:
            ResourcePropertyNames>
            <agg:ResourcePropertyNames>mgr:tasks</agg:
            ResourcePropertyNames>
            <agg:ResourcePropetyNames>mgr:status</agg:
            ResourcePropertyNames>
        </agg:GetMultipleResourcePropertiesSPollType>
    </agg:AggregatorConfig/>
    <agg:AggregatorData/>
  </Content>
</ServiceGroupRegistrationParameters>
……
<ServiceGroupRegistrationClient regClient=
            ServiceGroupRegistrationClientgetContainerClient();
String regPath=ContainerConfig.getGlobusLocation()+"/etc/mgrid/registration.xml";
try{
  FileResource fileResource=(FileResource)resource;
  ServiceGroupRegistrationParameters params=
  ServiceGroupRegistrationClient.readparms(regPath);
  params.setRegistrantEPR(epr);
  Timer reg Timer=regClient.register(params);
  fileResource.setRegTimer(regTimer);
}
catch(Exception e)
{
  logger.error("ERROR:Couldn't register File resource in local index.");
  throw new RuntimeException("ERROR:Couldn't register File resource in
  local index."e);
}
```

**5. 资源的持久化处理**

资源最初由客户端创建，在云资源节点关机后资源信息会丢失，因此，需要对资源进行持久化处理，以便在云资源节点重新开机后，上次的资源信息能够保持。通过Persistent Resource 接口为持久化做了定义。PersistentResource 接口继承自 Resource，Resource Identifier，PersistenceCallback，Remove Callback 这四个接口，定义了两个方法：load()和 store()。

```
public interface PersistenceCallback {
    void load(ResourceKey key) throws ResourceException,
```

```
        NoSuchResourceException,
        InvalidResourceKeyException;
        void store() throws ResourceException;
}
```

**6. 网络服务封装**

(1) 定义服务接口。

编制 Web 服务的第一步是定义服务的接口，服务接口指明了 Web 服务为外界提供什么样的服务。服务接口通常也被称为 Port Type。为了编写服务接口，一种特殊的 XML 语言被用于描述 Web 服务提供了哪些操作，这种语言就是 Web 服务描述语言(WSDL)。

在该 WSDL 中，PortType 元素使用 wsrp:ResourceProperties 属性来表示哪些元素为资源属性。资源属性必须在 WSDL 文件中的<types>段中申明。WSDL 是语言无关的，也就是说，在 WSDL 中，并没有指明 Web 服务由哪种语言实现，事实上 Java，C 都是很好的选择。但 Web 服务的实现最终要由某种语言完成，这个语言无关的特性通过一种称为 stub 类的集合来实现。相关代码如下：

```
<portType name="mgcommand PortType"wsdlpp:extends"=wsrpw:
GetResourceProperty"
wsrp:Resou rceProperties="tns:Comman dResourceProperties">
<operation name="command">
        <in put message="tns:Comma ndlnputMessage"/>
        <output Message="tns:CommandOutputMessage"/>
</operation>
<operation name="add">
        <input message="tns:Addlnput Message"/>
        <output message="tns:AddoutputMessage"/>
        </operation>
<operation name="getValueRP">
        <input message="tns:GetValueRPlnputMessage"/>
        <output message="tns:GetValueRPOutputMessage"/>
        </operation>
</portType>
```

(2) 用 JAVA 实现 Web 服务的内容。

该 Web 服务的功能是在云资源节点计算机上创建一个资源，以及在之后的使用中修改该资源的属性。其属性包括在线状态(对应的实际情况为生产线安装完毕、故障、修复、报废等)，设备情况等。为了实现工厂模式的资源服务调用过程，我们再回顾一下调用服务的几步：

客户程序 Client 了解工厂服务的 URI，通过 URI，客户程序调用 Create Resource 方法创建一个资源(生产线)，并返回一个端点引用(EPR)。该 EPR 指向刚才创建的资源并被索引。

在工厂创建资源时，是通过获得 ResourceHome 来实现创建资源。ResourceHome 的获得可以通过 JNDI InitialContext 类得到。

在获得 ResourceHome 后，工厂通过调用 ResourceHome 的 Create()方法来创建一个资源，并返回一个 ResourceKey 类型的对象。ResourceHome 将创建的新资源实例并将其加入到内部的资源列表。

在 ResourceHome 创建资源完毕后，工厂得到 Key，加上服务的 URI，工厂产生指向该资源的 EPR。

当客户程序 Client 调用 CreateResource 完毕后，Client 获得了资源的 EPR，通过 EPR 客户程序可以访问修改资源的属性和方法。

在后续的调用中，无需创建资源，只要从资源索引中获得已有资源的 EPR，即可访问资源的属性和方法。

在 Web 服务实现中，有几个 JAVA 类需要编写：

Factory 服务：完成资源的创建，提供一个方法 CreateResource()。

实例服务 MgResourceManager：完成资源的控制功能，提供几个方法：Online()，Offline()，AddTask()，RemoveTask()，ChangeState()。

资源类 Resource：定义资源的属性和初始化方法 Initialize()。

资源集合类 ResourceHome：定义资源的创建方法 Create()，和实例服务路径管理方法 getInstanceServicePath()，setInstanceServicePath()。

(3) 配置 WSDD 文件中的部署信息。

要使客户程序能够访问到编制好的云服务，必须将编制的程序部署到 Web 服务的容器中，控制该步骤的文件被称为部署描述文件。该文件采用 WSDD(Web Service Deployment DeSCriptor)格式，如：

```
<? xml version="1.0"encoding="UTF-8"? >
<deployment name="defaultServerConfig"xmlns="http://xml.apache.org/
axis/wsdd/"
xmlns:java="http://xml.apache.org/axis/wsdd/providers/java"
xmlns:xsd="http://www.w3.org/2001/XMLSChema">
    <service name="mgrid/mgcommand"provider="Handler"use="literal"style
    ="document">
      <parameter name="className"value="mgrid.mgcommand.impl.
      commandService"/>
      <wsdlFile>share/SChema/mgrid/mgcommand/mgcommand_service.
      wsdk/wsdlFile>
      <parameter name="allowdMethods"value=" * "/>
      <parameter name="handlerClass"value="org.globus.axis.providers.
      RPCProvide"/>
      <parameter name="SCope"value=Application"/>
      <parameter name="provider"value="GetRPProvider"/>
      <parameter name="loadOnStartup"value="true"/>
    </service>
    </deployment>
```

其中，Service Name 指明了该服务名称；ClassName 指明了对应的 JAVA 类；WsdlFile 指明了调用接口说明文件；Parameter 为一些参数。如 LoadOnStartup 指明是否服务随容器一起启动。

## 9.4 使用流程

云资源的使用流程主要如下：

(1) 云资源提供者在本地注册资源，资源服务将创建一个实例，并将该实例的端点引用(EPR)和相关资源状态注册进本地索引服务。在本地资源的配置中，定义了其上游(UpStream)索引，可供客户查询。每隔一段时间，如 10 分钟，本地索引将更新一次上游索引以保持信息同步。

(2) 客户登录云服务提供者 Portal 后，提交需要的任务和加工文件。加工文件是一个由云服务消费者的工业设计软件导出的具有通用交换格式的输出文件。系统提供相适应的 JavaBean 来分析该加工文件，得出一些关键参数，如工件的长、宽、高、精度以及最小间距等。匹配满足要求的可用资源。

(3) 当确定了适用的资源后，开始按照生产流程进行签约，加工，汇报进度等工作。

从整个任务来说，由云服务消费者提交加工任务至任务完成的任务执行流程如图 9.14 所示。

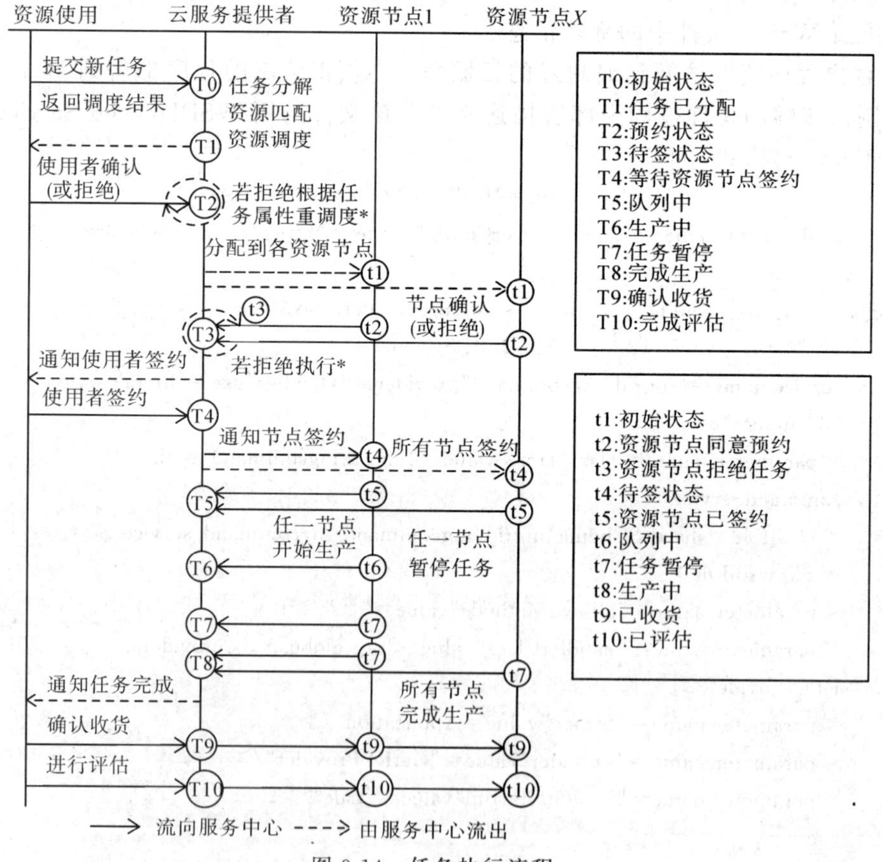


图 9.14 任务执行流程

## 9.5　界面设计与验证

**1. 云服务提供者端**

云服务提供者端的界面主要用于管理者进行用户审核、系统配置、系统监控等功能。

**2. 云资源提供者端**

云资源提供者端实现资源的租赁、注册、申报、监控等功能。

**3. 云服务消费者端**

云服务消费者端主要实现任务提交、服务质量协商、任务监控、资源浏览等功能。

# 参考文献

[1] 李伯虎，张霖，王时龙，等. 云制造：面向服务的网络化制造新模式[J]. 计算机集成制造系统,2010，16(1)：1-7.

[2] 刘丽兰，蔡红霞，俞涛. 制造网格基础，原理与技术[M]. 上海：上海大学出版社，2008.

[3] 刘丽兰. 制造网格及其基于 QoS 的资源管理系统研究[D]. 上海：上海大学，2004.

[4] 孙海洋，俞涛，刘丽兰，等. 面向服务的制造网格系统研究[J]. 计算机集成制造系统，2008，14(1)：56-63.

[5] 武蕾，孟祥旭，刘士军. 制造网格中资源服务化封装方法研究[J]. 计算机集成制造系统,2008，14(9)：1837-1844.

[6] 石胜友，莫蓉，杨海成，等. 面向制造网格的任务管理系统研究[J]. 计算机集成制造系统，2006，12(9)：1477-1482.

[7] 胡业发，陶飞，丁毓峰，等. 支持协同制造的制造网格平台研究[J]. 中国机械工程，2006，17(18)：1903-1907.

[8] 舒剑，许春香. 制造网格环境下基于身份的认证协议研究[J]. 计算机集成制造系统，2009，15(4)：797-802.

[9] 蔡红霞，俞涛，方明伦. 制造网格中访问控制的研究[J]. 计算机集成制造系统，2007，13(4)：716-720.

[10] 童一飞，李东波. 基于资源预测的网格资源预留机制研究[J]. 系统仿真学报,2009(2)：432-436.

[11] Foster I, Zhao Y, Raicu I, et al. Cloud computing and grid computing 360-degree compared [C]. Grid Computing Environments Workshop, 2008, GCE'08. 2008:1-10.

[12] Boss G, Malladi P, Quan D, et.al. Cloud computing [EB/OL]. IBM White Paper. 2007 http://download. boulder. ibm. com/ibmdl/pub/software/dw/wes/hipods/Cloud_computing_wp_final_8Oct.pdf.

[13] 刘鹏. 云计算[M]. 北京：电子工业出版社，2010.

[14] Yoon C, Hassan M M, Lee H, et al. Dynamic collaborative cloud service platform: Opportunities and challenges[J]. ETRI Journal, 32(4): 634-637.

[15] Buyya R, Yeo C S, Venugopal S, et al. Cloud computing and emerging IT platforms: Vision, hype, and reality for delivering computing as the 5th utility [J]. Future Generation Computer Systems,2009, 25(6): 599-616.

[16] Buyya R, Ranjan R. Special section: Federated resource management in grid and cloud computing systems[J]. Future Generation Computer Systems, 2010, 26(8):

1189 - 1191.

[17] Chen D, He Y. A study on secure data storage strategy in cloud computing[J]. Journal of Convergence Information Technology, 2010, 5(7): 23 - 32.

[18] 边根庆，松高，邵必林. 面向分散式存储的云存储安全架构[J]. 西安交通大学学报，2011，45(4):41 - 45.

[19] 李伯虎，柴旭东，侯宝存，等. 一种基于云计算理念的网络化建模与仿真平台："云仿真平台"[J]. 系统仿真学报，2009，21(17)：5292 - 5299.

[20] 李伯虎，张霖，柴旭东. 云制造概论[J]. 中兴通讯技术，2010(04)：5 - 8.

[21] Hayes B. Cloud computing[J]. Communications of the ACM, 2008, 51(7): 9 - 11.

[22] Lenk A, Klems M, Nimis J, et al. What's inside the Cloud? An architectural map of the Cloud landscape[C]. Proceedings of the 2009 ICSE Workshop on Software Engineering Challenges of Cloud Computing, 2009:23 - 31.

[23] Vaquero L M, Rodero - Merino L, Caceres J, et al. A break in the clouds: towards a cloud definition[J]. ACM SIGCOMM Computer Communication Review, 2008, 39(1): 50 - 55.

[24] Brodkin J. Gartner: Seven cloud - computing security risks[DB/OL]. http://www.Networkworld.com/news/2008/070208 - cloud. html.

[25] Decandia G, Hastorun D, Jampani M, et al. Dynamo: amazon's highly available key - value store [J]. ACM SIGOPS Operating Systems Review, 2007, 41(6): 205 - 220.

[26] Weiss A. Computing in the clouds[J]. NetWorker, 2007, 11(4): 16 - 25.

[27] Android - An Open Handset Alliance Project [EB/OL]. http://code.google. com/android.

[28] Midori.基于 webkit 的网络浏览器[EB/OL]. http://linuxtoy.org/archives /midori.html.

[29] IBM. Blue Cloud [EB/OL]. http://www - 03.ibm.com/press/us/en/ pressrelease/22613.wss.

[30] Aymerich F M, Fenu G, Surcis S. An approach to a Cloud Computing network[C]. First International Conference on the Applications of Digital Information and Web Technologies, 2008:113 - 118.

[31] Jha S, Merzky A, Fox G. Using clouds to provide grids with higher levels of abstraction and explicit support for usage modes[J]. Concurrency and computation: Practice and Experience., 2009, 21(8): 1087 - 1108.

[32] Vouk M A. Cloud computing - Issues, research and implementations[J]. Journal of Computing and Information Technology, 2004, 16(4): 235 - 246.

[33] Kaliski B. Multi - tenant cloud computing: From cruise liners to container ships [C]. Third Asia - Pacific Trusted Infrastructure Technologies Conference, APTC' 08. 2008:4.

[34] Young D. Defining Cloud Computing[EB/OL]. http://www. infoq. com/news/

2008/05/what - is - cloud - computing.

[35] Rochwerger B, Breitgand D, Levy E, et al. The reservoir model and architecture for open federated cloud computing[J]. IBM Journal of Research and Development, 2009, 53(4): 1 - 4.

[36] Nurmi D, Wolski R, Grzegorczyk C, et al. The eucalyptus open - source cloud - computing system [C]. Proceedings of the 2009 9th IEEE/ACM International Symposium on Cluster Computing and the Grid, 2009:124 - 131.

[37] Watson P, Lord P, Gibson F, et al. Cloud Computing for e - Science with CAR-MEN[C]. 2nd Iberian Grid Infrastructure Conference Proceedings,2008:3 - 14.

[38] Cloud computing[EB/OL]. http://en.wikipedia.org/wiki/Cloud_computing.

[39] Liu H, Orban D. Gridbatch: Cloud computing for large - scale data - intensive batch applications [C]. Eighth IEEE International Symposium on Cluster Computing and the Grid,2008:295 - 305.

[40] Moretti C, Bulosan J, Thain D, et al. All - pairs: An abstraction for data - intensive cloud computing[C]. Parallel and Distributed Processing, 2008. IPDPS 2008. IEEE International Symposium on,2008:1 - 11.

[41] Microsoft. Windows Azure[EB/OL]. http://www.microsoft.com/ azure/ whitep aper.mspx.

[42] Ghemawat S, Gobioff H, Leung S. The Google File System[C]. Proceedings of 19th ACM Symposium on Operating System Principles,2003:20 - 43.

[43] Deng J, Hu J, Liu A C M. Virtualization, application streaming and private cloud computing in a training laboratory [J]. Journal of Software, 2010, 5 (11): 1306 - 1313.

[44] Calheiros R N, Ranjan R, Beloglazov A, et al. CloudSim: A toolkit for modeling and simulation of cloud computing environments and evaluation of resource provisioning algorithms[J]. Software - Practice and Experience,2011, 41(1): 23 - 50.

[45] Lee Y C, Zomaya A Y. Rescheduling for reliable job completion with the support of clouds[J]. Future Generation Computer Systems, 2010,26(8): 1192 - 1199.

[46] Liu K, Jin H, Chen J, et al. A compromised - time - cost scheduling algorithm in SwinDeW - C for instance - intensive cost - constrained workflows on a cloud computing platform[J]. International Journal of High Performance Computing Applications,2010, 24(4): 445 - 456.

[47] Yuan D, Yang Y, Liu X, et al. On - demand minimum cost benchmarking for intermediate dataset storage in scientific cloud workflow systems[J]. Journal of Parallel and Distributed Computing,2011,71(2): 316 - 332.

[48] Giunta G, Laccetti G, Montella R. Five dimension environmental data resource brokering on computational grids and scientific clouds[C]. Proceedings of the 3rd IEEE Asia - Pacific Services Computing Conference, APSCC 2008. 445 Hoes Lane - P.O.Box 1331, Piscataway, NJ 08855 - 1331, United States. 2008:81 - 88.

[49] 王田苗. 云制造先从简单处做起[J]. 中国制造业信息化,2010(06): 24 - 25.

[50] 李伟平，林慧苹，莫同，等. 云制造中的关键技术分析[J]. 制造业自动化,2011,33(1): 7 - 10.

[51] Hofer A P, Halmanj I M. The potential of layout platforms for modular complex products and systems[J]. Journal of EngineeringDesign,2005,16(2) :237 - 255

[52] Peppers D, Rogers M, Dorf B. Is your company ready for one - to - one marketing [J]. Harvard Business Review, 1999, 77(1): 151 - 160.

[53] WIND J, RANGASWAMY A. Customization: the next revolution in mass customization [J]. Journal of Interactive Marketing, 2001, 15(1): 13 - 32.

[54] 刘飞，李世新，刘胜. 面向大批量定制的用户需求协同配置思想及其应用[J].机械工程学报,2004,40(1): 113 - 117.

[55] Pitt, L. F., Berthon, P., and Watson, R. T. Cyber service: Taming service marketing problems with the World Wide Web[J]. Business Horizons, 1999, 42(1): 11 - 18.

[56] 王蓉，王磊.基于 Web 的客户化定制系统研究[J].现代制造工程，2003,10:19 - 21.

[57] 李涛，谭建荣，戴若夷.基于 Web 的定单配置系统的相关技术和应用方案的研究[J].中国机械工程,2003,14(11):943 - 946.

[58] 郑华林，刘飞，王逢春，等. 面向大规模定制的产品需求建模方法研究[J].中国机械工程，2003，14(6):471 - 474.

[59] 张超,刘夫云,贾焕香. 客户需求获取与分析方法研究[J]. 微电子学与计算机，2010，27(11):64 - 67

[60] 延鹏,赵丽萍,王冠群，等. 面向客户需求分析的产品模块化配置方法[J].计算机集成制造系统,2010,16(11): 2341 - 2345

[61] 王敏，李静，范中磊，等. 一种虚拟化资源管理服务模型及其实现[J]. 计算机学报，2005，28(5): 856 - 863.

[62] Kcahcy K, Foster I, Freeman T, et al. Virtual workspaces: Achieving quality of service and quality of life in the Grid [J]. Scientific Programming, 2005, 13 (4): 265 - 275.

[63] 唐蕾，周兴社，王瀚博，等. 网格环境下多集群资源虚拟化的设计与实现[J]. 华中科技大学学报(自然科学版),2007(S2): 128 - 131.

[64] 武蕾. 制造网格中资源虚拟化方法研究与应用[D]. 济南: 山东大学，2008.

[65] 熊峰，蔡红霞，刘丽兰，等. 基于信任机制的制造网格节点粗粒度授权的研究与实现[J]. 中国机械工程,2009(8): 950 - 955.

[66] VMware[CP].2010.http://www.vmware.com/products/vcloud/overview.html.

[67] Wu L, Yang C. A solution of manufacturing resources sharing in cloud computing environment [C]. 7th International Conference on Cooperative Design, Visualization, and Engineering, CDVE 2010, September 19, 2010 - September 22, 2010. Calvia, Mallorca, Spain, 2010:247 - 252.

[68] Guo H, Zhang L, Tao F, et al. Research on the measurement method of flexibility

of resource service composition in cloud manufacturing[C]. 2010 International Conference on Manufacturing Engineering and Automation, ICMEA2010, December 7, 2010 - December 9, 2010. Guangzhou, China:, 2010:1451 - 1454.

[69] 张霖，罗永亮，陶飞，等. 制造云构建关键技术研究[J]. 计算机集成制造系统，2010，16(11)：2510 - 2520.

[70] QU ACK T, BAY H, VAN GOOL L. Object recognition for the Internet of things [J]. Lecture Notes in Computer Science, 2008, 4952:230 - 246.

[71] 孔令和，伍民友. 信息产业新革命之争：物联网还是 CPS[J]. 中国计算机学会通讯，2010,6(4):8 - 17.

[72] 金海. 计算系统虚拟化—原理与应用[M]. 北京:清华大学出版社，2008.

[73] Bertino E, Samarati P, Jajodia S. High assurance discretionary access control for object bases[C]. 1st ACM Conference on Computer and Communications Security, Fairfax, VA, USA, 1993:140 - 150.

[74] Ray I, Kumar M. Towards a location - based mandatory access control model[J]. Computers & Security, 2006, 25(1): 36 - 44.

[75] Sandhu R, Ferraiolo D, Kuhn R. NIST model for role - based access control: Towards a unified standard[J]. Proceedings of the ACM Workshop on Role - Based Access Control, 2000: 41 - 63.

[76] Ferraiolo D F, Sandhu R, Gavrila S, et al. Proposed NIST standard for role - based access control[J]. ACM Transactions on Information and System Security (TISSEC),2001, 4(3): 224 - 274.

[77] Ravi Sandhu, Vekata Bhamidipati, Ed - ward Coyne, et al. ARBAC97 model for role—based administration of role[J]. ACM Transac - tions on Information and System Security. 1999, 2(1): 105 - 135.

[78] Joshi J. B. D., Bertino E, Latif U, et al. A generalized temporal role - based access control model[J]. IEEE Transactions on Knowledge and Data Engineering,2005, 17(1): 4 - 23.

[79] 邓集波，洪帆. 基于任务的访问控制模型[J].软件学报,2003,14(1):76 - 82.

[80] Se jong Oh, Seog Park. Task - role - based access control model[J]. Information Systems,2003,28(6): 533 - 562.

[81] 陈晓苏，魏林，肖道举. 面向任务的 RBAC 扩展模型研究[J].华中科技大学学报(自然科学版)，2005(8):34 - 36.

[82] Pearlman L, Welch V, Foster I, et al. A community authorization service for group collaboration[C]. Third International Workshop on Policies for Distributed Systems and Networks,2002:50 - 59.

[83] 蔡红霞. 制造网格安全技术的研究与实现[D].上海:上海大学，2008.

[84] 杨长兴，胡群袖. 社区授权服务拉式模型研究与实现[J].小型微型计算机系统，2007，28(2):215 - 217.

[85] 徐云，肖田元. 基于角色映射的跨平台授权研究[J].计算机集成制造系统，2007，13

(9): 1866－1872.

[86] 王路炯，李爱平，徐立云. 面向网络化制造的用户认证模型及访问控制研究[J]. 计算机集成制造系统，2007，13(11)：2121－2125 .

[87] E M, P M, R P. QASIS Security assertion markup language(SAML) version 2.0 [EB/OL]. http://www.oasis－open.org/specs/index.php#samlv2.0.

[88] Ferrini R, Bertino E. Supporting rbac with xacml＋ owl[C]. Proceedings of the 14th ACM symposium on Access control models and technologies, 2009:145－154.

[89] 林莉，怀进鹏，李先贤. 基于属性的访问控制策略合成代数[J]. 软件学报，2009，20(2)：403－414.

[90] 李晓峰，冯登国，陈朝武，等. 基于属性的访问控制模型[J]. 通信学报，2008，29(4)：90－98

[91] 熊峰，蔡红霞，刘丽兰，等. 制造网格动态访问控制策略的研究与应用[J]. 机械设计与制造，2010，227(1)：262－64.

[92] 徐京京，代红雷，查礼，等. 社区的服务网格多粒度授权与访问控制研究[J]. 计算机应用研究，2006(7)：199－203.

[93] 孙翕，张璟，李军怀，等.基于角色的轻量级多粒度访问控制框架研究[J]. 微电子学与计算机，2008，25(07)：87－91.

[94] Shucheng Y, Cong W, Kui R, et al. Achieving Secure, Scalable, and Fine－grained Data Access Control in Cloud Computing[C]. INFOCOM, 2010 Proceedings IEEE, 2010:1－9.

[95] 李德毅. 云计算支撑信息服务社会化、集约化和专业化[J]. 重庆邮电大学学报(自然科学版)，2010(06)：698－702

[96] National Institute of Standards and Technology[EB/OL]. NIST [2011－3－11] http://www.ni st.gov/index.html

[97] 赵遐，怀进鹏. 基于XML的多粒度访问控制系统[J]. 计算机工程与应用，2002(21)：155－159.

[98] NELSON R T, HOLLOWAY C A, WONG R M. Centralized scheduling and priority implementation heuristics for a dynamic job shop model with due datas and variable processing time[J]. American Institute of Industrial Engineers, 1977, 9(1): 95－102.

[99] LEON V J W U S D, STORER R H. Robustness measures and robust scheduling for job shops[J]. IIE Transaction, 1994, 26(5): 32－43.

[100] Cherkasova L, Gupta M. Analysis of enterprise media server workloads: access patterns, locality, content evolution, and rates of change[J]. Networking, IEEE/ACM Transactions on, 2004, 12(5): 781－794.

[101] D. Gmach, J. Rolia, L. Cherkasova and A. Kemper. Capacity Management and Demand Prediction for Next Generation Data Centers [J]. Proc. of ICWS, 2007.

[102] Rajkumar Buyya, Chee Shin Teo, Srikumar Venugopal. Market－oriented Cloud Computing: Vision, Hype, and Reality for Delivering IT Services as Computing

Utilities[C]. The 10th IEEE international Conference on High Performance Computing and Communications, 2008:5 - 13.

[103] S. Garfinkel. An Evaluation of Amazon s Grid Computing Services: EC2, S3 and SQS [J]. Harvard University, Tech. Rep. TR - 08 - 07.

[104] E.Walker.Benchmarking amazon EC2 for high - performance scientific computing [J]. USENIX Login, 2008.

[105] 蔡理金，马东堂，习勇，等. 嵌入式 Linux 网络打印服务器的实现[J]. 电子工程师，2007,12:53 - 55+59.

[106] 王立东.解密云打印[J].数码印刷,2010,07:66 - 68

[107] Zhu Yuqing, Wu Weili, Wu Lidong, et al. SmartPrint: A cloud print system for office [J]. Proceedings - IEEE 9th International Conference on Mobile Ad - Hoc and Sensor Networks, MSN 2013:95 - 100.

[108] Jun Zeng,I - Jong Lin,Dispoto, G.,Hoarau, E.,Beretta, G. On - demand digital print services: a new commercial print paradigm as an IT service vertical[C], Annual Srii Global Conference,San Jose, CA 2011.

[109] Wang L,Tao J,Kunze M,et al. Scientific Cloud Computing:Early Definition and Experience[C].HPCC. 2008, 8: 825 - 830.

[110] Nina Bhatti; Eamonn O'Brien - Strain;Jerry Liu .Cloud - Based Printing for Mobile Devices[C]. Imaging and Printing in a Web 2.0 World; and Multimedia Content Access: Algorithms and Systems IV San Jose, California 2010.

[111] 任磊，等. 云制造资源虚拟化研究[J]. 计算机集成制造系统，2011(03): 511 - 518.

[112] 杨海成. 云制造是一种制造服务[J]. 中国制造业信息化，2010(06): 22 - 23.

[113] 顾新建，陈芨熙，纪杨建，等. 云制造中的成组技术[J]. 成组技术与生产现代化，2010, 27(3): 1 - 4.

[114] 范玉顺. 网络化制造的内涵与关键技术问题[J]. 计算机集成制造系统. 2003, 9(7): 576 - 582.

[115] 刘飞，雷琦，宋豫川. 网络化制造的内涵及研究发展趋势[J]. 机械工程学报,2003, 39(8): 1 - 6.

[116] 王庆波，金滓，何乐，等. 虚拟化与云计算[M]. 北京：电子工业出版社，2010.

[117] 陈康，郑纬民. 云计算:系统实例与研究现状[J]. 软件学报. 2009, 20(5): 1337 - 1348.

[118] 肖条军. 博弈论及其应用[M]. 上海：上海三联书店，2004.

[119] 康胜，周明华. 经济全球化形成与演化的系统学分析[J]. 系统辩证学学报，2002 (03): 17 - 21.

[120] 桑明，彭新武. 论自组织进化的非决定性与决定性[J]. 系统辩证学学报，2002 (02): 35 - 38.

[121] 李春泉. SMT 产品制造网格若干关键技术研究[D]. 上海:上海大学，2007.

[122] 郑少仁,王海涛,赵志峰,等. Ad Hoc 网络技术[M]. 北京:人民邮电出版社. 2005.

[123] 减婉瑜，于勋，谢立，等. 按需式 Ad Hoc 移动网络路由协议的研究进展[J]. 计算

机学报. 2002,25(10):1009-1017.

[124] 臧小东. Ad Hoc 网络路由协议的改进研究[D].南京:南京邮电大学,2013.

[125] 孙月兰. WLAN 网络优化方法研究[D].吉林:吉林大学,2014

[126] 杨挺. 无线传感器网络 QoS 体系研究[D]. 天津:天津大学,2005

[127] 王晓翔. 无线 Mesh 网络路由技术研究[D]. 重庆:重庆大学,2012.

[128] 虚拟化与云计算小组. 虚拟化与云计算[M].北京:电子工业出版社,2010

[129] 耿科明,袁方. Jean 推理机在基于本体的信息检索中的应用[J]. 微型机与应用, 2005. 10: 62-64.

[130] 肖艳秋,等. 虚拟制造中协同制造资源建模研究. 制造业自动化[J], 2012(3):52-54.

[131] 王时龙,宋文艳,康玲,等. 云制造环境下制造资源优化配置研究[J].计算机集成制造系统,2012,18(7):1396-1405

[132] 贺文锐,何卫平. 基于 OWL 的网络化制造资源建模与应用研究[J].制造业信息化, 2004(9):114-118.

[133] 吕金丽,余雪丽.课程知识本体建模及推理[J]. 计算机工程, 2011(4): 61-63.

[134] 周成虎.地理信息系统概要[M].北京: 中国科学技术出版社,1993

[135] 袁东维.基于 SLA 的语义 Web 服务组合[D].西安:陕西师范大学, 2010.

[136] 尹超,黄必清,刘飞,等. 中小企业云制造服务平台共性关键技术体系[J]. 计算机集成制造系统,2011,03:495-503.

[137] 马刚.云制造的体系结构及平台实现技术研究[D].重庆:重庆大学,2013.

[138] 杨男.面向中小企业的云制造平台关键技术研究[D].南京:南京理工,2013.

[139] 李华来.基于 HOOK 技术的本地打印监控系统开发[J].计算机工程与设计, 2011(1): 374-377.

[140] 王正肖, 等, 一种基于本体的业务协作快速集成方法,中国,200810121733 [P].浙江大学,2009

[141] 吴孟书, 吴喜之. 一种改进的 K-Prototypes[J] 聚类算法. 统计与决策, 2008, 5: 24-26.

[142] Zeng, L. Z.,Benatallah, B.,Ngu, A. H. H., et al.. QoS-aware middleware for Web Services Composition[J]. Ieee Transactions on Software Engineering, 2004, 30(5): 311-327.

[143] 刘军. 浅谈算法设计与算法时间复杂度[J]. 电脑知识与技术, 2008(5):878-879.

[144] Chunquan LI, Yuling SHANG, Chunyang HU, et al. Research on CM Multi-granular Resource Access Control Strategy based on Graph Theory[C]. International Journal of Materials and Structural Integrity.2010.

[145] 胡业发,陶飞,周祖德. 制造网格资源服务 Trust—QoS 评估及其应用[J]. 机械工程学报. 2007, 43(12): 203-211.

[146] 卢开澄, 卢华明. 图论及其应用[M]. 北京: 清华大学出版社, 1995

[147] 侯淑英.B/S 模式和 C/S 模式优势比较[J].沈阳教育学院学报, 2007,9(2): 98-99

[148] 周祖德. 数字制造系统的建模理论及方法研究[J]. 中国机械工程, 2000,15(19):

1735 - 1738.

[149] Cardoso, J.,Sheth, A.,Miller, J., et al.. Quality of service for workflows and web service processes[J]. Web Semantics, 2004,1(3): 281 - 308.

[150] Yang, Y.,Dumas, M.,Garc, L., et al. Generalized aggregate Quality of Service computation for composite services[J]. J. Syst. Softw., 2012, 85 (8): 1818 - 1830.

[151] Philip McCarthy , Code generator that emits Java Beans from OWL Web Ontologies[EB/OL], http://jena.apache.org/2011 - 12.

[152] 陈水利，李敬功，王向松. 模糊集理论及其应用[ M ] . 北京:科学出版社，2005

[153] 王国俊. 计算智能-词语计算与 Fuzzy 集[ M ] . 北京:高等教育出版社，2006

[154] Fei, T., Dongming, Z.,Yefa, H., et al. Resource service composition and its optimal - selection based on particle swarm optimization in manufacturing grid system[J]. IEEE Transactions on Industrial Informatics, 2008,4(4): 315 - 327.

[155] Abdallah Elkhyari, Christelle Guéret, Narendra Jussien. Conflict - Based Repair Techniques for Solving Dynamic Scheduling Problems [J], Principles and Practice of Constraint Programming - CP 2002,2470:702 - 707.

[156] 唐蕾，杨志义，等. 基于经济模型的网格资源调度算法[J].武汉:华中科技大学学报，2006(4):37 - 41.

[157] 周开军.基于神经网络的企业资源调度系统的设计与研究[D].南京:东南大学,2006.

[158] 张文越.基于 min - min 算法和 max - min 算法改进的网格调度算法研究[D].北京:北京工商大学,2010.

[159] 王国明,吴保奎,栾彦利. 基于 TCP/IP 协议的嵌入式网络打印服务器的实现[J]. 电子技术应用,2005,04:p36 - 38.

[160] 许海燕,张曦煌.嵌入式系统 Internet 打印的设计与实现[J].微计算机信息，2007(2):66 - 68.

[161] (美)EviNemeth，等，Linux 系统管理技术手册[M]. 张辉，译. 北京：人民邮电出版社，2003

[162] Yang Zhou, Qiaodi Zhou.The embeded real - time Linux operation system based onthe Xenomai [ C ], Electrical and Control Engineering ( ICECE ), Sept. 2011: 16 - 18.

[163] 王乾，何波，王永清，等. 基于嵌入式 Linux 的打印控制系统的设计[J]. 微计算机信息,2007,02:101 - 102.

[164] Barroso L A, Dean J, Holzle U. Web search for a planet: The Google cluster architecture[J]. Micro,IEEE, 2003, 23(2): 22 - 28.

[165] 孟祥旭，刘士军，武蕾，等. 云制造模式与支撑技术[J].计算机集成制造，2011，17(3)：13 - 20.

[166] International Telecommunication Union. ITU Internet reports 2005: The Internet of things[EB/OL][2013 - 01 - 13]. http://www.itu.int/osg/spu/publications/

intemetofthings/lntemetofThings_suinmary.pdf

[167] E.A. Lee. Cyber physical systems; Design challenges[C]// Proceedings of the 11th IEEE International Symposium on Object/Component/Service - Oriented Real - time Distributed Computing，2008，Orlando，USA，2008：363 - 369

[168] E.A. Lee. Cyber physical systems - Are computing foundations adequate? [R/OL]. [2013 - 01 - 13].http://ptolemy.eecs.berkeley.edu/publications/papers/06/CPSPositionPaper/Lee_CPS_PositionPaper.pdf

[169] 李瑞芳，刘泉，徐文君.云制造装备资源感知与接入适配技术[J].计算机集成制造系统，2012，18(7)：1547 - 1553.

[170] 范文慧，肖田元. 基于联邦模式的云制造集成体系架构[J].计算机集成制造系统，2011，17(3)：469 - 476

[171] 马成，孙宏波，肖田元，等.一种模型驱动的云制造联邦接入技术[J].计算机集成制造系统，2012，18(7)：1536 - 1546

[172] 黄艳，马旭东.嵌入式 Linux 下基于 ARM9 的 USB 打印机控制器的设计[J].工业控制计算机，2008，21(5)：66 - 67.

[173] 冯蔚东，陈剑.虚拟企业组织设计过程模型与试应用[J].计算机集成制造系统，2000，6(3)：17 - 24.

[174] GUERRIERO F，MUSMANNO R. Label correcting methods to solve multicriteria shortest path problems[J]. Journal of Optimization Theory and Applications，2001，111(3)：589 - 613.

[175] 张帆，李军，王钧，等. 多目标最短路径进化求解方法[J]. 系统工程，2005，23(9)：123 - 126.

[176] ManuCloud：The next - generation Manufacturing as a service (MaaS) environmen[EB/OL].http://www.manucloud - project.eu/index.php? id=186#c489.

[177] M. Yasuda. Fujitsu's engineering cloud[J]. Fujitsu Scientific & Technical Journal，2012，48(4)：404 - 412

[178] 宁波模具行业成为企业探索“云制造”的先行者[EB/OL]. http://www.most.gov.cn /dfkj/zj/zxdt/ 201112/t20111216_91456.htm .

[179] 战德臣，赵曦滨，王顺强，等.面向制造及管理的集团企业云制造服务平台[J].计算机集成制造系统，2011，17(3)：487 - 494

[180] D. Wu，J，L. Thames，D.W. Rosen，et al. Towards a cloud - based design and manufacturing paradigm：Looking backward，looking forward[C]. Proceedings of the ASME 2012International Design Engineering Technical Conference & Computers and Information in Engineering Conference，Chicago，USA，2012，Paper #70780

[181] U. Rauschecker，M. Stohr. Using manufacturing service descriptions for flexible integration of production facilities to manufacturing clouds[C]. Proceedings of the 18th International Conference on Engineering，Technology and Innovation，Munich，Germany，2012：1 - 10

[182] Rauschecker U., Stohr M. Using manufacturing service descriptions for flexible integration of production facilities to manufacturing clouds[C]. Engineering, Technology and Innovation (ICE), 2012 18th International ICE Conference on. 2012:1-10.

[183] Ignacio Cariaga, Tamer El-Diraby, Hesham Osman. Integrating Value Analysis and Quality Function Deployment for Evaluating Design Alternatives[J].Canadian Metallurgical Quarterly, 2007,133 (10): 761-770.

[184] 但斌,姚玲,经有国,等.基于本体映射面向模糊客户需求的产品配置研究[J].计算机集成制造系统, 2010,16(2): 225-232.

[185] 怀进鹏,李沁,胡春明. 基于虚拟机的虚拟计算环境研究与设计[J]. 软件学报, 2007, 18(8): 2016-2026.

[186] 姜洋,金天国,刘文剑.网络化协同制造环境下的混合访问控制模型[J]. 计算机集成制造系统, 2009,15(7): 1279-1285.

[187] 王世进,周炳海,奚立峰. 基于过滤定向搜索的柔性制造系统动态调度优化[J].上海交通大学学报,2007,41(1):94-99.

[188] 李京生. 基于动态资源能力服务的分布式协同调度技术[J]. 计算机集成制造系统, 2012(07): 1563-1574.

[189] DSP0243. Open Virtualization Format Specification[S]. DMTF, 2009.

[190] 张谦.WSN 网络层协议研究及在土遗址微环境监测中的应用[D]. 西安:西北大学,2010.

[191] 盛国林.基于物联网技术的大型仪器设备管理系统的设计与实现[D]. 济南:山东大学,2011.

[192] 杜晖.基于耦合关系的学术信息资源深度聚合研究[D]. 武汉: 武汉大学, 2013.

[193] 刘波.云制造环境中面向多任务的服务组合与优化技术研究[D]. 重庆:重庆大学,2012.

[194] 高鹰,刘怀亮.一种改进的粒子群优化算法及其在盲信号分离中的应用[J]. 广州大学学报(自然科学版),2011,10(6):42-48.

[195] 贺文锐,何卫平.基于 OWL 的网络化制造资源建模与应用研究[J]. 制造业信息化, 2004(9):114-118.

[196] 肖艳秋,魏闯闯,赵和,等.虚拟制造中协同制造资源建模研究[J]. 制造业自动化, 2012(3):52-54.

[197] 张能.云打印服务及调度技术研究[D].桂林:桂林电子科技大学,2015.

[198] 何汉钊.云制造环境下的资源云端化技术研究[D].桂林:桂林电子科技大学,2014.

[199] 唐海波.云制造环境中弹性多粒度调度技术研究[D].桂林:桂林电子科技大学, 2014.

[200] 朱攀峰.云制造服务需求多粒度解析及调度方法研究[D].桂林:桂林电子科技大学, 2013.

[201] 王彦伟.云制造资源访问控制技术研究与实现[D].桂林:桂林电子科技大学, 2012.

[202] 胡春杨.云制造资源虚拟化及服务匹配问题研究[D].桂林:桂林电子科技大

学，2012.

［203］ 李春泉，覃匡宇，尚玉玲，等. 制造网格服务中心与资源节点的通信方法：中国，200910114435.8[P]. [2012.7.18].

［204］ Yuling Shang，Qiongqiong Huang，Chang Yuhe，Ming Zhang，Chunquan Li. Study on Cloud Manufacturing Resource Matching based on Fuzzy Similar Ratio Method[C].2015 International Symposium of Computer Application and Information Technology. Shenzhen,China：IEEE Computer Society，2015：110 - 113.

［205］ Li Chunquan，Zhang Ming，He Hanzhao，et al. Research of Improved ZigBee - based AODVjr Routing Algorithm in Cloud Manufacturing[J]. International Journal of Online Engineering，2015,11(2)：20 - 25.

［206］ Zhang Ming，Shang Yuling，Li Chunquan，et al. Research on service matching of single resource in cloud manufacturing[C].2015 International Conference on Electronic，Electrical and Control Engineering（ICEECE 2015）. 2015.

［207］ 李春泉,何汉钊,张明,等.云制造设备资源组网接入技术研究[J]. 组合机床与自动化加工技术,2014(10)：43 - 46.

［208］ 唐海波,黄琼琼,张明,等.云制造环境下资源动态调度系统研究[J].机械工程与自动化，2014(06)：4 - 6.

［209］ Ming Zhang，Chunyang Hu. Research and realization of Resource Cloud Encapsulation in Cloud Manufacturing[J]. International Journal of Computer Science Issues，2013,10(1)：579 - 583

［210］ 李春泉,朱攀峰,何汉钊,等. 云制造服务需求解析技术研究[J]. 制造业自动化，2012，34(12(上))：32 - 35.

［211］ 王彦伟,李春泉,杨宝业.一种支持热部署的制造网格协同平台设计[J].2011：39(15)：65 - 69.

［212］ Chunquan Li，Chunyang Hu，Yanwei Wang. Research of Resource Virtualization Technology Based on Cloud Manufacturing[J]. Advanced Materials Research，2011，201 - 203：681 - 684.

［213］ Chunquan Li，Chunyang Hu，Yanwei Wang，Panfeng Zhu. Research of Cloud Manufacturing and Resource Encapsulation Technology[J]. Applied Mechanics and Materials，2011,58 - 60：562 - 566.

［214］ 李春泉,尚玉玲,胡春杨. 云制造的体系结构及其关键技术研究[J]. 组合机床与自动化加工技术,2011(7)：104 - 107.

［215］ 李春泉，尚玉玲，胡春杨，等. 基于 K -最短路的云制造多粒度访问控制技术研究[J]. 计算机应用,2011，31(9)：2356 - 2358.

［216］ Chunquan Li，Yuling Shang，Chunyang Hu，Panfeng Zhu. Research on Cloud Manufacturing Multi - granular Resource Access Control based on Capacity Constraint[J]. Advances in Information Sciences and Service Sciences. 2011，3(5)：79 - 86.

［217］ Chunquan Li，Ping Yang，Yuling Shang，Panfeng Zhu，Chunyang Hu. Research on Cloud Manufacturing Resource Scheduling and Performance Analysis[J]. Advanced Science Letters. 2011，12：240－243.

[218] Chunquan Li，Yanwei Wang，Baoye Yang，Chunyang Hu. A Dynamic Access Control Method Based On Qos Requirement [C]. 2010 3rd International Conference on Computer and Electrical Engineering. Singapore，Singapore：2010：375－379.

[219] Chunquan Li，Yanwei Wang，Kuangyu Qin，Chunyang Hu. Architecture and Connotation of Cloud Manufacturing[C]. International Workshop of Advanced Manufacturing and Automation. 2010:111－118.

[220] 李春泉,蔡续. SMT 产品制造网格运行机制的研究[J]. 湖南文理学院学报(自然科学版)级，2010，22(1)：65－69.

[221] 蔡续,李春泉. SMT 产品制造网格组织与运行模式的研究[J]. 电脑编程技巧与维护，2010(10)：72－74.

[222] 杨轶.多 Agent 技术及蚂蚁算法在制造网格系统中的应用[D]. 武汉:武汉理工大学,2006.

[223] 叶作亮.基于制造网格的制造资源管理若干关键技术研究[D]. 杭州:浙江大学,2006.

[224] 姜兴宇.网络化制造模式下产品全生命周期质量管理系统研究[D]. 沈阳:东北大学,2008.

[225] 付源泉.面向网络化制造的供应链伙伴选择与评价问题的研究[D]. 杭州:浙江大学,2005.

[226] 方青.供应链企业合作利益分配机制研究[D]. 武汉:武汉理工大学.2004.

[227] 程武山,朱明年.云制造—先进制造信息化[J]. 2011,23(10):2258－2268.

[228] 刘永,李言,侯晓莉,等.制造网格中可参数化服务的匹配问题[J]. 西安理工大学学报,2007,23(4):347－350.

[229] 万红波.语义网环境下本体映射的研究[D]. 重庆:重庆大学,2008.

[230] 黄新.基于本体的知识管理系统研究[D]. 长沙:湖南大学,2005.

[231] 闫伟,曹宝香,张永红,等. 基于本体的构件功能检索的设计与实现[J]. 计算机技术与发展,2009,19(5):114－118.

[232] 潘开灵，董晶晶. 基于 Dijkstra 算法的物流运输最短路径的研究[J]. 中国集体经济，2011，28：121－122.

[233] 钟锋.基于网格的煤炭企业信息化关键技术研究[D]. 北京:中国矿业大学，2009.

[234] 谢晓兰,牛秦洲,李春泉. 网格理论与应用[M]. 北京：冶金工业出版社，2010.